教育部规划课题
《在高中学生社团中培养学生领袖素质和创业素质的实践研究》(GHA093060)

从创社到创业

——学生创业社团的建设和管理

张　昕　顾维红　编著

苏州大学出版社

图书在版编目(CIP)数据

从创社到创业:学生创业社团的建设和管理/张昕,顾维红编著. —苏州:苏州大学出版社,2015.7(2018.5重印)
ISBN 978-7-5672-1340-1

Ⅰ.①从… Ⅱ.①张… ②顾… Ⅲ.①大学生-社会团体-研究-中国 Ⅳ.①G645.57

中国版本图书馆 CIP 数据核字(2015)第 136710 号

从创社到创业
——学生创业社团的建设和管理

张 昕 顾维红 编著

责任编辑 李 兵

苏州大学出版社出版发行
(地址:苏州市十梓街1号 邮编:215006)
虎彩印艺股份有限公司印装
(地址:东莞市虎门镇北栅陈村工业区 邮编:523898)

开本 700×1000 1/16 印张 19.25 字数 346 千
2015 年 7 月第 1 版 2018 年 5 月第 2 次印刷
ISBN 978-7-5672-1340-1 定价:39.00 元

苏州大学版图书若有印装错误,本社负责调换
苏州大学出版社营销部 电话:0512-65225020
苏州大学出版社网址 http://www.sudapress.com

序 言

  苏州中学是一所具有深厚历史底蕴和丰厚人文传统的百年名校，人才辈出，蜚声中外。在当今学校普遍以应试教育为目标，追求升学率的大潮中，苏州中学始终以一种高度的自信倡导"办学术型高中"，"以大学的境界办中学"。1927年，杜威的弟子汪懋祖先生毅然放弃大学教授和督学的职位，回到家乡创办了苏州中学，并任校长。他提出，"必使各个学生毕业出校以后，有转移环境之能力，而不为不良环境所屈服"。这就是所谓"苏中精神"。因此，苏州中学在"办学术型高中"的同时，也形成了基本的教育理念——"让更多的学生有更好的发展"。

  苏州中学的学生一向以人格健全、能力优秀而赢得社会的广泛赞誉与肯定，这与学校把学生领导力培养纳入教育目标体系密不可分，也与学校通过学生创业社团开展"创业教育"不无关系。我们知道，由于应试教育的负面影响，大部分中小学对学生社团建设不够重视，对学生社团存在的现实意义和潜在价值也未充分认同。在此背景下，苏州中学校长张昕却率先提出了"要学会创业，先学会创社"的理念，以培养领袖和创业素质为目的，将学生创业社团作为孕育领袖和创业者的摇篮。这使得中小学"创业教育"有了真正的抓手，堪为中小学教育的创新。在一般人看来，苏州中学这样的"学术型高中"总是跟学科竞赛获奖、高考状元和升入顶级高校的学生人数直接关联，很难将其与丰富多彩的学生创业社团活动挂上钩。我多次来到苏州中学参观学习，发现该校成功地用"创社"来进行"创业"的演练，以模拟企业运作的方法，巧妙地将领导力和创业能力的培养提前到了中学的社团活动中来，让学生提前体验了今后创业将要遇到的各种情形，在步入社会前就能成为"有准备的人"。可见，在苏州中学的教育理念中，"成人"是第一位的，教会学生"生存"与"发展"是核心。

  有趣的是，苏州中学还把"法人"概念引入学生创业社团，每个社团都要经过规划、申请、自筹经费、审核、注册后才能成立，然后按照"公司模式"运行,社团"面向市场",适者生存。学生在开展活动中,自己摸索、自己"创业",学会请律师、签协议、依法行事,学会建立财务制度、理财和廉政,学会社交、合作、协调和处理危机,学会策划、组织、运营和寻求发展。苏州中学的学生创业社团往往利用会费或社会资助解决运营经费,同时,校方也或因为被评选为优秀社团,或因为开展重大活动给予一定的奖励资助,甚至不少学生创业社团都建立了长期联系的独家赞助商。

发展到现在,苏州中学目前注册在校的各种学生社团有80余个,内容涉及文化研究、社会探索、舞台表演、体育竞技等方面。有些运作成功、生命力强的社团,已经有近十年的历史。如今,学生参与社团活动的热情很高,苏州中学的各类活动都有相应的社团来承办。其中模拟联合国社团就举办了六届苏州市模拟联合国大会,每年都吸引了来自全国几十所学校的百余名高中生、大学生专程来苏参会。社团联盟还配合国家阳光体育活动,开展了"阳光伙伴"活动,此活动成为社团联盟的夏令营品牌项目,社团联盟夏令营的范围已经扩大到苏州大市。"学生创业社团"经过十多年的探索,全面促进了学生的发展,成绩斐然。我可以肯定,苏州中学的学生创业社团已然成为国内中学社团文化的一面旗帜。

学生在社团的舞台上"玩"得不亦乐乎,他们在自编的《苏中创业社团》杂志上有一句响亮的广告语:"来苏州不游虎丘不要紧,来苏中不玩社团?乃一大憾!"学生在社团中可以自由挥洒,在"玩"中学,在"玩"中获得一份人生的历练与成长,在"玩"中培养了面对一个"企业"白手起家的能力、合理经营的能力、妥善传承的能力,在"玩"中培养了学生核心领导力、团队协作和创新精神,增进了与家庭、社会、学校各方面的合作,培养了学习者独立的人格,发挥了学生的主动性,帮助了学生实现自身价值。

苏州中学在多年开展学生创业社团活动的基础上,承担了教育部规划课题"在高中学生社团中培养学生领袖素质和创业素质的实践研究",从理论与实践两个层面对学生创业社团活动进行了全面探索与梳理,并完成了这本专著。我有幸在本书付梓之前阅读了全部书稿,我的感受是,本书的理论是"接地气"的,实践是鲜活的。

在我看来,本书理论体系完整,研究方法科学,论述清楚,资料翔实,观点正确,对策具有可操作性和推广性。本书具体内容主要包括五个方面:第一,对苏州中学从开展兴趣小组活动到创办学生创业社团的历史进行了回顾与总结,阐述了学生创业社团的意义与人才培养价值;第二,从理论上分析了领袖素质与创业素质培养,阐述了学生创业社团对于中学生领袖素质与创业素质培养的重要性;第三,根据学生创业社团的活动内容,分别对学术探究类创业社团、实践经营类创业社团、竞技挑战类创业社团、公益服务类创业社团、兴趣延伸类创业社团和公共宣传类创业社团进行了内涵及特征分析,并给出了各种类型社团的实例及常见活动形式;第四,从社团章程、社团管理模式、社团评价机制、社团资源开发、学生创业社团的效果与影响等方面,对学生创业社团的运作、管理和评价进行了系统归纳与总结;第五,指出了学生创业社团实践的困惑和未来发展的展望。

  我们知道,世界上许多杰出人物、大师和领袖,早在中小学阶段就崭露头角,表现出与众不同的能力。中学阶段教育,尤其是高中阶段教育是学生形成个性、获得自主发展的关键时期,在中学生群体中开展领导力教育符合个体发展的需要,也是国家发展和社会进步的要求。苏州中学通过学生创业社团活动,积累了大量的原始素材和丰富的实践经验,借此教育部规划课题结题之契机,又将十几年的学生创业社团的理论与实践进行了系统梳理并出版面世。我相信,本书将对中小学开展素质教育,特别是在如何促进中小学学生创业社团建设并通过学生创业社团培养学生的领袖素质、创业素质等方面,具有重要的借鉴意义和引领作用。

母小勇[①]
2014 年 12 月 18 日于东吴子实堂

---

  ① 母小勇系江苏省人民政府教育督导团专家组成员、中国教育学会科学教育分会理事、中国教育学会课程专业委员会理事,苏州大学人文社科处处长、人文社会科学院常务副院长、教育学院教授、博士生导师。主要从事课程理论与实践、创新人才培养、教师教育理论与实践等领域的研究。

目 录

第一章　学生创业社团回顾与总结　/ 1

　第一节　学生创业社团的回顾　/ 1

　　一、从兴趣小组到创业社团　/ 1

　　二、从"计划经济"到"市场经济"　/ 2

　　三、从冷冷清清到兴旺繁荣　/ 6

　第二节　学生创业社团的总结　/ 8

　　一、硕果累累，成绩斐然　/ 8

　　二、作用显著，意义深远　/ 9

　　三、与时俱进，更上层楼　/ 10

第二章　学生创业社团的背景与意义　/ 14

　第一节　学生创业社团的产生背景　/ 14

　　一、学生创业社团是学生社团的发展趋势　/ 14

　　二、学生创业社团是领袖素质和创业素质的培养需要　/ 18

　　三、学生创业社团的内涵　/ 22

　第二节　学生创业社团的人才培养价值　/ 24

　　一、反思价值　/ 24

　　二、效用价值　/ 27

　第三节　学生创业社团的时代意义　/ 31

　　一、丰富新课程背景下的社团功能　/ 31

　　二、革新中学教育的社会功能　/ 34

第三章　领袖素质和创业素质的认识和理解　/ 40

　第一节　领袖素质与创业素质　/ 40

　　一、领袖素质的相关研究　/ 40

  二、创业素质的相关研究　/ 44
  三、我们对领袖素质和创业素质的认识和理解　/ 47
 第二节　理论依据　/ 51
  一、"生活—教育"理论　/ 51
  二、人本主义理论　/ 52
  三、群体社会化理论　/ 53

第四章　学生创业社团的实践与特点　/ 57
 第一节　学生创业社团的学术探究性　/ 57
  一、学术探究类创业社团的内涵及特征　/ 57
  二、社团实例及常见活动形式　/ 58
  三、学术探究类创业社团的发展路径　/ 69
 第二节　学生创业社团的实践经营性　/ 74
  一、实践经营类创业社团的内涵及特征　/ 74
  二、社团实例及常见活动形式　/ 75
  三、实践经营类创业社团的发展路径　/ 83
 第三节　学生创业社团的竞技挑战性　/ 87
  一、竞技挑战类创业社团的内涵及特征　/ 87
  二、社团实例及常见活动形式　/ 88
  三、竞技挑战类创业社团的发展路径　/ 96
 第四节　学生创业社团的公益服务性　/ 101
  一、公益服务类创业社团的内涵及特征　/ 101
  二、社团实例及常见活动形式　/ 102
  三、公益服务类创业社团的发展路径　/ 106
 第五节　学生创业社团的兴趣延伸性　/ 112
  一、兴趣延伸类创业社团的内涵及特征　/ 112
  二、社团实例及常见活动形式　/ 112
  三、兴趣延伸类创业社团的发展路径　/ 125
 第六节　学生创业社团的公共宣传性　/ 130
  一、公共宣传类创业社团的内涵及特征　/ 130

二、社团实例及常见活动形式　／130

　　三、公共宣传类创业社团的发展路径　／140

第七节　学生创业社团特性联系及延展　／145

　　一、学生创业社团特性之间的联系　／145

　　二、特性延展——苏州市高中生社团联盟　／151

第五章　学生创业社团的管理与评价　／157

第一节　社团管理模式　／157

　　一、管理模式的界定　／157

　　二、传统社团管理模式及其存在的弊端　／157

　　三、我校社团管理模式的确立　／159

　　四、我校创业社团的管理方法　／164

第二节　学生创业社团的评价　／167

　　一、社团评价说明　／167

　　二、社团评价指标构建　／168

　　三、社团评价细则　／171

第三节　学生创业社团的资源开发　／174

　　一、学生自主开发的资源　／174

　　二、指导教师开发的资源　／176

　　三、学校开发的资源　／177

第六章　学生创业社团的效果与影响　／183

第一节　各类媒体报道　／183

第二节　学生成长感悟　／239

第三节　实践中的困惑　／263

　　一、社团的可持续发展　／263

　　二、社团的指导教师　／264

　　三、社团之间的差异　／266

　　四、领袖素质与创业素质的培养　／267

　　五、社团与学习之间的协调　／268

第四节　对未来的展望　／270

一、坚持自主管理 ／270
　　二、增强社团活动的实践性和社会性 ／271
　　三、加强社团传承和培育 ／272

参考文献 ／279
附录：江苏省苏州中学学生社团章程 ／280
　　江苏省苏州中学学生社团管理中心章程 ／285
　　江苏省苏州中学学生社团指导中心章程 ／286
　　苏州市高中生社团联盟章程 ／288
　　苏州市高中优秀社团评选活动方案 ／293

后　记 ／295

第一章 学生创业社团回顾与总结

第一节 学生创业社团的回顾

一、从兴趣小组到创业社团

现在谈到高中学生全面发展,必讲学生社团,考量某一高中校是否实施素质教育,必问组织了多少个学生社团,在学生中的覆盖面有多少,各个社团活动开展是否正常。但是这样的社团与以前的兴趣小组有多少区别呢?这个问题曾经长期困扰着我们。

兴趣小组式的社团早在1919年就已经在我们学校的学生中建立了,一群立志研究哲学并关注社会的学生成立了"人社",以后又有一些社团在学校学生中建立。这样的社团在学校中一直断断续续地持续到了1966年。"文革"期间,学生社团曾一度中断。1978年,迎着改革开放的春风,学校又开始恢复在学生中建立社团,"沧浪文学社"、"天穹天文社"、"紫阳史学社"、"春雨航模社"等社团如雨后春笋般涌现出来。但是这样的社团仍然都是兴趣小组式的,虽然社长由学生担任,但是社团成员的招募、活动的开展、发通知、写文章等相关事宜都由指导教师发动、组织和安排。以"沧浪文学社"为例,每两周一次固定的活动,都由教师确定主题,社长只是负责通知和点名,活动地点都由教师确定并联系。虽然教师也想尽了办法,选择图书并开书目让学生阅读,指导学生写读书心得并开展交流,还带领学生走向社会,去一些工厂企业和农村、部队调研,去园林、太湖、绍兴、镇江等地采风,在这过程中,教师们指导学生如何写作,将学生的好文章推荐给报社和《作文通讯》等杂志社,为了激发学生的兴趣,还以文学社的名义在全校开展了成语默写、错别字纠正、"读报学语文"等系列竞赛活动,但是总无法脱离兴趣小组的架构。长此以往,学生们慢慢失去了兴趣,一度比较兴旺的社团渐渐出现了冷冷清清甚至无人问津的局面。

1998年,学校张昕校长在校学生代表大会上做了《学校社团体制改革》的报告,提出了以培养领袖素质和创业素质为目的,以模拟企业运作为方法,推进学校社团工作的创新思路,并提出了三个思考题:(1)如何弘扬传统、继续培养领袖和精英级的人才?(2)如何对中学生进行创业教育?(3)如何改变曾经活跃的学生社团和兴趣小组变得冷冷清清的局面?张昕校长的报告和提出的三个问题在我们面前打通了一条全新的道路,我们开始重新思考社团在人才培养中的独特价值。为此,张昕校长多次召集我们开会谈论,于是我们尝试在社团活动中引进企业化运作方式,面向市场,适者生存,我们将这样的社团统称为"学生创业社团"。

仍然以"沧浪文学社"为例。引进企业化运作方式后,文学社的社长就是"法人代表"了,他必须全面负责文学社的所有工作,包括成员的招聘、策划活动方案、筹集资金、聘请指导老师、组织学生活动、编印社刊《青果》杂志,等等。每次外出采风活动,地点都由社长确定,车辆也由社长安排,如果社长忙不过来,他也可以指挥社团成员来负责,社刊的组稿、编排、联系印刷厂等事务都由学生独立完成,聘请的指导教师只是负责写作指导。这样的社团活动就摆脱了兴趣小组式的模式,形成"学生创业社团"特有的模式,使学生的能力得到全面而又充分的锻炼。

原来的兴趣小组式的社团,除了管理上的缺陷外,另一个弊端,是社团仅仅是学生才艺展示的舞台。例如原来的舞蹈社,平时的训练都由教师安排,教师还会根据学校接到的演出任务或教育局的比赛任务,帮学生训练并排练节目,所以一些对舞蹈有兴趣的学生未必乐意参加这样的社团。当社团发展为"学生创业社团"后,参加舞蹈社的学生就越来越多,因为跳什么舞,完全由学生自己做主,他们可以跳街舞,可以跳踢踏舞,可以跳现代舞……平时自己排练,自己根据舞种聘请相关的指导教师。企业化的管理模式使舞蹈社不再只是学生才艺展示的平台,同学们在这里提升舞蹈水平、展示舞蹈技艺的同时,还锻炼了自己的创业素养和管理能力,因此改革后的舞蹈社,不仅深受同学们的喜爱,也得到了社会的认可。2009年苏州市市委、市政府举办庆祝中华人民共和国成立60周年活动,学校"歌舞青春社"作为全市唯一的中学生代表队参加了庆祝演出,他们的踢踏舞表演得到了广泛的好评。目前,踢踏舞已经成为我校"歌舞青春社"的保留节目,多次被社区、街道邀请去演出。

二、从"计划经济"到"市场经济"

(一)面向市场,适者生存

在计划经济时代,一个企业生产什么产品,包括该产品的形状、颜色、用料、进货和销售都由上级领导部门决定，企业只负责生产，完全没有自主权。到市场经济时代，生产什么产品，该产品的形状、颜色、用料、进货和销售都由企业自主决定，企业完全自负盈亏。我们的社团从兴趣小组转型为创业社团后，也就从"计划经济"转成了"市场经济"。原来与社团有关的一切事宜都由指导教师决定，而现在都由学生自己负责，如果说企业要在市场中竞争，自负盈亏，那么我们的"学生创业社团"也完全面向市场，自生自灭。在这样的市场环境中，学生要学会以下三种能力。

首先，学生要有白手起家的能力。学生高一一进来，就知道学校鼓励学生参加社团活动，学生可以参加原有的社团，也可以自己创办新的社团，但是办什么社团必须学生自己确定。高一（2）班的曹同学在开学不久的一天与同桌闲聊，发现同桌原来与自己一样喜欢亲手制作饼干、蛋糕、面包、蛋挞等西点，而且她还有两个初中同学在高一（5）班，也同样喜欢自己制作甜点。于是正在为自己是参加老社团还是建立新社团而纠结的曹同学，突然眼前一亮，自己完全可以尝试建立一个甜品社。她的提议也立刻得到了同桌的响应，并表示可以把（5）班的两个同学也拉进来。但是四个同学还太少，同桌就建议到各个班级进行宣传，根据社团管理中心的规定，必须5人以上才能成立一个新社团。经过一个中午的走班宣传，她们招募到了7名同学，但一个新问题又出现了，如何筹集资金呢？曹同学的妈妈给她们出了一个主意：可以做了甜品到同学中出售啊。虽然最后学校出于食品安全问题的考虑，只同意她们出售饼干，但第一笔资金总算是解决了。于是她们到社管中心注册申请，甜品社就正式开张了。几年来，甜品社的活动开展得有声有色，在学校校庆活动的时候，她们还烘焙了一个大蛋糕作为给母校生日的礼物。

一些乐队的第一笔资金往往来源于同学们在马路边、地铁站、地下通道中的表演；摄影社将自己以往的摄影作品在学生、老师和家长中出售；学生 CEO 社跑遍了学校周边的餐饮小吃店，印制了一本《订餐攻略》，从这些餐饮小吃店收取了广告费作为自己的第一笔资金；英语社、日语社、韩社等则与新东方、全球雅思、爱特精英等语言培训学校签订了协议，学生们帮他们在学校发相关的培训广告，而他们则资助这些学生社团的活动。在这个过程中，学生们不仅学会了与成年人谈判，还学会了如何签订合同。

然后学生要有合理经营的能力。社团注册成功宣告成立，只是万里长征迈出第一步，如果经营不善，根据学校《学生创业社团管理条例》，就将宣告解散。正如经营不善而宣告破产的企业一样，完全按照市场经济规律办事。

2005年,江苏省高考方案又一次改革,新的高考方案将《红楼梦》定为江苏省文科考生高考加考部分的名著必考书目之一,在高考指挥棒的引导下,也在语文老师的推动下,学校里一度兴起了轰轰烈烈读《红楼梦》的热潮,于是校"红学社"就应运而生了。"红学社"和学校"沧浪文学社"、"国学社"合作,他们聘请了校内外的一些专家开设了"红楼梦研讨专题讲座",举办了多次"红楼梦研究沙龙"活动,进行了"红楼梦研究"论文比赛,文学社社刊《青果》杂志还特别刊发了"红学社"关于名著《红楼梦》的研究文章。但是,终因研究内容比较单一,研究《红楼梦》的大家、专家又实在太多,学生中感兴趣的同学越来越少,2013年,学校"红学社"宣布解散。相类似的还有"古希腊神话研究社",只传承了两届便宣布解散。

"沧浪文学社"是学校历史最悠久的社团,早在1978年即已成立。30多年来,经历了20年旧的管理模式,一度陷入了举步维艰的境地,文学社报刊《沧浪文学园地》停刊多年,文学社成员稀稀拉拉,活动断断续续。1998年,学校对社团的改革使文学社又一次焕发了青春,在21世纪初完美地完成了从兴趣小组到"学生创业社团"的转型。16年来,也曾因管理的问题,《青果》杂志在2006年9月至2008年5月的两年中一度停刊,所幸的是,2007年9月,文学社招来了酷爱文学的新社长乔昱仁同学,经过他不到一年的努力又使《青果》于2008年5月复刊,复刊当天,小乔同学激动得话也说不出来,只是捧着刊印好的杂志,对着他的社员们一个劲地傻傻笑着。

最后学生要有妥善传承的能力。学生办社团比企业家办企业还多了一点难度,那就是三年必须换一轮,无论这个社长将活动开展得如何风生水起,这个社团取得了多大的成就,有了多广泛的影响力,如果没有选择好后一任社长,这个社团就有消亡的可能。所以要使一个社团能够可持续发展,选拔好新一任社长至关重要。

但是有时候,新一任社长的选拔,老社长也无法掌控,例如"魔术社"这种需要专业技术水平的社团,一旦在高一新生中没有掌握这门技术的学生,即使可以选择一些感兴趣者培养,但水平终究相差甚远,所以学校的"魔术社"生生灭灭几经起伏。类似的还有"摄影社"、"机器人社"等社团。

挑选到好的继承人之后,对社长的培养也非常重要。有的社长私心较重,只开展对自己有利的活动,"弈缘棋社"有一任社长就只热衷于外出比赛拿名次,却很少在社团内部组织培训和比赛活动;还有一任社长竟然将社团的棋全部占为己有,以致社团正常的活动难以开展;有的社长做事马虎,不负责任,"摄影社"经常在他们的摄影展上出售他们的摄影作品,但有一任社长收了家长的钱,却很长时间不将作品寄给家长,虽然他只是做事拖拉,并不是故意要吞灭这些款项,但也造成了比较恶劣的影响;有的社长过于心慈手软,以致社团成员过于自由散漫,活动难以开展,"戏剧社"的排练活动在某段时间内就成为学生谈恋爱的借口,排练厅也成了谈恋爱的场所;有的社长过于刚愎自用,听不得其他社员的建议,以致社团内部常常矛盾重重,每次活动,成员之间剑拔弩张。出现这种现象的社团,有的自己宣布解散了,有的被社团管理中心宣布"停业整顿"。

能够比较好地选拔培养新社长,使自己的社团妥善传承的还是比较多的。例如"Single Bed"乐队,自成立以来,十几年的活动从未间断,就连由他们承办的每年一次的摇滚乐演唱会也总是如期举行,随着他们在校内外学生中的影响日益扩大,最近几年的校园演唱会已经扩大到全市中学生,十中、一中、六中、星海实验、新区实验等学校的学生摇滚乐队先后加盟,每场演出门票总是供不应求,680座的学校剧场加上100多个加座,总是座无虚席。在传承方面做得比较好的社团还有模拟联合国社、动漫社、西马学社、泽奇学社、英语精英社、甜品社、Pop Bomb乐队、歌舞青春社、国学社、人人社等,每一届都能使活动正常地开展。

(二)"计划"与"市场"相结合

如同社会经济的发展一样,完全的计划经济会阻碍生产力发展,完全的市场经济同样会带来问题,"计划"与"市场"的灵活运用才能有效地促进社会经济的发展。

依据这样的经济规律,学校对"学生创业社团"的发展不能完全听之任之,否则将会扰乱"市场",不仅会在学生中引起混乱,还会带来比较恶劣的影响。于是,2008年,学校建立了"学生创业社团管理中心"(以下简称社管中心),成员都由学生组成,包括社管中心的正副理事长以及各部部长,但是这些学生的选拔以及机构的组成都由老师最终决定。每年的9月份,社管中心就在高一新生中进行宣传,由学生自己申报,然后社管中心的正副理事长及各部部长对这些申报的学生进行考核,特别在10月中旬的社团纳新大会上安排这些学生相关事宜,考查他们的组织能力、沟通能力、协调能力等。在此基础上,10月底,由校学生处的教师们对他们再进行面试,合格者可进入社管中心工作,再进行一段时间的培训和考查,最后确定正副理事长和各部部长人选。在接下来的活动中,都有老干部带新干部一起工作,慢慢地老干部退出社管中心,新的干部全面接管。

社管中心的职责是负责审批新社团的成立，还要负责苏州市高中生社团联盟一年一度的夏令营活动和夏令营招标大会。鉴于学生社团中存在的一些问题，2011年，学校又成立了完全由老师组成的"学生创业社团指导中心"（以下简称指导中心），负责学生社团大型活动的审批、社团财务的审核、社团杂志的审核和优秀社团的评审等。

通过"计划"和"市场"相结合，既遵循了"优胜劣汰"的市场规律，又运用了"社管中心"和"指导中心"的监督管理机制。十几年来，先后宣布解散的社团有"ICIC（海外竞赛社）"、"红学社"、"古希腊神话研究社"、"留学社"等，一些社团，例如"戏剧社"、"弈缘棋社"等被"社管中心"和"指导中心"宣布整改。

十多年来，学校先后成立的社团有六十多个，除了自行消亡的，有一些社团解散了又复活，例如"魔术社"、"苏中管乐社"和"摄影社"等；有的社团解散了复活后又解散了，例如"紫阳书法社"；还有的社团换了一个名称出现，例如"Discover"社过了两年后以"侦探社"的名义又出现了，"紫阳史学社"以"Hi-Story社"的名称出现了。

企业有国营企业和私营企业之分，我们的社团也有隶属于学校的社团和个人自主创办的社团。例如"Our Voice"广播站、杂志社、红十字会等，这是一些学校必备的社团，也是学校宣传的重要场所，因此学校对于这些社团会给予一定的场所和物质上的支持。

当然，学校对学生创业社团的管理不仅仅局限于审批、审核、勒令整改等方面，更多的是给予学生创业社团精神、人脉、物质上的支持。例如，甜品社成立后，为了方便学生们制作，学校特意建立了一个小厨房，还定做了一个校标放在他们的蛋糕上，增加了他们制作的甜品特色，成为学校"文化礼品店"中销量最好的商品。学校也常常利用自己的人脉资源请专家来为一些社团做讲座。例如，学校就曾特别联系了苏州天文台梅苞台长来为"天穹天文社"做讲座，聘请了当代著名学者、作家周国平先生，新中国第一位文学博士、南京大学莫砺锋教授，同济大学阮仪三教授等来校做讲座。学校还建立了"湿地博物馆"、电视台录播室，与北京大学合作建立了量子馆等场馆供学生社团研究，还帮助学生联系社区、企业，供学生们参观考察。为了方便一些学生乐队创作录制音乐，学校还将计划建立一间MIDI音乐教室（又叫电脑音乐教室），装备一套制作音乐的电脑配置。每年评选出的十个优秀社团，学校也给予报销相关活动经费的奖励。

三、从冷冷清清到兴旺繁荣

自从1998年学校开始转变社团的管理模式，学生创业社团就一直红红火火地发展着。学生们先后成立了学生 CEO、紫阳书法社、歌舞青春社、MUN、国学社、ICIC、沧浪文学社、纵横演讲社、杂志社、篮球社、Pop Bomb、戏剧社、Single Bed、One On One、JET 日语社、天穹天文社、Discover、弈缘棋社、DD 甜品社、人人社、Hi-Story 社、苏中管乐社、爱电影社、魔方社、红学社、桌球社、Crazy English、东方跆拳道社、网球社、极真空手道社、Our Voice、苏中电视台、报社、Only One、DIY 社、青年协会、留学社、电子计算机协会、红十字会、演讲辩论社、摄影社、韩社、骑行社、魔术社、古希腊神话研究社、春雨弦乐社、社会零距离社、室内乐社、机器人社、根与芽社、青年志愿者社、模拟联合国社、动漫社、SV 社、西马学社、泽奇学社、英语精英社、光源社、爱心社、羽毛球社、侦探社、校史研究社、模型社、心语沙龙社等六十余个社团,从类别来看,涉及学术探究类、公益服务类、兴趣延展类、竞技挑战类、公共宣传类、实践经营类等方面。

随着社团活动蓬勃地开展,"来苏州不游虎丘不要紧,来苏中不玩社团?乃一大憾!"成为学生中的流行语。我们通过社团吸引学生,让他们将学习之余的精力放在社团活动上,我们学校的学生有"网瘾"的少,有"社瘾"(将大量精力投入社团)的多。为了方便学生们建立社团,也为了给新社长们提供管理社团和组织社团活动的经验,单天泽、陆宇、冯颜等学生还组织各社社长精心编写了《社团攻略》。

我们的社团不仅认真开展着自己的活动,还致力于在学生中扩大影响,在"Single Bed"、"Pop Bomb"、"苏中管乐社"、"室内乐社"等几个乐队的推动下,从 2011 年开始,学校每年举办一次学生原创歌曲比赛,其中涌现出了不少精品曲目。

在校史社和演讲社的合力推动下,学校由每个班级承办的国旗下讲话,开展了"校史人物"系列演讲,学生们从校史人物中发掘苏中精神,从"先天之忧而忧,后天下之乐而乐"的府学创立者范文正公到"天下兴亡,匹夫有责"的校友顾炎武,从有"独立之精神,自由之思想"的学校教员"国学大师"王国维到提倡"有转移环境之能力,而不为不良环境所屈服"的先校长汪懋祖,从国难当头在"造飞机大炮,保家卫国"的激情驱使下弃文从理的校友钱伟长到从学校走出的 52 位为中国乃至世界科学发展做出贡献的院士,在学校一届届杰出校友身上,学生们深深体会到了什么是"苏中精神",这样的精神传承取得的效果远远大于传道式的说教。

学校的"学生创业社团"活动火爆,我们独特创新的管理模式,引起了媒体的关注,社会反响强烈,苏州市教育局给予了高度赞誉和支持,2009 年在教育局领导的建议和支持下,成立了苏州市中学生社团联盟,学校成为联盟盟主。目前有联盟校 14 所,从 2009 年至今已先后举办了 6 届夏令营。

第二节　学生创业社团的总结

"学生创业社团"经过十多年的探索,形成了优胜劣汰、计划与市场相结合的管理模式,全面地促进学生的发展,极好地诠释了张昕校长"让更多的学生有更好的发展,以科学的方法求和谐的发展"的办学思想。

一、硕果累累,成绩斐然

十多年来,学生创立并设计的学生社团宣传媒介有:社团管理中心与苏中杂志社合作的杂志《苏中创业社团》、文学社主办的杂志《青果》、Hi‑Story 社主办的杂志《讲张》、心语沙龙社和动漫社合作的漫画丛书、心语沙龙社的《校园心理剧集锦》三辑、社团管理中心的《社团攻略》、社团管理中心与苏中报社合办的报刊《苏中学生报》、心语沙龙社与苏中报社合办的报刊《心声》和学生自主管理的社团网站等。

我们的社团也多次获得各级各类奖项。例如,《苏中创业社团》杂志于 2008 年 12 月获得中国教育学会教育机制研究会、教育杂志社颁布的第三届全国中小学优秀校内报刊评选活动一等奖和特别贡献奖;学生创业社团被评为 2009 年度苏州市直属学校德育工作十大创新案例奖、2011 年度苏州市直属学校德育工作十大品牌案例奖、2012 年度苏州市直属学校德育工作十大优秀案例奖;校史社和演讲社的"重构苏中精神——校史人物系列演讲"被评为 2012 年度苏州市直属学校德育工作十大创新案例奖;心语沙龙社的"校园心理剧——青春后花园"被评为 2013 年度苏州市直属学校德育工作十大创新案例奖;心语沙龙社编排的校园心理短剧《短信风波》和《心灵的枷锁》先后于 2008 年和 2010 年获得中国电化教育协会颁发的全国金奖;模联社团荣获苏州市教育局颁发的 2014 年苏州市高中生十佳社团提名奖;"Pop Bomb 乐队"和"Only One"社团荣获苏州市教育局颁发的 2014 年苏州市高中生十佳社团;红十字会被评为苏州市阳光少年团队;校辩论社队代表获得马来西亚主办的"精英杯"亚洲中学生华语辩论公开赛亚军等。

二、作用显著,意义深远

荣誉终将成为过去,我们更看重的是学生创业社团的教育功能,它促进了学生的个性化成长,培养了学生的创业式学习模式,提升了学生多方面的能力,有效地发挥了德育的隐性教育功能。

让我们来看看一些学生社长的感悟。对于社团和学习的关系,单天泽认为:"学业是每个人的必修课,社团是高手的附加题。"

对于"玩"社团,杜菲菲认为:"社团不是用来瞎玩的,也许比不得学习严肃,但也是马虎不得的。这是一种历练,是对能力的培养。"徐筱婧认为:"社团绝对不是个完美的存在,但是它绝对能让你的生活稍微完美一下。"

对于建立社团时遇到的困难,曹雅茗说:"现在回想起来,我认为我们能成功创建社会零距离,靠的是两个东西:勇敢踏出第一步;永不轻言放弃。"

对于如何进行社团管理,潘亦祺说:"我发现一个成功的社团必须有一个核心团队,一个大小合适的核心团队。"赵哲说:"社团活动的成功有利于社团的外部发展,但要真正建立好一个社团,取得双赢,内部管理也是非常重要的。"

对于经营社团时遇到的难题,陆江浩认为:"当社团陷入窘境难以应对时,不妨把运营社团的权力下放给社员,让社员替你拯救社团、管理社团、发展壮大社团。"陈翀认为:"说来我也是天文社的社长,但我更倾向于社员自治。我将权力放给社员,即任何社员都有活动的组织权。"冯逸认为:"一个又一个意料之外的棘手的问题挡在面前,让我开始气喘吁吁,瞬间,疲乏、困扰如洪水般涌来。肩膀上的责任与压力一日比一日沉重。"

对于如何组织社团活动,吴燧之说:"活动要办得好,首先要有个计划。大的来说,可以有个学期计划,可以大展宏图。小而言之,必须脚踏实地,做好每一次活动。"徐筱婧说:"如何让你的活动吸引人?先设计出一张不淹没在茫茫众多的社团通知中的极有喜感又相当吸引人的社团海报。"时晗嫣说:"这是一个漫长的过程,社员们要戒骄戒躁,闭门排练,静下心来认真地度过大约八个月的排练期。"

张亦澄还贡献了"管理经验26条",其中,"财务社长要分家,提前进行,并向社员们公开财务报表;用爱对待每一个成员;别怕困难,撑过去就好;不怕做不到,只怕想不到;敢为人先,不要怕自己做的事别人没做过;多多学习他人的经验"等对后任特别有指导作用。

毋庸置疑,"学生创业社团"在学生成长过程中所发挥的作用是明显的,意义是深远的。

三、与时俱进，更上层楼

苏州中学学生创业社团的特点是"创业"，是为学生们将来走上社会，特别是为一些将来准备创业的学生做准备的，正如张昕校长所说的"要创业先创社"。所以，我们将每一个社团都像企业那样来对待，我们可以假设：社团是公司，社员是员工，社长是CEO，骨干是经理，活动是产品，校园是市场，参与者是顾客，活动中的收获是利润。这样一个"企业化"、"社会化"的模拟环境，对于一个追求着梦想，尤其是致力于创业的学生来说，真是如鱼得水。我们希望通过"学生创业社团"的活动，让他们提早接触社会，了解创业的艰难，体验未来的人生，从而塑造健全的人格。

现在，特别是"苏州市高中生社团联盟"建立后，苏州市很多高中校的学生们都来"玩"社团，当所有的学校都这样"玩"社团时，那我们作为"学生创业社团"的开创者，就要高人一等了，要有更广阔的思路和更新颖的创意了。大部分学生抱着"玩"的心态来参加"学生创业社团"，但"玩"也有不同的层次，我们不能把社团仅仅看成是个人"秀"的舞台，而要致力于提升我们社团的层次，活动的档次。我们要真正做到人无我有，人有我优。

例如，我们心理方面的社团"心语沙龙"社，其实除了"校园心理剧"这个强项之外，还可以向如何更好地关心他人方面拓展一些思路。有些学生其实只是想找个地方说说心里话，他们是否愿意和心理辅导教师一起与同学们交流呢？能否尽可能地为同学们排忧解困呢？

我们的社团活动，可以通过自己组织、设计和策划的各种活动，肩负起塑造校园文化，服务同学、服务集体、服务学校、服务社会的责任；为周围的人和环境做出自己的贡献，伸出自己的援手，在别人受益的同时实现自己的价值。所以，我们的社团将来要在"更关注社会，更关注他人，更关注需要帮助的群体"方面多动动脑筋，多下些功夫，做出一定的深度来，争取做出新的特色，创出更多的品牌社团。

一个学校，如果只立足于教，那么我们能教给学生知识，却不能教给他智慧；我们能教学生如何做人，却不能代替他去做人；我们能指导学生建立人生目标，却不能替他实现这些目标；我们能告诉学生要过有意义的生活，却不能给予他事业和前程。而好的学校，更应该注重体验和实践。"学生创业社团"就是给学生提供体验和实践的平台。学生们在社团活动中、在创社的过程中，学会做人和做事，从而培养解决问题、实现目标的智慧。

第一章 学生创业社团回顾与总结

张昕校长在社团表彰大会上讲话

SV志愿者社团与德威学生社团活动

机器人社参加机器人世锦赛

模联到美国参加比赛

从创社到创业

社盟夏令营红毯秀

社团营地海报墙

社团营地照片墙

校戏剧社表演话剧《雷雨》

第一章 学生创业社团回顾与总结

校园足球先进学校奖牌及部分奖杯

校园心理剧《妥协》参加江苏省展演

学生在社团营地写活动方案

社团纳新大会海报

第二章 学生创业社团的背景与意义

第一节 学生创业社团的产生背景

一、学生创业社团是学生社团的发展趋势

（一）学生社团的概念

社团是社会团体的简称。2009年版《辞海》对"社团"的解释是"具有某些共同特征的人相聚而成的互益组织"。学生社团是社团的一种。《中国大百科全书·教育》中对学生社团的定义是：中国中等学校和高等学校学生在自愿的基础上自由结成的群众组织，这些社团可以打破年级、系科以及学校的界限，团结兴趣爱好相近的同学，发挥他们在某方面的特长，开展有益于学生身心健康的活动。这一定义较为精准地界定了学生社团的组织性质、目的功能和管理模式等。《教育大辞典》对学生社团的界定突出了社团的目的功能，认为：社团是学生在自愿基础上结成的各种群众性文化、艺术、学术团体，不分年级、系科甚至学校的界限，由兴趣爱好相近的同学组成，目的是活跃学校学习空气，提高学生自治能力，丰富课余生活，交流思想，切磋技艺，互相启迪，增进友谊。而1999年版《辞海》中对学生社团的外延做了更为具体的解释：中国高等和中等学校的学生自愿组成的群众组织，形式多样，有学术研究会及诗画社、棋艺社、摄影社、美工社、合唱团、剧团、球队等，以有益于学生身心健康成长为原则，多数由共青团和学生会给予适当的指导和支持。

在著名的"霍桑实验"中，霍桑教授提出的观点认为，人们在共同的工作过程中自然形成的以感情、喜好等为基础的松散群体，这些群体通常不受正式组织的行政部门和管理层次等的限制，也没有明确规定的正式结构，但在其内部也会形成一些特定的关系结构，自然涌现出自己的"领导"，形成一些不成文的行为准则和规范。我们称这类组织为"非正式组织"。

社团是基于共同的志趣建立起来的团体，这类团体一般是自发创建的。按

照以上观点,社团应属于"非正式组织"。

但是在教育实践中,中小学阶段的社团,并没有很好地发挥学生的自主性,又因为财力资源有限,学生没法按照自己的意愿来建立社团。许多学校的社团由学校全权管理,有着严格的训练程序和管理制度。在这样的背景下,所组织的活动与日常的教学工作并无本质差异,这类社团所组织的活动,更像课外活动,而非社团活动。

我们可以通过对学生社团与其他类型的学生组织的分别,来更清晰地界定它。

1. 学生社团与学生会的差异

在美国学校文化中,学生社团和学生会是同源的,他们的本质都是以学生为主题开展活动,只是这些活动的内容有所差别罢了。在我国,学生社团和学生会的理解不太一样,学生会是中国共产党领导下的由共产主义青年团指导的学生自治组织。学生会就像校园里的"政府",协调学校方面组织各类活动。

社团则不太一样,学生社团通常没有明确的组织体系,规模也不太一样,组织相对松散,与学校和学生会比起来,是相对独立的,开展活动也相对自主,从这点上看,学生社团更加强调"自治性"。从学生对于这两者的态度也能略知其中区别,学生进入新环境后,更愿意加入学生会组织,因为他们觉得学生会有保障、有地位,而相对而言,学生社团像是没人管的孩子,自生自灭,很容易被边缘化。

2. 学生社团与班集体的差异

班级是一种特殊的社会组织,它是正式组织,每个学生都生活在这个正式群体中。班级授课制是目前国际上最为通行的学制,班级也就成为教育教学最基本的单位,它承载了社会的主流期望和导向。

而学生社团更多地反映了学生群体的亚文化,与社会、家长、学校和老师的期望相比,他们更多地会考虑自身的兴趣爱好,更热衷于自己喜爱的形式。

另外,在班级环境中,因为受到社会控制,通常会有一定的竞争压力。而在学生社团中,竞争关系被弱化,人与人之间更多了一些人文的关怀,民主和责任是经常被提及的关键词。

综合以上分析,我们认为,学生社团是区别于学校其他正式组织的,由学生自发创建并独立组织活动,自发执行内部管理的组织。

(二)国内外学生社团的研究现状

有研究者将新中国成立后学生社团的研究历史大致划分为三个阶段,第一阶段为萌芽期,大约在1951年到1983年,这一阶段主要以梳理五四时期影响较大的几个学生社团的史料和成就为主。第二阶段是起步期,大约从1984年到1998年,这一阶段学生社团的理论研究逐渐丰富,研究者们主要对学生社团的类型与特点、功能与价值、组织与结构进行讨论,并对学生参与社团活动开展了大量的调查研究。最近一个阶段是1999年至今,研究者们开始对学生社团的管理路径进行探究,学生社团的培养目标渐趋多元化,主要有建构公民社会、培养学生的创新创业能力、提高就业能力、实践素质教育、促进学生心理健康和学生社会化等。

就目前所掌握的文献而言,学生社团大致有这样几种分类方法。按功能划分,可分为学术型、科技实践型、娱乐型、社会公益型、创作展示型等;若按成本收益来划分,可分为入不敷出型、收支平衡型、效益型(或盈余型)。随着时代进步,又逐渐兴起了一类学生社团划分,按照依托载体不同,可分为虚拟型和现实型,虚拟型主要以网络为交往手段和活动方式;相对地,现实型就是在现实环境中进行实体互动。

学界对大学社团的关注多于对中小学学生社团的关注,相对地,大学生社团呈现更明显的多样性、自主性和开放性特点,在尊重学生自主意识方面更接近于我们定义的学生社团。因此,接下来就着重对大学生社团的研究现状作一些讨论。

大部分关于大学生社团的研究文献,都将视角集中于大学生社团的建设和管理工作上。这些研究都认为学生社团的功能(或称培养目标)应是综合的。学者们对社团功能有以下几点共识:①社团能够加深、巩固、拓宽学生的知识。②社团能够培养学生的能力,包括组织、社交、团队协作、自我管理等方面的能力。③社团有助于促进个体社会化进程。④社团有助于调适个体心理功能。⑤社团有助于丰富校园文化。

还有部分研究将学生社团作为一个学生发展平台,专注在社团的某项功能上,通过社团来提升学生某些方面的理念和能力。比如有研究将终身学习作为研究目标,认为通过创建学习型社团,可以树立学生终身学习的理念。另一项研究则从公民教育的视角入手,认为社团可以视为小型社会的缩影,通过在互动环境中把握学生的发展动态,关注社团对学生公民意识养成的影响。

虽然大家都十分看好社团在培养学生能力方面的优势,但也有学者理性地看到了目前学生社团发展的问题。牛楠森博士认为,因为学生社团必须以教育意义为活动准绳,它必然会带来一些弊端:首先,社团活动中学生主体性容易被忽略；其次，学生的社团交往功能受到限制；再次，社团仍然不能排除竞争和功利的冲突，人与人之间仍然无法建立相对纯粹的情谊。

（三）高中学生社团发展情况

高中学生社团，是高中学生根据自己的兴趣、爱好、特长自愿结成的，有规范章程的学生组织机构。学生通过社团活动的形式进行课外学习，培养综合素质，并通过学生社团活动对原有学校文化进行继承和发展。

国外高中学生社团的发展起步早且开展得很好。如在美国，学生的社团活动被看作是美国教育内容的组成部分。美国中学生的社团活动多种多样，估计不下四五十种，可分为学术性活动、娱乐性活动、体育活动和社区活动。美国各学校把学生社团活动作为帮助学生增长才干、适应社会的重要措施，经常进行考核，从中可以看出学生的竞争心理、责任感、领导能力和人际关系，一些大学把学生在社团活动中的表现作为入学评价标准之一，某些名牌大学将考生在社团活动中的表现纳入总评分，各大学竞相录取学科成绩优良并在社团活动中表现突出的学生，所以，美国的中学生参加社团活动十分积极主动。丰富多彩的社团活动对美国校园文化建设起到了很大的促进作用。

在我国，随着社会文化的日益多元化、基础教育改革的不断深化以及广大中学生自主发展意识的觉醒、自主发展能力的提高，普通高中开始重视社团活动和以社团为依托的学生能力的培养。社团生活不仅日益成为学校生活的重要组成部分，而且成为培养中学生综合素质、促进中学生全面发展的重要渠道，丰富多彩的社团生活已成为中学校园中一道亮丽的风景线。丰富多彩而又贴近中学生思想和兴趣的社团活动，以其特有的方式影响着学生的思维，社团成为学生拓宽知识、锻炼能力、展现个性、培养团队精神的平台。作为校园文化的主体和人格载体，学生在社团中的积极实践和创新，也极大地丰富了中学校园文化，贯彻和发扬了学校精神。中学生社团活动开展较好的主要集中在上海各中学，上海团市委制定了《上海中学生社团管理条例》，学校重视发展学生的特长和素质的培养，鼓励学生成立各种学生社团，充分利用学生社团活动对学生进行素质教育，每年举办上海市中学生社团文化节，为广大中学生搭建施展才华、展示风采的舞台。各社团积极参加上海市团委举办的一年一度的社团文化节，纷纷角逐中学生社团文化节的"上海市中学生明星社团"，成为明星社团的学生社团可以得到物质和精神上的奖励，这充分调动了学生参加社团活动的热情。然而，目前中学生社团活动缺乏进一步发展的动力，且理论研究不活跃，一方面受制于传统升学教育观念影响，各级教育机构和学校对学生社团活动开展不够重视;另一方面,社团活动多是学生自发组织的,人们普遍注重社团活动的内容和形式,认为理论研究价值和意义不大。

一般高中学生社团大体可以分为六类。第一类是专业学术类社团,如计算机协会、生物协会等;第二类是健身体育类社团,如羽毛球社、篮球社等;第三类是文学写作类社团,如文学社、小记者团等;第四类是艺术类社团,如吉他协会、合唱团等;第五类是参与社会服务类社团,如关爱老年人社团、保护环境社等;第六类是生活类社团,如手工社、甜品社等。大部分普通高中的学生社团是学生根据自身的兴趣爱好和技能特长而成立的。只有极少数社团是自觉地以锻炼创业和实践能力为其目标和宗旨。

苏州中学的学生创业社团的分类与其他学校有所不同,也分为六类:第一类是学术探究类社团,如模拟联合国、泽奇学社、ICIC 数学社等;第二类是实践经营类社团,如 Only One 商业社团、学生 CEO 社团等;第三类是竞技挑战类社团,如魔方社、桌球社、骑行社等;第四类是公益服务类社团,如 SV 志愿者社团、根与芽等;第五类是兴趣延伸类社团,如 DIY&DESSERTS 甜品社、摄影社、Single Bed 乐队等;第六类是公共宣传类社团,如杂志社、广播站、报社等。这些社团基本都以锻炼创业和实践能力为其目标和宗旨。

传统学生社团,尤其是中小学学生社团,很容易陷入管理僵化和学生自主性不高的困境,这与中小学无法逃脱应试教育模式息息相关。中学毕竟与大学不同,学生的精力更是不能同日而语,这些都是中学社团建设的天然劣势。

既要确保学生高效学习,又要尽可能创造机会锻炼学生的能力,是中学社团建设必须要面对的两难问题。要解决这个问题,就一定会有所取舍。首先,在社团的培养目标上,应该聚焦在社团的某些重要功能上。其次,在社团的活动组织方面,应将活动常规化,集中组织,精简内容。再次,社团的组织管理方面,应建立一套由老师指导、学生组成的社团管理机构,进行管理活动,促进管理有效落实。最后,在社团的评价方面,建立更为完善的评价机制,确保过程监管的有效性。

二、学生创业社团是领袖素质和创业素质的培养需要

(一) 学生创业社团是领袖素质的培养需要

社团是中学生展露才华的平台和依托,也是培养学生领袖素养的主要场所。作为世界公认的老牌名校,哈佛大学和耶鲁大学一直被比较着,在培养总统政要或是商业精英方面,他们总是不相上下。而这一现象的产生并非偶然,

他们始终将领袖素质的培养视为重点教育和培育目标之一,并设计了领袖素质训练的系列课程。在早期领导力教育方面,国外很多学校都非常重视。而长期以来,在我国基础教育领域,学生领导力的培养未曾受到应有的重视,国家的课程标准没有明确提出学生领导力培养的目标,中小学校也很少把学生领导力培养纳入教育目标体系。这实际上是基于这样一种传统的对于领导力的认识,即领导力只是领导者所需要的职业素养或技能。这种能力或者是先天的,不需要学校培养,或者是高等教育相关专业的教育内容,无须出现在中小学教育阶段。这种认识既不符合基础教育的本质,也远远不能适应当今社会飞速发展的要求。当前我国虽大力提倡素质教育,但是学生的综合素质和解决问题能力仍尚待提高,在对于学生领导力教育方面较为落后,在中学阶段的领导力教育方面尤为如此。值得关注的是,中学生领导力教育有助于实践现代领导理念。现代领导理念认为,领导力是现代人应该具备的一项基本素养,是培养现代公民的必然要求。在中学阶段开展领导力教育,不仅有助于培养学生的自我规划、自我管理、自我学习、自我完善等基础能力,而且还有助于促进学生发展,包括服从规则、捍卫权利、履行义务、承担责任等优秀的价值观和公民意识。正如著名文化学者龙应台所呼吁的那样:"我们要的是敢于面对现实、接受挑战、勇于负责的政府,但是要促成这样的政府,我们更需要有批判能力、有主动精神、有理性的人民。"这恰是中学生领导力教育所倡导的目标。

领袖素养有关研究表明,后来在工作岗位上表现较为突出的具备较强领导力的人群,往往都是在学校成功参与了学生活动。这一相关度明显高于学业成绩对学生领导力的影响。而社团这样的组织,正是为更多的学生提供表现自我的平台及发展社会能力的机会。在知识经济时代,学生领袖素养的培养不仅成为学生自身发展的需要,也是社会和时代的需要,在当前的就业形势下尤其如此。

近年来,随着高校逐年扩招,大学毕业生数量越来越多,与此同时,供需反差较大,社会需求相对不足,公共部门对大学生的新增需求越来越少,大学生求职成功的机会相对而言越来越小,目前大学毕业生的初次就业率一直保持在70%左右。1999年开始招生规模的无限扩张与社会有效需求数量的严重脱节形成了"卖方市场"向"买方市场"转变的格局,就业竞争激烈,近几年,这种趋势更是愈演愈烈,我国毕业生就业问题突出。目前及未来相当一段时期内,我国劳动力就业仍将面临严峻的形势。就业岗位和就业率不足的同时,市场对创新型、竞争型、实践型和领导型人才的需求远未能得到满足。应届毕业生就业率低所反映的更多是高校人才培养机制与社会、市场和企业需求脱节的矛盾。在以现代资本流动、创新技术、跨领域跨专业为主导的市场旨趣和职业路径面前，人才的主动创造性、沟通学习能力、职业敏感和大局统筹能力的重要性，可以说已不下于甚至超过了专业技术本身。信息技术的普及，对于受过高等数理教育、熟悉软件平台的人才而言，掌握一门专门技术架构的难度和时间要求，都较20世纪数字技术的瓶颈时期大大降低和缩短。因而真正体现人才核心竞争力的不是对于单个技术架构的掌握，而在于其具有足够的想象力、创造力、跨平台的技术应用能力、项目运行中对细节的优化和设计能力以及对于大环境的适应协调的统御力。

随着国际合作和竞争日益发展，人才作为一个国家和社会核心竞争力的地位日益凸显，而个体的领导、组织和沟通技能又日益成为现代人才的核心素养。正因如此，尽早地在中学生群体中开展有意识、有规划的领袖素养的培养对于我国人才队伍发展和竞争力提升都有着举足轻重的影响。要提供满足社会需求的具有领袖素养的人才，充分的人文熏陶和启发式教育是必不可少的，但更为重要的是在教育环节中，不失时机地开拓一个发挥特长、发现缺点、发展思路、发动计划的实践平台，而创业社团正是其主要形式之一。发展学生创业社团是培养学生领袖素质的需要。

（二）学生创业社团是创业素质的培养需要

创业教育最早兴起于美国。美国商人霍勒斯·摩西（Horace Moses）为了帮助高中学生获得更多的商业实践经验，于1919年创立了青年商业社，帮助那些有创业意愿的学生成立自己的公司，培养他们进行市场调研、选定商品、为商品定价、确定销售方案、建立账目、计算公司盈亏等商业运作方法。青年社对高中学生实施的商业实践教育，在很大程度上催生了美国的创业教育。1947年，哈佛大学商学院的Myles Mace教授率先开设了一门创业教育课程：新创企业管理（Management of New Enterprises），共有188名MBA学生参加了这门课程的学习。这后来被众多的创业学者认为是美国大学的第一门创业学课程，是创业教育在大学的首次出现。1968年，百森商学院（Babson College）第一个在本科教育中开设创业方向（Entrepreneurship Concentration）的课程。南加州大学于1971年提供了有关创业的工商管理硕士学位。由此，创业教育开始在美国萌芽。

世界上最早提出创业教育概念的是柯林·博尔，他在1989年向经济合作和发展组织教育研究与革新中心提交的一份报告中提出，未来的人都应该掌握三本"教育护照"：一本是学术性的；一本是职业性的；第三本是关于事业心和开拓技能的。1989年11月底12月初由联合国教科文组织在北京召开的"面向21世纪教育国际研讨会"将"第三本教育护照"的理念写进报告中,正式提出了"学会关心"的口号,要求将国家、社会和全人类的整体利益置于个人利益之上,强调实现以关心所有人为基础的社会公正目标,指出教育培养的21世纪的劳动者"将是最全面发展的人,将是对新思想和新机遇最开放的人"。在这样的背景下,会议报告在论述21世纪的教育哲学问题时,提出了一个全新的概念:"enterprise education",即"第三本教育护照",国内翻译为"创业教育"。同时呼吁:"这要求把事业心和开拓技能教育提高到目前学术性和职业性教育护照所享有的同等地位。"此后,联合国教科文组织不断丰富并发展这一领域的理论。创业教育作为一个教育改革和研究项目,国际上全称为"提高青少年创业能力的教育联合革新项目",英文名称为"Joint Innovative Project on Education for Promoting the Enterprise Competencies of Children and Youth",成为联合国教科文组织亚太地区办事处教育革新为发展服务计划(APEID)1987—1991年项目周期的活动之一。

  1990年下半年,中国作为项目国家,以国家教育委员会基础教育司劳技处为组织者,成立了以北京市、江苏省、湖北省、四川省、河北省、辽宁省为项目单位的国家协调组,进行创业的实验和研究。作为项目单位的江苏省,由江苏省教育科学研究所、南通市教育科学研究所等单位首先承担了从1990年到1991年的第一阶段研究工作,从成人教育领域入手,理论研究和实证研究相结合,获得了突破性的进展。主要成果有毛家瑞、彭刚、陈敬朴发表于《教育研究》1992年第1期的《关于创业教育的若干问题》、《创业教育的目标、课程与评价》,彭刚、蔡守龙发表于《江苏教育研究》1992年第1期的《素质教育和创业教育》,毛家瑞于1993年4月主编出版的《创业教育系列丛书》等。以上研究成果对创业教育的目标、课程设置、素质教育与创业教育、创业教育实验等问题进行了有益的探索。尤其值得关注的是,彭刚、蔡守龙两位教师将创业教育纳入素质教育领域的思考。20世纪80年代以来,素质教育成为我国教育改革中的一个新的理论与实践热点。而到了20世纪80年代末至90年代初,创业教育这一崭新的研究领域与实践课题于交织而辉映的国内外的时代背景下孕育发展。在我国改革开放、建设有中国特色的社会主义现代化国家的宏观环境下,在教育改革与发展的大背景下,教育的新观念、新思维、新方法、新领域不断得到挖掘,这无疑能使人开阔眼界,使人更全面、更立体、更准确地把握教育这一复杂社会现象的内在规律,但同时也可能使人在眼花缭乱中茫然失措、无从选择。因此,认真研究素质教育与创业教育二者间的关系不仅对实际工作具有重要的意义,而且对理论的发展具有重要的价值。彭钢、蔡守龙二位老师从目标、内容、方式三个方面,对创业教育与素质教育进行比较分析:创业教育是素质教育的重要组成部分,同时也是素质教育的提高和归结;创业素质是人的心理素质和社会文化素质的重要组成部分,同时也有特定的内容体系,并且是人的心理素质和社会文化素质外显化形成的社会品质;提高全民族的整体素质与提高全民族的创业素质是同一过程的两个重要方面,是现代教育必须担负起来的重要使命。

由此可见,创业素质的培养依赖于创业教育理念的发展和实践,我国创业教育大多集中在高校进行理论和实践的研究,涉及中学及高中社团的实属凤毛麟角,发展学生创业社团是培养学生创业素质的需要。

三、学生创业社团的内涵

(一)创业社团的概念界定

创业教育对社团构建的指导多是在高校及部分职校中得以落实。虽然很多社团因此命名为创业类社团,但依然沿用以往依循的社团管理机制,部门设置与部门职责的划分并没有真正脱胎换骨。创业社团部门和职能与其他社团趋同化,不仅使得社团举办活动及活动产生的影响失去活力,也使社团成员对社团创业特性认识不明显,降低了创业类社团对社团成员开展创业教育的意义;同时,创业社团本身与其他社团建制的趋同也会削弱社团对新社员的吸引力,而老社员也很难进一步维持社团原有的创业潜能,对社团营造整体创业教育氛围有不利影响。而在追溯创业社团的发展中,笔者发现,极少有对创业社团这一概念进行较为系统界定的,多数只是将创业和社团简单地机械地组合起来,缺少对创设社团的理论探索,这也是创业社团在高校发展受阻的一个根源性问题。

从学校的实践经验出发,结合多年的理论和实践相结合的探索,我们对学生创业社团是这样认识的:创业社团是实行结构化管理和企业化运作的以培养领袖素质和创业素质为目标的学生社团。将市场运作规律和企业化管理模式运用到创业社团的发展中,学生仿若置身于"小社会":社团是公司,社员是员工,社长是CEO,骨干是经理,活动是产品,参与者是顾客,校园是市场,收获是利润……另外,学生创业社团管理中心相当于工商局,学生社团指导中心是纪检委,依据《社管中心工作规范》开展工作,部门间既相对独立又广泛协作,并有管理和监督,充分实现"互助共赢"的局面。关于创业社团具体的组织管理模式、评价机制等相关内容将在第三章具体阐明。

（二）创业社团的实践经验

创业教育的理念兴起后，国外中小学的创业教育也在蓬勃发展。美国小学、中学、大学普遍开设创业教育课程。在日本，从1998年起，文部省就和通产省（相当于教育部和经贸部）合作在小学开始实施"就业与创业教育"，使学生从小养成就业创业的心理意识和意志品质。法国则在其部分地区逐步开展了诸如"在中学里办企业"、"教中学生办企业"等活动。印度早在1966年就曾经提出过"自我就业教育"的概念，鼓励学生毕业后自谋出路，使他们"不仅是求职者，还应是工作机会的创造者"。这一培养目标在20世纪80年代再次引起印度社会的重视，在1986年的《国家教育政策》中，印度政府更以书面政策的形式，对中学生应具备的创业能力提出了明确的要求。社团作为创业教育的一个重要载体，普遍得到了各国各所学校的高度重视和仔细研究。早在20世纪三四十年代，美国的社团研究就已初具规模，学者们从社会学、组织行为学、心理学等多学科对学生参加社团活动的动机、行为以及效果进行长期观察和分析，成果丰硕。哈佛大学的哈佛学院对学生社团的定义是"一群哈佛学生为实现共同的目标而组建的联合体"，认为学生社团在文化、社交、学习上发挥着独特作用。《哈佛学院学生手册》上这样写道："学生参加社团，分享不同的观点，将有助于激发灵感，发现潜力，培养能力，通过合作完成个人无法实现的目标"，"大学不仅仅是学术，还有更多宝贵的追求，哈佛学院将帮助你在社团中成长，获得更多的收获"。

我国高校及职业学校在创业教育方面的经验，可为普通高中开展社团活动提供有益的启示。

在我国各所著名大学中，社团作为创业教育的一个有效载体，也成为丰富学生生活的重要组成部分，为营造健康文明、积极活跃的校园文化氛围，增强奋发图强、独立创新的学生竞争实力做出了独特的贡献。在北京大学，学生社团被誉为教室外更广阔的课堂。山鹰社、爱心社、自行车协会等已成为具有全国有影响的学生社团。一年一度的"百团大战"，成了北大校园文化的窗口，社团生活成了燕园内一道亮丽的风景线。他们中有追求先进思想的激越，有探索现代学术的沉潜，有文艺的个性飞扬，也有体育的拼搏进取。社团文化凝聚成北大精神魅力的一部分，也培养了一代又一代的"北大人"。社团也已成为大学精神薪火相传的组织依托。

此外，创业教育已成为各级各类职业学校的教育过程中重要的教育内容。

开展创业教育可以帮助在校生提前适应就业环境、锻炼就业技能,借助社团和企业的交流,帮助学生寻找并把握更多的就业机会,指导毕业生由被动就业变为主动创业。创业教育是当前缓解职业学校毕业生就业困难的必要措施。职校的创业教育的主要途径是结合专业特色和特点,创设和模拟真实的创业情境,积极开展校外社会实践。部分学校还构建学生创业基地,或是校内建小型生产与零售企业,交由学生管理经营,或是与企业联合建立校外创业教育基地,组织学生定期到基地见习、实践。创业教育融入学校教育也是职业学校生存和发展的途径之一。

然而,由于完全依靠学生自主发展,没有校方和老师的指引,中学中借助社团这一载体来开展创业教育的情况很少,进一步开展领袖素质培养的则更是一片空白。

第二节 学生创业社团的人才培养价值

一、反思价值

学生社团的存在,绝大部分是以教育、培养人才为目的。而在这一过程中所积累的教育经验、形成的教学模式以及反思的教育理论意义,都有利于我们教育工作者从中得到教育学的启发,从更新颖的角度理解经典的教育理论,甚至生发出创造性的,更符合于我国新时期实践状况的教育理念,更好地反思人才培养的价值导向、方法尺度和实践目标。

(一)回顾传统教育理念

《大学》:"大学之道,在明明德,在亲民,在止于至善。"这句话中所"明"之"明德",在新的历史时期,已不拘泥于传统儒家形而上的道德要求,而更多地代表新时代人才所不可缺少的素养和品质。《荀子·非十二子》:"不知则问,不能则学,虽能必让,然后为德。"真正的明德,必从实践和理论的统一中来。没有实践,则不能知不知,不能知不能,那么问和学这两个环节也就失去了目的性、急迫性以及反思调整的自觉性。此外,如果只是孤立地实践,而非在集体中、在不同意见的碰撞中锻炼,那么即便获得了才能,也做不到"虽能必让",而只能成为不知进退、不懂协作、不善谦让的孤胆"英雄"、孤"芳"自赏。许多家庭背景优越的孩子往往被父母安排培养了卓越的个人能力,但始终欠缺的是在群体协作、集体困境和分工配合中找准自己的位置、调整好自己的心态的能力。这样的木秀于林,唯有学会依托群森,才能避免风必摧之的结局,也才能成长为参天栋梁,成为他人和集体的支柱。

孟子云:"三军可夺帅也,匹夫不可夺志也。"又云:"吾善养吾浩然之气。"从实践中树立志气,可以摆脱长辈抽象模糊的说教,让学生从现实中发现人生的价值。为社团整体的利益考量、努力、付出,又可以培养学生高远的志气,不拘泥于狭促的私利。更可贵的是,在学校社团十分平等、公正的竞争和发展环境下,学生之间可以克服家庭背景不同带来的心理差异,也无须面对现实社会中许多不公平的现象,而单纯从自身能力角度、单纯用理性决策、客观分析的方法,去寻找社团运作的不足。学生的心绪是平和的、情感是积极的、交流是善意的、竞争也是适度的,我们努力提供让学生"正心诚意"地"格物致知"来解决问题的竞争环境,而后才能锻炼出学生"修身齐家治国平天下"的本领。

在专制时代的儒学,因其所描画的形而上学德性论与现实权力、资源分配结构之间的巨大差异,而表现出极大的虚伪性。而在新时期的教育体系中,我们教育者获得了国家分配和技术支持所带来的充分资源和实践空间,便有了将儒家抽象的德性培植于现实的人文和物质环境中的可能。社会所欠缺的,在校园里有了补足的可能,因此培养成才的种子,回到社会中又或可以支撑起一片白云蓝天。孟子云:"仁义礼智,非由外铄我也,我固有之也。"为使人性本善的四端弘扬,教育者有责任和义务创造环境、寻找方法培养人才内在的道德品质。而创业社团正是我们寻找到并正在努力探索的一条正路。

(二)借鉴西方教育思想

古罗马时期的政治和文化形态,使得社会上层的活动家和领导人必须以雄辩和修辞作为立身之本。而当时的教育理念很大程度上受社会风气的影响,注重对演说、修辞、法律逻辑等技巧的培养,逐渐轻视对道德素养、责任精神、组织协调等公共生活必不可少的素养的锻炼。例如,西塞罗在著名的《论雄辩家》一书中,就只着眼于雄辩术而忽视个人的其他素养和品质。当是时,一位著名的雄辩家、律师和教育家昆体良,则提出不同的意见,他始终把良好的道德品德、从幼年到成年的完善基础作为教育的根本任务。雄辩术的教育不能只是成年后用以谋生的"临时佛脚",而必须与从小到大的素质教育相结合,才能得到被教育者合理、有节制、符合道德地利用,成为施益而非遗祸社会的能力。因此,让特长教育从中学开始,就不断地从基础教育的道德沉淀、素质积累中汲取养分,避免侧重素养和通识的中学教育与侧重特长和应用的大学教育相脱节,避免道德与技能的脱节，避免责任与能力的脱节，避免创造性与应用性的脱节，这也是中学创业社团的一大特色。

19世纪提出教育心理学化的瑞士教育家裴斯泰洛齐，认为教育必须建立在心理学的基础上。他除了以心理学的方法简化教学步骤、合理排列教材、设立适当的教学三要素从而大大改进了初等教育的教学方法外，其作为新教学模式的实践家，以惊人的毅力和极大的决心所建立的"贫民学校"，与我们所提倡创业型社团教育也有异曲同工之妙。他通过将教育和劳动结合起来，锻炼孩童的智力和意志，与他们共同劳动，努力养活自己，培养他们的道德感、自豪感、人格尊严和生存能力。不到几个月，他所收留的孩子就形成了乐观活泼的性格和独立动手的能力，裴斯泰洛齐感到无比欣慰，由此才在非常艰苦的条件下坚持了下来，最终受到了社会的关注，也得到了广大贫民阶层的拥护。

教育历来是社会底层重要的上升渠道，但倘若教育只教给底层人民以虚而无用的教条、形式主义的窠臼乃至诱导人们故步自封的安慰剂，而不给人们以自信、自尊、大胆进取、积极奋争的勇气、底气和志气，那么这样的教育是陈腐失败的。因此，我们更要仔细研究各种教育方法的实际社会效用，要从教育实践中寻找足够宽广的反思问题域，这本就需要我们在实践中多加探索、勇于前进。创业型社团给学生以平等的机会，让他们在实践中对于什么是领导、服从、权力、责任、权利、义务、利益、牺牲、规划、执行、科层、平台、信用、信任、关系、尺度等只有在社会较高平台上才能了解和认知的概念有更直接的、初步的接触。虽然走向社会后，并非所有人都能进入领导全局、主管一方的战略性岗位，但给所有的学生以培养这方面能力的机会，让他们冷静对待各种宏大叙事、有自己独立判断的头脑，能够坚持自己的观点和自己所代表的利益，维护自己现代劳动者的尊严并发挥百分百的作用，毫无疑问是有利于社会整体风气的改善和市场全局的利益规整。而这恰恰体现了以杜威为代表的实用主义教育学体系所坚持的民主主义精神和科学试验方法。教育者提供给孩子的是社会的缩影，我们更坚决地要求这一缩影成为能够更平等、自由地为孩子提供自身发展和塑造平稳积极心态的交流平台和展示舞台。

（三）坚持历史唯物主义的正确判断

各种复杂的理论问题，生发于实践中遇到的各种不如意，困扰于这诸种不如意所带来的超越理论框架的自相矛盾，也最终解决于这些看似自相矛盾的纠葛在进一步的实践的新的发展，而它，将把我们引向另一种理论，另一个矛盾，以及另一次实践。

我们不能拘泥于传统的士大夫教学方式，也不能完全照搬西方教育学者在其特有的资本主义经济、政治和社会生态下产生的独特思路。我们必须在活生生的实践中运用我们自己的头脑、坚持我们自己的价值，去寻找令我们满意的解决问题的手段。

我们可以继续深入探讨"素质教育"、开办"创新"教学的交流座谈会，交流时下流行或古色古香的教育理论，但也许都不如在学校里、在教室内外、在每个人的眼前、即刻和当下，放开手去，哪怕一次也好，一个班，一个小时也好，让学生们体会一次亲自举办活动的滋味，让他们自己组织起来，编写自己的宗旨和规章，选拔自己的人才，安排自己的场所，举办自己的活动……一句话，让他们自己教育自己！放开手，让他们的能力得到真正的挑战，而不仅仅是牵着他们的手，拉着他们的车把，管着他们的方向。我们在课堂上教书时往往有类似的坏习惯。那么就改在课后，给他们自己独立成长的空间和机会，不要安排太重的课业任务，给他们足够的时间和精力，慢慢地，我们也可以参与进去，悄无声息地向他们学习，改掉我们手把手的坏习惯，养成我们放心大胆地让学生自己走的新习惯，我们要学会反思和提炼，把这新习惯认清楚，变成理念，变成态度，变成新的教学方式，带回课堂，带回传统的教学过程中去。

如果课堂中的实践遇到了瓶颈，难以解决，那么就在课堂外展开新的实践领域，即社团活动，如果校园内的实践遇到了瓶颈，那么就从校园外开展新的实践领域，即面向社会的创业型社团活动；我们从中提炼出新的理论，并反过来用课堂实践来检验它、同时用它来改善课堂的实践。从唯物论和实践论的角度讲，学校社团的建立是解决教学实践难题的不二选择，而从中获得的一切成果和裨益，都是对历史唯物主义真理性的直接证明。

二、效用价值

创业社团对于人才培养的效用价值便是能够帮助我们培养学生的各项能力。由之所提高的，不仅仅是团队合作、项目策划实施、人际沟通等外向型实践技能，学生的学习动机、归属感、意志力、创新力等内在品质，也能够得到有效的锻炼和充分的发展。社团活动就像一个崭新的空间，从前在课堂和书本上百般强调的各种优良品质，终于从抽象笼统的理论层面走到了现实的舞台，成了学生们触手能及、翘首可待、举步可往的发展方向。下课铃一响，功课一做完，放下作业本，拿起策划书，身份瞬间转变，学习和实践的思维反复熟练切换，知识和现实、理论和实践的鸿沟日渐缩小，课上所学，转眼就可以拿到社团中使用，更激发了学生自主学习、亲身验证、不懈完善的动力和能力。

（一）完善人际交往的观念和方式

学生时代的人际关系是单纯、真诚的，没有复杂的利益计算。学生之间是典型的熟人社会，没有现代陌生人社会特有的碎片化冷漠。学生们渴求与同伴达成共识，结成联盟，为此他们不惜花费大量的精力。许多青少年问题行为的产生，都与这一需要有关。当学生的这种需要在学校得不到满足，他们就会将需要转向校外，或是虚拟世界，形成了不正常的人际交往。而社团恰到好处地将需要引向学习、精进以及良性的人际互动，对学生的健康发展功不可没。

此外，高中生以自我为中心的特点决定了其对师长的教诲、书本中的教条具有一定的抵触和排斥，由于隐性知识需要内化才能逐步改变行为，而知识内化必须借助外部事实证实下产生的认同，师长的教诲和书本的教条往往难以负荷隐性知识内化的规律，因此收效甚微。通过同辈群体间的互动交往，社团实打实的事实证明，知识内化从而改变行为的周期就会得到有效缩短，中学生能够更加真实地体会到学习的意义，更主动地去寻求认识自我、批判自我、提高自我的理论资源，在人际交流和借鉴他人成功的同时，他们便潜移默化地修正了许多不完善的应对方式和观念。

（二）提供社会支持的降压系统

高中学生负担颇大，这一阶段中，学生的心理不适主要有以下几个方面的原因。其一，随着知识难度、课程紧张度以及由之带来的对主动理解消化能力要求的提高，高中阶段的学习更强调自主学习和主动学习，因此外界如老师、家庭及社会的压力，也随着年级的增长越来越大。在外界压力面前，许多学生表面的社会适应良好，按部就班地做外界要求他做的事，但心理适应却没有很快调节到良性状态，多层次的心理需求被压抑，疲惫和不满找不到合理的宣泄途径，而导致许多心理、行为问题。其二，青春期所特有的对正常人际交往的渴望被繁重的学业和来自各方的期待压制。有研究表明，一个有力的、深入内心世界的社会支持系统能有效减少焦虑和心理压力，同时能够有力地增强战胜困难的信心和能力，而高中阶段学生的社会支持系统已经由师长中心转变为朋友中心。对支持系统的中心环节的忽视，势必造成心理适应的缺陷。其三，在课堂上，在高考指挥棒的作用下，同学之间的关系是竞争者，是对手，给彼此坦诚相待带来了一定的难度。相比学业压力方面单纯的劳累、无闲暇而言，这种交不到朋友、交到朋友却不敢深交的焦虑和失落的情况则更显得无奈，也更为棘手。

学校作为一个小环境，在一定程度上投射着大的社会环境。在校适应程度的好坏会影响到在社会的适应能力的优劣和适应意愿的高低。因此,需要在学校建立一个稳定的、尽可能理想的社会支持系统,利用校园内熟人社会充足的人际资源,形成一套适合于学生这一特殊群体的个体化适应策略,这对学生步入社会,适应更为复杂的关系都有帮助。学生社团提供了这样一个平台,在可控制的范围内为学生营造一个良好的人际交往、能力培养、技能试错的环境,同时也有利于学校和家长对学生的心态和观念在良性、安全、低压的氛围下进行有针对性的、高模拟度的、高容错率的、因而有效的调整和引导。

(三) 内化学习动机,满足心理需要

德裔美国心理学家霍妮曾强调,要从宏观的社会环境和微观的个体环境中去寻找心理问题的根源,把环境的作用提高到解决心理问题的首要地位。受此理论影响,美国教育心理学家瑞恩等人在其学校动机模型中提出,只有当社会情境满足学生的基本心理需要,即胜任、自主与归属需要时,学生才会全力以赴地投入学习活动,并积极内化外在学习动机。他认为这三类需要分别与三种知觉相联系:胜任感、自主感和归属感。胜任感是指当个体经历着适当的学习任务的挑战时对掌握或实现状态的体验;自主感是指个体在从事某项活动时对自我决定状况的体验;归属感是指个体在自己所处的社会群体中体验到与他人在情感上的或交往中的稳定的联系,以及自己被爱、成果被尊重的价值。这三类需要是引发学生自我调节、自我决定,内化外在动机的重要因素。

目前应试教育大背景下的学生学习大多以外在学习动机为主,学习动机的内化情况不容乐观。由此导致学习兴趣降低,求知欲和进取心也受到不同程度的影响。而另一方面,学习任务难度的加大可能导致他们对学习任务的恐惧,胜任需要很难满足,自主感和归属感更是无从谈起。社团可以在学习动机内化的过程中发挥重要的作用。它是学生们根据各自的兴趣爱好共同组建的,学生拥有很大的自主权,自主体验绝不会低。在社团中与志同道合的朋友相处,能使学生获得一种归属感。在社团中,学生参与的都是自己感兴趣的活动,其内在动机被大大激发。动机内化的同时,自尊感和自我效能感也相对提高,养成这样的心理习惯和日常情绪,学生在处理外部压力和接纳被动任务时就更愿意采用积极的处理方式,对待学业也就会有更乐观的态度。

(四) 培养领袖素质,鼓励团队创新

知识型社会越来越需要创新力和领导力,这是社会进步必备的燃料。目前我国教育普遍存在的缺陷是教育与社会需要明显脱节。原因即在于教育的目的、手段和成果与社会的期待、需求和目标之间存在不小的差异。高中生已具备了较完善的知识体系与分析能力,从创立社团与经营社团做起,在实践中提高创新能力与团队协作精神,可以有效改善教育脱节现象。不仅是教育和社会的脱节,其实也有高中教育与大学教育的脱节,许多在高中时期出类拔萃的学生,由于人际交往能力和适应力的不足,虽然考上了理想的高校或者出国深造,但依然无法适应高校里半社会化的开放氛围,也难以大方地融入国外陌生文化、族群的生活圈子,制约了学生进一步的成才。一些少年天才因此自暴自弃,令人可惜。

社团建设需经历许多不同的阶段,从创立到维系,从传统到转型,需要几届学生的共同努力。这一过程涉及从创新到传承再至创新的过程,单纯的创新无法解决所有问题,懂得团结群体、整合资源、吸收意见、统一决策,更对学生的综合素养提出了很高的要求。仅仅人事这一项,小到招新、中到组建团队、大到选拔接班人,其中所需要的慎重思考与果断决定,就不是浑水摸鱼敲钟度日之辈能够胜任的。从后果上讲,学校人才有限,学生精力也有限,优秀的社团自然能够吸引人才、一呼百应,而其余新兴、没落的团体,就需要绞尽脑汁、各显神通地去寻求突破、蒸蒸日上,或扭转颓势、咸鱼翻身。而一旦决策出现失误,实施出现纰漏,则可能造成资源浪费、信心缺失、成员不满、内部争权甚至军心涣散,社团就只能寿终正寝,一拍而散。总之,社团必将在不知不觉中成为铸就领袖、培养人才的"练兵场"。

(五) 构建学习型校园,重构知识价值观

近年来,学习型学校的构建得到了深入探讨。学习型学校首先要求学科的教育和建设是活的,是渗透到学生日常生活中去的,学习不是任务,不是指标,更不是指令,必须讲求以人为本,以学生为中心。这样的教育过程主要有以下特征:其一,以学习者为中心而不是以教师、绩效为中心的学习;其二,鼓励多样性,包括多元智力和多样的学习风格,而不是鼓励同一性,唯分数论,唯录取论;其三,理解世界是相互依赖的,要改变事实而不是记忆事实,努力以知识的有效性为尺度来寻求正确的答案,而不是满足于权威解释和既定回答。

学习型学校的革命是一场全民的革命,从宏观上说,它波及包括教师、学生、家长乃至整个社会的各行各业,使社会开始重新思考教育、学校存在的意义和价值。从微观上说,学生作为一个生命主体,他们也开始反思自己的存在和学习的意义,这种学习不仅是知识的,更是观念的更新,学习型学校的学习可以指导行动,促进个人成长,实现自我超越。这样的学校系统需要自我超越、改善心智模式、凸显团队学习和建立共享愿景为基石。根据现有的条件,社团在建立这四项基石中可以发挥不可替代的作用。重新定义学习，重新定位知识的价值，可以让学生积蓄更充足的能量，在现有的框架内实现知识的增长和心灵的成熟。将知识作为解决自身困惑、帮助他人、创造价值的手段，同时提升自己的思想成熟度、抗挫折能力，获得良好的修养和心态，而不再将知识作为机械的饲料，用以应付枯燥的考试和漫无目的的排名竞赛，这一知识价值观的转变，需要社会、政府、企事业团体、学校、家庭和学生共同的努力，而社团则是这一努力发挥作用的有效平台。

第三节　学生创业社团的时代意义

一、丰富新课程背景下的社团功能

新课程改革自提出以来一直是我国教育改革的重点。《基础教育课程改革纲要(试行)》在基础教育改革的具体目标中强调，"改变课程实施过于强调接受学习、死记硬背、机械训练的现状，倡导学生主动参与、乐于探究、勤于动手，培养学生搜集和处理信息的能力、获取新知识的能力、分析和解决问题的能力以及交流与合作的能力"，在课程结构上与之相得益彰的理念体现在综合活动课程的设置，旨在通过实践，使学生"增强探究和创新意识，学习科学研究的方法，发展综合运用知识的能力。增进学校与社会的密切联系，培养学生的社会责任感"。综合实践活动课程作为基础教育新课程改革的生长点，以其全新的课程理念和实施方式，极大地冲击着传统的教学观念，给新课程改革带来了新鲜气息。创业社团的发展是在新课程背景下对综合实践活动课程的一次创造性诠释，也在这一背景的熏陶和指导下丰富了社团的功能，前文多有涉及，这里主要从对于社团中的个体发展的功能、为社团搭建平台的学校的特色发展和精神熔铸功能等方面展开论述。

(一) 搭建成长平台，促进终身发展

创业社团所培养的，是具有开创性的融汇领袖素养和创业素养的个人。学生在社团中发展自我认知能力、把握和创造机会的能力和进行团队合作等能力，从而为职业规划和人生定位提供一定的方向和借鉴。创业社团教育是一种努力提高学生综合能力的素质教育。

当代高中学生有较强的自主性，希望成为自主、自立、自强的人；有发展的独特要求,希望成为爱好广泛、学有特长的人;有潜在的创造性,希望成为有创新精神和创造能力的人。开展学生创业社团活动能够满足学生自身发展的需要,充分发挥学生的自主性,为学生建立自信、展示自我、发展自我搭建广阔的成长平台。在创业社团的实践中,学生心中对技术的膜拜被实事求是的认知态度所取代。大巧若拙,学生在社团中的自发学习和无意之间的创造,宛如在一张白纸上用寥寥数笔,就呈现出新的美感。是美是丑,也全凭亲眼判断。在这里,没有什么人际关系论、决策论、大数据分析等既定的管理学框架,也没有什么科层制、结构功能主义、信息流程学等僵死的分工体系。形式的合理性在尚未接触这些理论的学生那里,并没有不可一世的优越地位;任性的孩子们不会那么容易被权威所吓倒,他们更注重实质的合理性。当然他们也势必会去接触各种理论、模仿社会现行的流程和架构。但他们的朝气会引领他们寻找自己的道路,并形成他们自己的习惯。

创业社团更加注重对学生的社会适应能力、社会参与意识、社会实践能力以及社会责任感的培养;力求使学生学会现代社会人际交往的本领,提高人际沟通能力、适应社会的生活能力;培养学生的公民意识、参与意识、责任意识和主人翁精神;培养学生学以致用、服务社会的自觉性。这一成长平台并不只是高中教育的一抹亮色,更是点燃学生终身发展的火焰的火种。每一种能力的习得,每一种素养的渗透,每一次站上自己的舞台挥洒汗水与智慧的时刻,都将是学生发掘自我潜能的一次突破,这里有通往终生发展的旗帜和指南。

快速发展的现代化进程中,一方面技术引领着新的发展,一方面不可避免地,技术文明过快发展,人文环境来不及消化这些新的技术手段和平台,放任它们释放意想不到的威力,人们在新潮、摩登的技术面前缺乏反思,以至于遭遇自己所珍视的自由本性被钳制、生存所依赖的公共正义和道德被解构的危局。教育是知识、技术与人类本性接触的第一线,可谓之"前线"、"浪尖",而要在教育过程中,规避技术异化的苦果,重中之重便是要避免给这枚种子以发芽的土壤。如果说新课程改革是一片广袤的沃土,那么创业社团在其中的时代意义便是将技术异化这枚种子发芽的概率降到最低。新课程背景下学生社团活动的功能以社团为载体,发挥其特有的促进学生自我教育、自我组织、自我发展的功能与作用,是新课程赋予学生社团活动的新创意、新使命。创业社团这一成长平台的搭建促进的是学生的终生发展。

(二)弘扬学校特色,熔铸学校精神

新课程改革需要更为丰富和活跃的教育教学元素。《基础教育课程改革纲要(试行)》在课程管理上倡导,"学校在执行国家课程和地方课程的同时,应视当地社会、经济发展的具体情况,结合本校的传统和优势、学生的兴趣和需要,开发或选用适合本校的课程"。将社团活动纳入综合实践活动课程体系,使其课程化,能够有效地弥补传统课程无学校特色设置的不足,充分发展学生的爱好和特长,充分发挥学生的主体性。

我们把创业社团延伸到校本课程,使社团课程化,并不是单纯地对教学课程的扩充,而是对创业社团功能的再发掘。传统的学校教学活动固然可以发挥学校特色,而一个学校特色最为凝聚的地方应该在于师生尤其是学生所呈现的面貌。2014年12月7日是苏州中学府学980周年、新学110周年华诞的庆典日,我们的理念是"为校友办校庆,由校友办校庆",我们的模式是"母校一日,重温当年",我们想将所有的空间全部留给校友,我们想将所有的时间全部用来陪伴校友,因为校友才是校庆唯一的客人,因为校友才是校庆真正的主人。他在苏州中学"府学980周年,新学110周年"校庆的讲话中谈到了他在苏中工作近三十年理解乃至领悟到的"苏中是什么":"苏中是道山,苏中是大学,苏中是天下。"道山之高是无数先贤思想的堆积,道山之深是无数骄子勤奋的挖掘,道山之道是近千年苏中学子走出来的成功之道。前人所遗传的大学文化基因,在苏州中学的校园里依然随处可见。苏中这块土地上自古至今出来的人都有以天下己任之高尚精神,都有救国报国之博大情怀。这样的学校特色早已成为学校的血脉,流淌在莘莘学子的日常学习和生活之中,也是因为这样的校园文化,创业社团的设想才会如此自然地成为现实,创业社团的发展才会如此蓬勃日益耀眼。而创业社团所融聚的学生的热情亦是与苏中精神契合的注脚。汪懋祖校长当年所提出的苏中精神"有转移环境之能力,不为不良环境所屈服"是学生在创建、发展、推广社团时的精神支柱,他们的实践也证明了其独特的精神力量。

在创业社团中,学生将视野投向社会的各个角落,他们的活动是培养自主管理能力、体验民主与合作精神的过程。一个社团的成立,从社团章程的酝酿到社团活动的开展,从活动的组织宣传到经费的多方筹措,其过程本身就是学生自主发展、民主参与和情感体验的过程。在分工与合作中,学生学会吸纳别人的长处、接受别人的建议、建立良好的人际关系。他们往往会面临不可预估的困难境遇,而这种境遇却最终磨炼出他们的意志以及改变的决心,他们勇于转移不良环境创造出属于自己的新的最佳环境。

应当看到,影响并不只有热血的积极的作用,学生个体的发展并不需要总是依托学校特色的支持。学生在熔铸学校精神的同时,也在创造一种独特的自我精神。教育是一种媒体,是知识和心灵的媒体,是成年人和未成年人的媒体,是成熟与不成熟的媒体,是已然和未然的媒体,是当下与未来的媒体。虽然它不过多地向社会公众发声,但它在自己的内部领域中,总也具有非凡的话语权。作为媒体,教育机构和教育者从来都占据着它所联系的两者之间的中心位置,我们是传递者、记录者,也是评判者。我们既从事着传递知识和信息、能力和心理成熟度的工作,同时又评判着这一工作是否成功,从这个角度来讲,它是掌握了话语权的强大媒体,既是运动员又是裁判员。反思媒体的话语暴力,有效的方式依然是依靠实践,将教育的话语系统并入社会话语的丰富多样性网络中去。这当然不是办一两个网站,做一两场讲座就能解决的问题。作为媒体的教育需要适时从话语交流的中心位置让开,把位置留给更公开、自由、平等的社团群体,学校奉行"无为而治"的原则,在非关键性问题上保持中立的态度,将对外发声交流的权利和机会让给社团里的学生。如是,校园的利益格局将变得多样,匮乏的将在别处以努力换得补偿,而多余的也能在别处以奉献换来尊敬;如是,学生们就能在校园生活原本单调乏味的氛围内,营造一个个充分享受私密空间的"林间小屋";如是,社会中陷于功利主义或形式主义话语窠臼中的企业、单位,也可以适度地参与到这些林间小屋的构造中去,去寻找突破僵局的可能。我们会发现,学生在创业社团中养成的与创业素质、领袖素质等方面的自我精神其实是源于学校精神的包容性。

二、革新中学教育的社会功能

如上所述,社团活动的开展,是引领社会、政府、企事业团体、学校、家庭和学生共同努力构建学习型校园乃至学习型社会,重构知识价值观,改善知识价值体系的重要平台,在这一共同协作的过程中,教育活动的社会功能也就有了新的内涵。

(一) 和缓、理性的职业生涯教育

最直接地,中学教育将与职业生涯的尝试和选择更加紧密地联系起来。过去,学生开始细致地考虑自己的就业方向、规划职业生涯,往往是大学毕业前,乃至毕业后于职业中介机构中才进行的。而中学中企业型社团的存在,将学生提前导入了一个生涯规划的环节中去。在这里,没有紧迫的物质需求、没有紧张的社会关系压迫,更多的是能力的匹配、兴趣的触发以及理想的规划,因此这样的生涯规划尽管有幼稚、冲动的可能,但假以高中三年的锻炼和思考,往往能得到比大学毕业前迫于压力而六神无主的决定更为合理的结果。

研究表明，生涯发展具有个性化、不可预测性和不确定性等特点，生涯发展的方向和水平受到家庭、社会和个人等诸多因素的影响。大量经验也表明，人生发展过程中大部分的时间都在作准备，作积累。以职业领域为例，在踏入职场的3~7年内，个体因为受到专业、职业领域和组织文化等的诸多束缚，很难有决策的机会，他们更多的是在有限的范围内做好应做的事。在30岁甚至更后，才有可能做个体想做的事。而在我们的创业社团中，由于规模的原因，大多数社员都有机会参与到决策和战略性的实施过程中去，每个人的职业特点和兴趣也就更容易被自己意识到并得到同伴的指正和认同。

显然，生涯教育的主要任务，不应当是帮助学生"确定"明确的目标，而应该使个体能够学会了解自身的特点，获得良好的危机意识和心态，通过快速学习适应，与长期锻炼安排并举，在兴趣和现实急迫性之中寻找平衡点，自如应对变化，并找寻解决思路。为了达到这个目标，生涯教育必须为学生提供规模上稳定连续、氛围上友好开放、气质上理性包容的平台进行体验、尝试和调整。创业社团恰恰就为学生提供了这样的机会。

（二）同步、感性的社会认同教育

在创业社团的实践过程中，出于资金、技术援助和活动组办的考虑，学生必须学会与学校行政人员、企业等社会团体乃至政府等外部对象打交道，或协商谈判达成一致，或出现矛盾冲突合理解决。由于思想观念的不成熟，尚属少年的学生，往往容易对成年人的社会产生一些偏见，小到和父母长辈的代沟，大到"中二病"这种自以为是、特立独行的叛逆表现，而通过创业社团的活动，真正从专为青少年提供的小众媒介中走出来，去揣度、了解成年人的思维、行为模式，都有利于建构起基础的社会认同。

最直接地，在社团起步之初，学生往往会寻求有社会经验的父母的帮助，人事、管理、行政、公关经验为零的孩子们，会更愿意向他们的父母学习，如是他们平日里对长辈或多或少的误解和不满，就会渐渐在交流、指导和学习中淡化乃至消失。父母也会在只关心孩子成绩之余，看到他们其他方面的天赋和特长，从而建立起更大的信心，更理解关心孩子全方位的成长。这样，家庭关系就能够变得融洽，不仅仅是孩子受到了社会认同的教育，父母也潜移默化地受到了更全面地去关心培育孩子的教育。这一教育实则为双方面同步的。

家庭关系能够变得融洽，同样的，社会关系也能够得到改善。学生的内心是质朴、天真、理想主义的，但这并不意味着他们无法理解踏入社会的成人们的苦恼、不安和困顿，只要给他们去认识，去了解，去获得一个平等的对话机会，他们就能给出他们的合情合理的想法和认同。更进一步,学生的理想主义,对自己社团的奉献和执着,就好像一泓清泉,流淌到了社会之中,他们没有太多的利益考量,没有对私欲、野心的过分执着,他们的登场、他们的话语、他们的观点看法和建议,都可能为正在苦恼的成人社会带来料想不到的希望。我们作为成人,作为社会资源和秩序的主要安排者,也应当学会在与这帮并不缺乏主人翁姿态的孩子做交流的同时,严肃地去反思我们所需要建立并维持的社会和国家到底是什么样的,我们是否已经偏离了我们少年时的初衷,又是否已经在时代的洪流前迷失了方向。孩子的眼睛可能是迷茫的,但这迷茫是清澈的,是敏锐的,而不是污浊的。正视这双眼睛,可以帮助我们看到光明。

更进一步说,孩子也罢,成人也好,在古老的人类历史面前,我们都是面临着抉择,也受到自己的无知和幼稚所困扰的孩童。我们的国家之于历史,组织之于时代,政权之于天命,不正如这些孩子们的社团之于社会吗?因此,这一社会认同的教育,不仅仅是以学生为对象,更是以参与这一过程的整个社会为对象的同步过程。这一过程是具体的、感性的、活生生的,它必给我们带来巨大的感动和深刻的教训。

让学生们和校内外的热心观众们也都站上舞台的中心吧,而我们要做好场务工作,保证这舞台不混乱、塌陷,并在后台为演员们化妆、搬运道具,提供必要的帮助。现在,教室和讲台不再是学校唯一的旗帜了,与它相伴的另一面旗帜,将会从一片树荫、一块空地、几张自行车的座椅等一切社团讨论所可能发起的地方升起。现在,在这些原本仅仅是边缘和陪衬的角落,舞台的聚光灯一旦触及,教育的新希望必将萌发。而崭新的教育理念,也将给社会和时代带来新的可能。

张昕在魔方社组织的比赛上讲话

社团活动场所——校史馆尊经阁

动漫社的作品

红十字会慰问老年康复中心

纳新大会管弦乐社团演出

与英国德威学校社团成员合影

社团活动场所——来秀坊

社盟夏令营相声表演

第二章 学生创业社团的背景与意义

湿地研究

校园心理剧《123,木头人》
参加江苏省展演

学生攀岩活动

学生在社团营地写策划

第三章 领袖素质和创业素质的认识和理解

第一节 领袖素质与创业素质

学生社团是区别于学校其他正式组织的，由学生自发创建，并独立组织活动，自发执行内部管理的组织。大部分关于学生社团的研究文献，都将视角集中于学生社团的建设和管理工作上。这些研究都认为学生社团的功能（或称培养目标）应是综合的。学者们对社团功能有以下几点共识：

①社团能够加深、巩固、拓宽学生的知识。
②社团能够培养学生的能力，包括组织、社交、团队协作、自我管理等方面的能力。
③社团有助于促进个体社会化进程。
④社团有助于调适个体心理功能。
⑤社团有助于丰富校园文化。

可以说，学生社团的功能和培养目标是综合的，复杂的。为避免泛泛而谈，根据苏州中学的特点，本研究将社团的功能聚焦于领袖素质和创业素质的养成，因而仅就领袖素质和创业素质的养成来论述学生创业社团的功能和培养目标。

一、领袖素质的相关研究

（一）领袖与领导的区别

在《说文解字》中，"领"被解释为"项"，即脖子的意思，由此引申出衣领、带领、接受等意，"导"则被理解为"引"。此二字组合，道明了领导的基本意义——"带领并引导朝一定方向前进"。从字面意义上理解，领导具有责任性和权力性，在方向上、行动上对整体具有一定的影响。

反观"领袖"这个词，袖的主要意思是衣袖，由此领袖被解释为领子和衣袖。与领导不同，领袖显然没有了强烈的权力意味，而更多具有了榜样示范和精神引领的意思,仿佛一扭颈一挥袖间,便能震动乾坤。

通过对领导与领袖意义的解释不难发现这两个词的不同,主要表现在:

1. 依仗物不同

领导的依仗物是权力与地位,这是一种强制力,一种刚性物。而领袖的依仗物是人格魅力与精神力量,这种力量是无形的、柔韧的。

2. 目的不同

领导的目的是指引与导向,由依仗物决定的,它的目的性很强,就是达成某个目标,或向着某个方向前进。而领袖的目的相对模糊些,它并没有明确方向与目标,其引领功能是遵循自愿原则的。

从这两点上看,领袖可以具有领导的功能,而领导并不一定具有领袖的效用。领导具有明确的权力,而领袖并不一定具有"官方"的地位和权力。领袖能达到领导的要求,但领导不一定能成为领袖。由此,领导与领袖的关系逐渐明晰,即领袖是卓绝的领导,是靠精神引领,以柔克刚的典范。

(二) 领袖素质的概念

就以上分析,领袖和领导在中文视域内是有差别的,而国外,一般而言用 leader 来表示领导,而常用 chief 来表示领袖,这里的领袖更多地被赋予了政治色彩。而无论是领导素质还是领袖素质,则又统一用 leadership 来表达,在这点上颇令人费解。本研究倾向于认为,将领袖赋予政治意味,事实上窄化了这个词的内涵,领袖和领导的区别主要应是程度的差别,而非所涉领域的差别。

为了统一中文和英文的表意差异,在接下来的行文中,将国外文献中的 leadership,都译作领袖素质。这一译法,也将影响本研究对 leadership 概念的界定。

回顾领袖素质的研究历史,在美国,已有近百年历史。早期的研究者们尝试找寻领袖区别于非领袖的特质,这些研究的对象主要是领袖个体。接着,研究对象渐趋多元化,有研究个体的,也有研究某些特殊团队,还有研究领导集团。之后,又有研究者开始对领袖素质的影响因素和作用机制进行了探讨。

可每一种理论支持下的研究,对领袖素质的界定各有差别。Hackman 和 Wageman 在 2007 年的研究中一针见血地指出:"现在领袖素质的相关研究,并没有统一的定义,也没有压倒众人的理论模型,大家对于如何培养领袖素质更是各持己见,鲜有有效的实践。"①领袖素质的相关研究仍然是学界的热门话题,更值得我们去探讨。

即使是这样,大部分理论家还是有一些共识:领袖素质是一种社交影响力,这种影响力聚焦于带领团队成员朝着共同的目标迈进。② 在这样的共识下,领袖素质的本质应该至少包括三个方面:

① 它是一项技能。
② 它是一种经验。
③ 它是某种特质。

由此看来,领袖素质应该是可以培养和训练的,这就为本研究提供了可行性支持。

(三) 领袖素质的相关理论

一般而言,对素质养成的研究,不能避开的话题是研究具有高素质的群体的共同特质或胜任力模型,以此作为养成目标,继而开展工作。

不同理论对领袖所应具备的素养理解差别很大。魅力型领导理论认为,领袖素质应该包括远见卓识、环境敏感、成员需求敏感度、敢于冒险的精神以及反传统的精神。交易型领导理论则认为,领袖素质要应该有明确的界限、井然的秩序、信守的规则和执着的控制。变革型领导理论认为领袖素养应具有能使他人产生信任、崇拜和跟随行为的影响力(idealized influence)、鼓舞团队成员的能力(inspirational motivation)、促进创意产生和问题解决的才智激发能力(intelectual stimulation)以及给予团队成员个性化关怀的能力(individualized consideration)。

20世纪90年代兴起的真实型领导理论强调领导应具有在作决定前充分权衡信息的能力,内化的高尚道德观,和团队成员关系透明,以及具有高度的自我觉察意识。

无论是哪种领导理论,几乎都是自上而下的管理模型,在这样的假设下,领导是区别于团队成员的,虽然研究者们一直强调领袖素质需要和团队成员保持很好的互动关系,但是实证研究表明,当个体承担领导功能时,无论是团队外部领导还是内部领导(如下图 A、B 模型),他们会无意识地通过强调自己的权力

---

① Hackman,J. R. ,& Wageman,R. (2007). Asking the right questions about leadership: Discussion and conclusions. American Psychologist, 62;43 - 47.

② Yukl, G. (2002). Leadership in organizations(5th ed.). Upper Saddle River,NJ;Prentice Hall.

和地位,从而将自己和下属区分开来。① 从这点上看,领袖素质的内涵就有了疑惑,究竟是更应该强调个人意志,还是更应该重视集体意志,这是理论的困境。

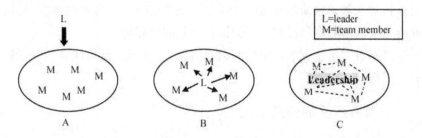

共享型领导是近年来流行的一种领导理论(如下图 C 模型)。这个理论认为,真正的领导行为和领导特质是在团队互动中形成的,因而不应指定某个人担当领导一职,团队成员都可以参与到团队的管理中,而最终一定会有人脱颖而出,这时的领导和他所呈现的领袖素质,才是真实的。

Day 在 2007 年发表的论文中指出,共享型领导理论至少具备三种优势:
① 较低的权力差距。
② 较高的心理安全感。
③ 强大的学习动机。

更高的权力差距意味着更多的不公平,团队成员在承担任务时更倾向于逃避责任,从而分散了团队实力。有研究表明,更愿意授权属下参与团队建设的领导,通常拥有较低的权力差距。这就引出了第二个优势,团队成员会因为较少的不公平感,而更愿意投入工作,感觉更加安全和幸福。因为在传统领导理论下,领导因为有不一样的地位,就会不断强化自己高于其他人的价值,这无形中会损伤团队成员之间的信任感。共享型领导团队,因为团队成员参与度很高,这样的团队不倚仗单一领导的指挥控制,其抗风险能力很强,更容易找寻到发展机会,更能够接纳不完满和错误。这样一来,团队成员认为自身具有很好的发展潜能,会花更多的心思在自我成长方面,专注事业成长的学习动机更强。

(四)领袖素质养成的条件

近期的研究发现,较为安全的心理环境,对各种意见都保有较高的开放度

---

① Russell, E., Merlijn V., Klodiana L., Changguo M.. (2012). Leader Identity as an Antecedent of the Frequency and Consistency of Transformational, Consideration, and Abusive Leadership Behaviors. Journal of Applied Psychology, 97(6): 1262 – 1272.

和接纳度,以及允许学生参与决策的容纳度,是领袖素质养成的重要条件。① 另外一项研究表明,领袖素质的养成不仅要提高知识储备,增加技能训练,更需要提升主体对于领袖素质的知觉。② 而主体知觉在间接学习中很难生成,这就要求领袖素质的培养者创设有利于领袖素质养成的环境。

这既是设立学生创业社团的原因,也是创业社团之所以能够培养领袖素质的理论依据。

二、创业素质的相关研究

(一) 创业素质的概念

创业是企业发展的新兴研究领域,伴随着自由竞争而产生。目前关于创业的概念描述有很多,综合诸多描述,"创业"的语义大致包括以下三种状况:

① 强调开端和草创的艰辛和困难。
② 突出过程的开拓和创新意义。
③ 侧重于在前人的基础上有新的成就和贡献。

而对"业"的范围大多数学者并没有什么限制。这样,各种主体、各行各业都可以在最一般的、普遍的意义上使用这个概念,相关研究也表明,创业可以表现在诸多领域,包括教育、医疗、研究、法律、工程乃至社会服务行业。由此,创业的定义就应该聚焦于"创"字,即发现潜在的机会,并能在前景不明朗的情况下充分发挥能动性,创造价值。

就搜集到的相关素材,创业的核心要素一般包括以下四项:

① 创业者(创业的主体)。
② 机会或机遇(创业的主要驱动力,也是创业成功的第一步)。
③ 协调创业活动的系统的组织(创业的载体,也是创业团队得以生存和发展的必要条件)。
④ 创业者可掌握的资源(衡量创业活动成功的主要标准)。

(二) 创业素质的内容

学界一直在假设,创业者一定具备特殊的素质。可是多年来,研究者们反复实践,却发现这些素质同样见于其他成功人士身上。比如,Brockhaus 和 Hor-

---

① Nemanich, L. A., & Vera, D. (2009). Transformational leadership and ambidexterity in the context of an acquisition. Leadership Quarterly, 20:19 – 33.
② Lord. R. G., & Brown, D. J. (2005). Identity, deep structure and the development of leadership skill. Leadership Quarterly, 16:591 – 615.

witz 发现,创业者大多很愿意成为他人的支持力量,有雄心抱负,待人善意,重视和谐,拥有创新能力,踏实、细致,但是通过对比研究,他们发现这些品质同样见于其他成功者。唯一不同的是,这些创业者都不太遵循传统的思路和管理流程。另一些研究者将视角转向研究处于创业期的企业与非创业期企业的区别,他们发现,开创期企业有五个方面显著特征,第一是高度关注产品品质,第二是拥有高质量的消费者服务,第三是企业管理的机动性,第四是一流的管理,最后一个则是公平和诚实。可最后还是被证实,这样的团队和所有胜利者(winner)的团队没有区别。

由此,创业素质的培养遇到了相当大的难题,我们不能遵循传统思路,按照创业素质的核心品质去培养,而更应该为创业素质的形成创造有利的条件。

(三) 创业素质的影响因素

1. 家庭因素

早在 20 世纪 70 年代,就有研究者对创业素质的影响因素做了研究,他们首先关注的是家庭环境的影响,Henning 和 Jardim 发现,家族中排行最大的女性更容易成为创业者,既而他们通过调查发现,大约半数的创业者是长子或长女,研究者们认为,这类孩子因为受到更多的关注,而建立了更多的自我意志,从而对创业行为有促进作用。但是在 Hisrich 和 Brush1986 年发表的另外一项研究中,"头胎效应"好像不再那么明显。[①]

于是研究目标转向了创业者的父母们,许多研究者都发现了这样一个事实:大部分创业者的父亲都有创业行为。一般而言,这样的父母会给孩子更为宽松的环境,更独立的教养空间,对于孩子独立性和创造性的养成功劳很大。

除此之外,父母教养所呈现的言传身教的价值导向也很重要,一项研究发现,更鼓励独立解决问题,更强调自我实现和责任的教养有助于创业素质和创业行为的形成。

2. 教育因素

教育绝对是创业素养形成不可回避的话题。大多数研究者都认同,教育对创业素养的影响,不在于在学校里学到了多少知识,经受多少专业训练,更重要的是他在学校里有更多的机会担任团体的主要角色,对团队负责。美国的一些高中已经尝试为更多的学生提供尝试冒险的机会。在这些实践探索中,他们发

---

① Hisrich, R. D. (Ed.). (1986). Entrepreneurship, intrapreneurship, and venture capital: The foundation of economic renaissance. Lexington, MA: Lexington Books.

现,女孩子受益更多。通过调查学生,他们进一步发现,学生在获得资源、制定策略和计划、宣传营销和人员管理四个方面,需要更多的指导和训练。

3. 经验因素

一般认为,工作经验可能会让个体陷入定势思维,而失去了开创精神。但是许多研究都证实了这样一个事实,对于现有工作环境的不满,对于现有组织的抗议,会促成个体产生创业动机,而在创业动机转化为创业行为的过程中,个体可能会有更大的动力去磨炼自己的能力,这就包括专业能力、管理能力和决策能力。

Hisrich 和 Brush 则进一步论证了这一结论,他们发现,大多数成功的创业者并不是首次尝试就能获得成功,正是一次次的尝试——错误,才让他们积累经验,激发更多的斗志和能量,最终实现生涯发展的飞跃。

4. 年龄因素

年龄因素是任何研究都不会规避的话题,但是作为创业素养而言,这需要更加谨慎,创业行为发生的年龄跨度非常大,所以创业行为发生的平均年龄并不具有特别价值。但是,一项广泛的调查研究显示,人们认为,30 岁是创业的一个很好的时机,这个阶段个人可以开始新的生涯发展阶段。而更多的人认为,越早开始创业的尝试,越有利于创业的最终成功。

除了以上所列的四种因素外,创业者对成功的渴望也是重要的影响因子。因为专注于此领域的研究并不多,因而在此不做详述。

(四)创业素质和领袖素质相关研究对创业社团建设的启示

根据已有文献研究,学界对领袖素质和创业素质的内涵和结构并没有很明晰的认识,因为可能有很多不可控因素影响这两种素质的产生。但不可否认的是,为个体创造有利的环境,对领袖素质和创业素质的养成意义重大。这也就是本研究利用学生社团平台来培养学生的领袖素质和创业素质的原因。为了促进领袖素质和创业素质的养成,学校在环境创建时应该考虑以下三个因素。

1. 学生能有相当的自主空间

在社团创建和管理的过程中,学生的意志和愿望能够受到足够的尊重。学校能够给予他们尝试的机会,并在相当程度上允许其犯错。这是学生自我实现的必要条件,也应是学生的领袖素质和创业素质产生的必要条件。这样一来,能最大限度地发挥学生的主动性和独立性。

这并不意味着不给学生制定规则,学校在管理中,有责任进行必要的引导。但是规则的制定也要考虑到学生的自主权,它不应只是学校领导或老师的意志,更应在与学生探讨交流后,形成的一个双方接受且支持的规则。

2. 应促进培养活动常态化、多元化

领袖素质和创业素质的养成不能一蹴而就,需要长期的熏陶和锻炼。单项活动可能在短期内取得较好的成果,但对这两项素质的养成并无太大作用。将活动常态化,有利于为素质养成提供持续的环境支持。

如果活动的形式和内容过于单一,能够为学生提供施展的机会就会相对少,为了让更多的学生能获得锻炼的机会,也为了不同的学生能有个性化的发展,就要确保培养活动的多元化。

3. 以"共享型领导理论"为依据来管理团队

研究证明,"共享型领导模型"特别适用并不那么重视业绩和目标的团队,按照共享型领导理念,每个团队成员都有可能成为领导。个体的成长是这一理论最为关注的话题,因而它特别适用于学生群体。这一理论也将是学校管理社团的重要依据。

三、我们对领袖素质与创业素质的认识和理解

通过文献梳理和理论探寻,我们制定了研究思路:将领袖素质和创业素质作为培养目标,以学生创业社团为平台,设立管理团队,建立常态化活动,制定相关制度。然而,将领袖素质和创业素质作为苏州中学创业社团的培养目标,仍有几个核心问题需要探讨,下面具体阐述。

(一) 领袖素质与创业素质的关系

前文提及,许多创业素质的研究者都试图找寻创业素质区别于成功者素质和领袖素质的特征,最后发现,创业素质并无特别之处。那么,为什么有些成功者不因创业取得成功,又一些人,他们在自己的领导职位上,并无意去争取"创立新业"。这在化学上也可做类推:同样的元素,因为分子结构不同,可能会组成完全不同的物质。倘若创业素质和领袖素质拥有几乎相同的构成要素,因为构成结构的不同,就可能产生不一样的行为。这样看来,领袖素质和创业素质是有差别的,如果差别不在特质的内容上,那么就可能在特质的构成结构和权重上了。

于是,我们做出大胆的猜想,创业素质重在"创"字,强调在条件模糊的情况下,个体利用资源,发现并创造机遇,实现某一目标。而领袖素质重在"领"字,即个体发挥自身优势,展现能力,引领他人朝着某一目标奋斗。两种素质在个体身上的表现至少有三种情况:

(1) 个体可能同时具备创业素质和领袖素质,在适合创业的条件下,会表现出创业行为,而在需要领导的情况下,会表现出领导行为。

(2) 个体可能只具备创业素质而缺乏领袖素质,他能够排除难处解决问题,却可能因为领袖能力这块短板,而成为孤军奋战的"光杆司令"。

(3) 个体可能只具备领袖素质而缺乏创业素质,在有明确目标的情况下,他能够带领团队朝着目标前进,但在目标不明朗的情况下,他可能就因改造环境的能力这块短板,而成为举步不前的领导。

三种情况高下立见,当个体同时具备创业素质和领袖素质时,他的社会适应力和成功概率会大大增加。两种素质构成缺一不可,互为补充关系,这也就是本研究将创业素质和领袖素质双双作为培养目标的原因。

(二) 领袖素质和创业素质是一项综合素质

会有人提出这样的疑问,如果培养了领袖素质和创业素质,个体的独立意志就可能过于膨胀,这样是不是就会阻碍其他素质的发展?上面已经提及,领袖素质和创业素质是一项综合素质,若以传统领导理论来管理团队,势必会造成个体意志膨胀,共享型领导视域下的团队建设则可以有效避免这一问题。

在共享型领导团队里,每个个体都是从基本事务做起,在小事中获得锻炼,从小事中脱颖而出。这与自然竞争下的晋升模式相类似,那些领导都是因为能把普通的事情做得比其他人更好而获得更多的机会,其他素质的培养并不会因为担当了领袖和创业者而被忽视。

换一个角度来看,领袖素质和创业素质本身就是综合性素质,它的涵盖面非常宽,哪个方面有严重短板,都可能让团队成员不能信服,个体要当领袖和创业者,不仅应该有过人之处,更应该是个能力全面的人。这样看,这个疑问就不成问题了。

(三) 在高中阶段培养领袖素质和创业素质的必要性

一种观点认为,高中学生的主要任务应是学习知识,为进入大学做准备,领袖素质和创业素质的培养需要花费时间和精力,这样的付出是否值得,而实际的培养效果如何,又很难评判。高中阶段培养领袖素质和创业素质的优势究竟何在?

1. 尽早培养,在大学阶段脱颖而出,占领高校机会高地

2012年,《中国社会科学》发表了一篇题为《无声的革命:北京大学与苏州大学学生社会来源研究(1952—2002)》的学术论文,其中显示:20世纪90年代后,北京大学学生中,干部子女占比呈现上升趋势,到1997年,该比例达到

39.76%,首次超过专业技术人员子女,更远超工人和农民阶层。这项研究基于对1952年至2002年北京大学和苏州大学近50年间的学生档案的研究,引发了对教育公平、教育"特权"的讨论。另一份统计数据显示,在教育部直属的高校中,农村生源的比例仅为30%左右,而且有减少的趋势。北京师范大学教育系教授劳凯声提出疑虑,在精英高等教育中,农村子弟并不占优势,甚至可以说,越来越难挤进精英大学。

社会竞争的残酷性不仅取决于对手是否强劲,现代的竞争有更多的不可控因素。高校扩招后接受过高等教育的学生都会有这样的感受,要在大学里出类拔萃,要么就自身实力过硬,要么就要掌控优渥的资源。诚然,大学阶段有足够的时间和精力能够训练各方面能力,但是并不是所有的高校能为所有的学生提供这样的机会。另外,上文提及,创业素养和领袖素养与家庭教养方式有重要关系,但是不是所有的家庭都能为孩子提供这样的环境,为了促进更多优秀的学生发展出这两种素质,学校义不容辞。

由此,高中阶段培养领袖素质和创业素质的优势首先就体现在早培养,能尽早获得大学阶段锻炼能力的优先机会。

2. 从学生发展需要来看,高中阶段适合且应该培养领袖素质和创业素质

高中阶段的学生已具备完全社会能力,但是自我概念和价值观仍处于形成的关键期,他们身上会表现出显著的自我中心特征。这一阶段的青少年,就像陶塑,泥胚已成,但还可塑形着色,他们也特别乐意给自己涂上鲜艳的色彩。理论上讲,这应是领袖素质和创业素质培养的关键期。领袖素质和创业素质是综合素质,它并没有明确的指向性,是一个自完善系统。培养这两种素质,并不会让学生看起来千篇一律,也不至于因为过分的干预阻碍其个性化发展,可以说,领袖素质和创业素质放在高中阶段培养,时机合适,且内容适宜。

另一方面,现代领导理念认为,领导力是现代人应该具备的一项基本素养,是培养现代公民的必然要求。在中学阶段开展领导力教育,不仅有助于培养学生的自我规划、自我管理、自我学习、自我完善等基础素养,而且还有助于促进学生发展包括服从规则、捍卫权利、履行义务、承担责任等优秀的价值观和公民意识。正如著名文化学者龙应台所呼吁的那样:"我们要的是敢于面对现实、接受挑战、勇于负责的政府,但是要促成这样的政府,我们更需要有批判能力、有主动精神、有理性的人民。"这既揭示了中学生领导力教育的培养目标,也表明了中学阶段培养领导素质的必要性。

(四)苏州中学学生培养目标分析

苏州中学是拥有千年办学历史,百年新学经验的著名学校。自范仲淹置地兴学以来,这里人才辈出,府学时期就以"劝天下之学,育天下之才"为培养目标,开吴下风气之先。曾受聘为哈佛大学研究员,历任国立北京师范大学教务长兼代理校长、国立北京女子师范大学哲学系教授和主任、国立东南大学教育系教授和主任、江苏省督学等职的汪懋祖先生,在1927年怀揣热忱,重新组建苏州中学,实现多年以来亲自办学的理想。汪先生认为"苏中规模大,人才多,实可作为一个实验中学"。他曾经精辟地指出苏中学生的培养目标:"必使各个学生毕业出校以后,有转移环境之能力,而不为不良环境所屈服,始克表现苏中之精神"。领袖素质和创业素质的内涵应是与汪先生的苏中精神一脉相承的。

据统计,从苏中一共走出了29名院士,遍布海内外的优秀校友更是不计其数。苏中就像一柄标杆,是优秀人才的盛产地。人们向往苏中,而苏中也同样不负众望。将领袖素质和创业素质作为苏中的培养目标,应是众望所归,也是时代责任。

历任校长都十分重视学生的能力养成,为了更适应时代发展和学生发展的需要,1998年,张昕校长提出"让更多的学生有更好的发展"的办学理念,又将先校长汪懋祖先生的苏中精神树为旗帜。继而,他提出将培养目标聚焦于领袖素质和创业素质,并时常勉励学生和教师树立人生奋斗的信念。

(五)苏州中学学生领袖素质和创业素质的现状分析

一项针对创业教育的现状调查结果显示,80%的学生表示自己今后会尝试创业,但当问起自己是否会做一个艰苦的创业者的时候,只有20%的学生选择了"是"。创业的过程必然会是艰苦的,而同学们显然还没有做好足够的准备。而对于创业教育,同学们的看法是趋于一致的,96.2%的学生希望自己能够得到创业相关的指导,76.4%的学生希望学校能够开设创业相关的课程。通过平时与学生接触,我们认为以上调查数据有一定的代表性和参照性。

领袖素质和创业素质的养成,首要条件是应该有足够多的机会让学生进行领导和创业实践活动,而目前还有多方面的限制。

平台搭建方面,苏州中学作为一所名校,更应该重视领袖素质和创业素质的培养。但是学校在平台搭建方面并没有突破传统,只有学生干部才有锻炼领袖素养和创业素养的机会,而学生干部群体仅限于班级干部、党团干部、学生会干部等,一方面,这些干部的数量有限,不能满足优秀学生的发展需要;另一方面,这些干部的工作职能有一定的规范和相当的限制,无法充分调动学生的积极性。

能力培养方面,学校有一些老师能够意识到领袖素质和创业素质对学生成长的重要性,在班级管理和学生活动的组织中,有意识地进行指导。一方面,这样的指导只针对部分学生;另一方面,这种指导活动对领袖素质和创业素质的培养,并不系统,也没有形成指导思想,更没有纳入正常的活动规划中来,它只是老师或学生的自发行为。

教育环境方面,在高考体制下,学生参与社会实践活动的机会并不多,形式和内容都相对单一,现行的社会实践活动,大多流于形式,其对学生综合素质的养成效用不大。领袖素养和创业素养的培养更是无从谈起。

从这三方面都可以看出,我校人才培养的方式,和学生发展的需要是不协调的。于是一个为学生培养领袖素养和创新素养的平台呼之欲出。这也就是创业社团成为领袖素质和创业素质"培养基地"的现实源起。

第二节　理论依据

一、"生活—教育"理论

约翰·杜威(John Dewey,1859—1952)是美国实用主义哲学家、教育学家和心理学家。他提出了"学校即社会,教育即生活"的教育理念,将教育的本质诠释为"教育即生活,教育即生长,教育即改造"三个短语,实现该理念的方法就是"做中学"。所谓"学校即社会",按照杜威的原话,是"学校必须呈现现在的生活——即对于儿童来说是真实而生气勃勃的生活,像他在家庭里、在邻里间、在运动场上所经历的生活那样。不通过各种生活形式或者不通过那些本身就值得生活的生活形式来实现的教育,对于真正的现实总是贫乏的代替物,结果形成呆板而死气沉沉"。他十分强调教育即一个社会过程,学校便是社会生活的一种形式。学校作为一种制度,应该把现实的社会生活简化起来,缩小到一个雏形的状态。在教学理论上,杜威提出了"从做中学"的基本原则,认为教学应该从学生的经验和活动出发,为学生创造最为真实的,贴近社会生活的环境,使学生在相对自由的游戏和工作中,获得成长。

陶行知是我国现代教育史上一位伟大的人民教育家。他1914年在南京金陵大学毕业后赴美国留学,深受杜威实用主义教育思想和进步教育运动的影响,提出了"生活教育论"这一新教育理念。所谓"生活教育论"是给生活以教育,用生活来教育,为生活向前向上的需要教育,主要包括三大教育原理:"生活即教育"、"社会即学校"和"教学做合一"。他认为自有人类以来,哪里有生活,哪里就有教育,教育没有时间和限制。教育要通过生活才能发出力量而成为真正的教育。

汪懋祖是苏州中学的首任校长。1916年,汪懋祖怀教育救国之志,远涉重洋,留学美国,就读于哥伦比亚大学教育学院,与陶行知、胡适等一起受教于杜威。归国后,1927年,他毅然放弃大学教授的地位和省督学的职务,重返家乡,担任校长,组建苏州中学。汪懋祖不仅是苏州中学的组建者,而且是苏州中学的奠基者。他改造和发展了杜威的"教育即生活"学说,提出"教育源于生活,而改造生活"的教育思想。他认为,教育即生活,不仅是应付现实环境且要发展理想。杜威阐明,教育不能离开社会活动,是生长于社会活动之中。而汪懋祖主张不但生长于社会活动之中,且孕育陶溶于一种社会理想之中。一方面要尊重儿童的自发活动,一方面要将其自发活动陶溶于此理想的体系之中。

陶行知和汪懋祖先生都师从杜威先生,传承和践行着"生活-教育"理念,正因为这一理念具有很好的教育效果,他们所行,一直被后世所推崇。"生活-教育"理念是实用主义教育思想的浓缩,它强调儿童中心、师生民主平等,主张解放学生,关注个性心理特点的启发和引导。"经验"是这一理论的核心词汇,在不断的尝试中,形成符合社会发展要求,有利于个体发展需要的思维习惯和能力素养,这样的学习更深刻,也具有更强的变通性。

二、人本主义理论

20世纪60年代,为了与精神分析论和行为主义动物化的人性观抗争,开始兴起一种新的思潮,就是"人本主义"。人本主义理论认为,每个人都应该对自己的行为负责,每个人也有能力决定自己的目标和行动方向。在这样的假设下,他强调人们不必过于拘泥于过往,应该不断计划未来,并时刻关注眼前的生活,没有人可以替代自己成长,因为没有人比自己更了解自己,因此,只有自己才能最终克服所遇到的困难。在人本主义的影响下,管理理论也兴起了一场革命,我们称之为"人本主义管理理论"。它要求管理者在管理活动中必须坚持一切从实际出发,充分重视人的作用,尊重人、理解人、依靠人,并通过满足人的需要来调动人的积极性、主动性和创造性。我们可以这样来理解:人本管理是对人的本质属性认识的深化,管理的目的是为了人的全面发展,管理的关键是充分发挥人的主观能动性,充分发挥人的主观能动性的主要途径就是满足人的需要。在学生社团管理上,就应该坚持"以人为本"的管理理念,将学生的成长作为出发点和落脚点。

美国著名社会学家马斯洛在1943年提出"需要层次理论",他认为,人有五种需要,即生理的需要、安全的需要、爱与归属的需要、尊重的需要、自我实现的需要。其中"爱与归属的需要"是至关重要的一环,起着承前启后的桥梁作用,只有实现了这一需要,才有达到"自我实现"的可能。近年来,心理学家们对归属感问题的研究逐渐增多,普遍认为缺乏归属感的人,工作激情匮乏,责任感不强;社交圈子狭窄,朋友不多;业余生活单调,兴趣爱好不广。参加学生社团组织,参与学生社团工作,开展学生社团活动,可以满足学生多方面的需求。对于一个高中学生来说,参加学生社团不仅仅在于是否发展了自己的兴趣,是否锻炼了自己的实践能力,更重要的是他们对所参加的学生社团是否有归属感,能否在社团活动中满足自我实现的需要。

三、群体社会化理论

在儿童社会性发展研究领域中,人们一向认为,家庭是影响儿童社会性发展的第一个、也是最重要的环境。但是,这种看法近来受到了挑战。20世纪80年代初,美国心理学者麦考比和马丁以翔实的研究资料为依据,提出:"父母对孩子的影响是微乎其微的。"但他们的观点当时并未引起人们的注意。后来,美国心理学者哈里斯在美国颇具影响的杂志《心理学评论》上发表了长篇综述,再次强调了这一观点,并首次提出了一个"群体社会化发展理论"。

哈里斯发现,儿童的社会化具有情境化特征,主要是因为个性结构中包括两部分:一部分是由遗传决定的,如气质,这一部分相对稳定,在各种场合均存在,影响儿童的所有行为,也影响他人对儿童的看法;另一部分是由各种不同的环境决定的,他认为,儿童在不同环境中,会有不同的行为系统。

而这其中,有两套最主要的行为系统,一套用来适应家庭生活,一套用来适应社会生活。家庭对个体年幼时最初社会化有着重要影响,但随着个体的成长,逐渐融入社会群体生活中,家庭对个体的这种影响将逐步弱化,进而被群体的影响所取代。在同一群体中,各个儿童总是力争在言语、穿着、行为上与其他成员保持一致,群体奉行多数成员认同的行为规则。这就是群体社会化的学习机制。

当前所提的高中新课程改革,非常重视学生的综合实践能力的培养。它把学生综合实践活动作为全面发展的重要内容与培养目标的最终结果体现,它要求每个人在学习中提升自己的社会实践能力。学生社团活动正是给每个学生的社会实践发展搭建了良好的平台,青少年学生置身于社会群体,在活动的组织和参与中全面提升自己的能力。

从创社到创业

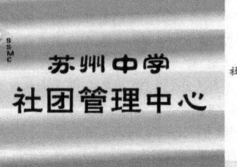

社管中心标志

社长全家福

张昕校长参加国学社活动

国学社复旦大学之行

第三章　领袖素质和创业素质的认识和理解

纳新大会上"社长一句话"活动

社联与德威学生交流

社旗摆台

参加电视台"我的未来不是梦"节目

社盟夏令营红毯秀

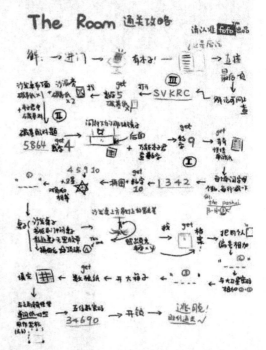
侦探社原创密室逃脱流程

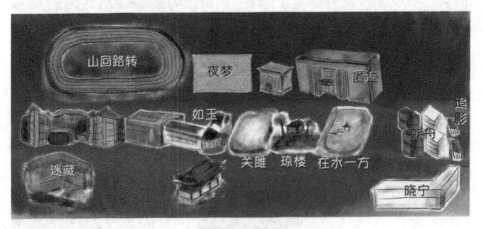
侦探社校园寻宝图

第四章 学生创业社团的实践与特点

第一节 学生创业社团的学术探究性

一、学术探究类创业社团的内涵及特征

高中生学术探究类创业社团,是指以满足成员对某类学术知识的需求为基础,以提高学术水平和实践能力为共同目的,自发组织、自我教育、自我管理并按照社团章程自主开展部分专业活动的业余学术团体组织,与专业学习、学术研究结合紧密并带有专业实践性质和多学科交流的学生团体。学术探究类社团定位清晰明确,其所特定的专业类学术知识,区别于传统学校教育及学科学习内容,学生从自身兴趣点出发,自主选择某学术类知识。学生以学术社团为平台,将兴趣、专业知识与实践能力的培养有机地结合起来,为今后进入高校深造、步入社会就业提供更坚实的基础。

学术探究类社团是课堂学习的延伸,强化某类学术实践技能的培养,带领团队成员共同摸索寻求更深层次的专业类学术知识,形成较好的学术研究习惯。因其由特定的学术知识为研究目标,此类学生创业社团具备以下特征。

(一)较强的学术依托和浓厚的学习氛围

现今信息资源趋于共享的社会背景下,具有强烈求知欲的高中生并不会满足于校园内千篇一律的学科教育。学生发挥较大的主观能动性,聚集具有同一学术知识学习探究意愿的成员,重视学术培养、建立学习交流体系。为实现成员研究专项学术知识的共同意愿,满足学习需求,学术探究类学生社团通常举办一系列社团活动,例如探讨会议、专家讲座、竞赛等,极大地调动了成员的积极性和创新性。学术探究类学生创业社团以较强的专业知识为依托,一方面是理论应用于实践的摇篮,是相互交流、相互切磋的重要载体,对学生未来发展有着重要的导向作用;另一方面,其走出平面的学科教育层面,将学生社团与专业知识技能结合,促进校园文化建设,更好地为学生的成长成才服务。社团成员

可以通过参加社团,打破年级、甚至是学校的界限,与志同道合的人相互沟通,进一步探究自己所感兴趣的某类学术知识。

(二) 规范化的社团活动要求

学术探究类社团是由学生以提高学术知识水平为共同目标而建立起来的。实现对专业学术知识的深度了解和探索,必须经过完整、持续、有效的体系化学习研究。因此,此类社团必须按照社团章程准备翔实的学习资料,搜寻丰富的学习资源,制订科学的学习计划。此类社团的活动组织必须规范化、科学化,同时结合相关实践活动,例如报告会、探讨会、学术交流、学术竞赛等,以促进成员学术专业知识能力的提升和实践经验的积累。定期的社团活动和学习实效要求社团成员具备较高的专注力和精力投入,社团成员必须按规定参与社团活动并完成一定学习任务,并通过一定审查以检测其学术能力是否得到提升。

(三) 较强维系的社团传承力

学术探究类社团因其对学术知识积累的特殊要求,必须与时俱进,具备较明显的传承延续性。历久弥新,学习资源的更新和补充是社团发展、社团成员不断自我提升的重要保证。社团发展、换届更新,也使此类社团精神和建设具备较强的沿承性。规章化的社团活动和模式化社团组成形式会以传承的方式由一届届学生保留下来;资历较深的社团成员与新晋成员间的交流和沟通,是学术探究类学生创业社团的一大特征,也显著地体现了学术探究类社团较强的凝聚力。因此,对此类社团,团队建设和文化传承是社团健康发展的工作核心,也是社团成员对社团归属感的保证。

学术探究类学生创业社团在校园中历史较久,是在各类社团中属起步较早、发展成熟、规模较大的一类,对校园文化建设也起着相当大的作用。在我校,各类学术探究类社团,深受学生欢迎,例如国学社、红学社、沧浪文学社、天文社、模拟联合国社团、ICIC 海外竞赛社、演讲与辩论社、泽奇学社、心语沙龙社等。

二、社团实例及常见活动形式

学术探究类学生创业社团具有规范性和规模性等特征,为社团成员提供较为广阔和专业化的展示舞台。其活动方式主要是定期、不定期举办相关讲座、报告会、研讨会、竞赛等,并通过学术交流和办刊物等方式对一些理论问题进行学术性探讨。

社团实例一

我们从这里走向世界
——记江苏省苏州中学校模拟联合国社团

社团介绍

模拟联合国（Model United Nations），简称模联（MUN），是对联合国大会和其他多边机构的仿真学术模拟。青年学生们扮演不同国家或其他政治实体的外交代表，按照联合国及相关国际组织的议事规则，围绕国际热点问题召开的会议。代表们遵循议事规则，在会议主席团的主持下，通过演讲阐述观点，为了"国家利益"辩论、磋商、游说。他们与友好的国家沟通协作，解决冲突；通过写作决议草案和投票表决来推进国际问题的解决。在模拟联合国，青年学生们通过亲身经历熟悉联合国等多边议事机构的运作方式、基础国际关系与外交知识，并了解世界发生的大事对他们未来的影响，了解自身在未来可以发挥的作用。模拟联合国已有67年的悠久历史，在联合国——当今政界最具影响力的国际组织于1945年成立一年后，1946年模拟联合国活动诞生于美国哈佛大学校园中。作为一项完全由学生组织和运营的学术实践活动，在全球120多个国家及地区开展。

江苏省苏州中学校模拟联合国社团成立于2007年，从成立之初的数十人，拓展至今多达百人的规模，成为学校影响力首屈一指的学生社团，苏中模联有着自己的风雨历程。作为传承多年的社团，以学校为单位，以社团为基石，以会议为成果，社团活动形式包括常态化社团活动、参加国内外模联会议和自主组织会议。苏中模拟联合国社团致力于给社员们创造与一个广阔的平台，去接触全国乃至全世界各地的模拟联合国大会，去认识不同地区不同文化背景怀着同样时代使命感的青年人，去体会政治博弈中智慧的碰撞，去提升自己的知识水平和交流素养。

借鉴于各方模联的经验和资源，苏中模联自行开展纳新、学术培训和校内会议。社团在任主席团通过网络平台形式对社团进行宣传和线上面试；开学后三周左右，对新高一有意向加入模联的同学进行线下面试，即通过自我介绍、学术问答、自由辩论等方式进行筛选；在学期中举行定期学术培训，以背景介绍、规则流程、文件写作、经验分享等方面为主题，使新社员对模联有全面了解，为今后参会做好准备；在学期中举行模联校内会议。校内会议主席团由高二、高三社员担任，并撰写背景文件，管理会议流程，在会议进行同时对新社员进行学术修正。

2009年始至今,苏中模联开始承办一年一次的苏州市模拟联合国大会。苏中模联积极与校外的模联人合作,广泛宣传、认真筹备、撰写文件,力求每个会场都达到最高质量。在每年的苏州市模联大会中,苏中模联的成员从发放通告、设计路线、安排食宿,到文件写作、会场准备、会务工作各个方面都一丝不苟地完成,使会议圆满结束。

近年社团活动

2011年12月　上海延安中学致远模联

2012年1月　汇文全国中学生模拟联合国大会(2012)

2012年3月　北京大学全国中学生模拟联合国大会

2012年7月　复旦大学全国中学生模拟联合国大会

2012年8月　第四届苏州市模拟联合国大会

2013年2月2—6日　汇文全国中学生模拟联合国大会(2013)

2013年2月　芝加哥大学模拟联合国大会

2013年3月　北京大学全国中学生模拟联合国大会

2013年7月　"闪亮之梦"全国中学生模拟联合国大会

2013年7月　南京外国语校际模拟联合国大会

2013年7月　复旦大学全国中学生模拟联合国大会

2013年8月　第五届苏州市模拟联合国大会

2013年8月　爱梦模拟联合国会议

2013年12月　西安交通利物浦大学泛长三角中学生模拟联合国大会

2014年1月　南京外国语学校仙林分校模拟联合国大会

2014年1月　汇文全国中学生模拟联合国大会(2014)

2014年2月　约翰·霍普金斯大学模拟联合国大会

2014年2月　浙江省慈溪市模拟联合国大会

2014年7月　第六届苏州市模拟联合国大会

2014年7月　"闪亮之梦"全国中学生模拟联合国大会

2014年7月　南京外国语校际模拟联合国大会

2014年7月　复旦大学全国中学生模拟联合国大会

2014年8月　爱梦模拟联合国会议

2014年11月　西安交通利物浦大学泛长三角中学生模拟联合国大会

2014年12月　第一届全国中学生模拟联合国大会

2015 年 2 月　　乔治敦大学模拟联合国大会
2015 年 2 月　　汇文全国中学生模拟联合国大会(2015)
2015 年 2 月　　"闪亮之梦"全国中学生模拟联合国大会寒假会议
2015 年 2 月　　"雅典杯"全国中学生模拟联合国大会

社团活动实录

2014 年苏州市高中生模拟联合国大会

2014 年 7 月 19 日,在苏中模联的带领下,苏州市高中生模拟联合国大会正式开始。短短四天的大会,凝聚着苏中模联半年来精心筹备的成果。2014 年 1 月,会场设计如期进行;3 月,组委会向各大高校发出第一轮、第二轮、第三轮、第四轮通告,分别解决参会报名、参会路线设计、注意事项等问题,确保此次会议的顺利组织;紧张的学术工作同时进行。来自苏州中学、苏州中学园区校、南京外国语学校、印度联合书院、华东政法大学、威斯康星麦迪逊大学和纽约大学的各位模联精英组成的主席团,针对每个会场展开背景文件写作。联合国安理会会场的中非共和国局势问题、联合国发展计划署的艾滋病预防议题、联合国人权理事会的气候变化问题,维也纳会议历史议题、塞浦路斯和平谈判和世界遗产大会,这些精彩而有深刻意义的议题,是各个会场的主席们智慧的硕果,也是此次会议真正实力与内涵的体现。

参会代表、观察员、志愿者来自于上海进才中学、慈溪市浒山中学、金陵中学河西分校、张家港暨阳高级中学、苏州市第一中学、苏州市第六中学、江苏省苏州第十中学、江苏省苏州中学园区校、江苏省苏州实验中学、苏州外国语学校、苏州德威国际书院、苏州中学等江浙沪地区高校的模联社团成员,他们中的部分成了此次大会的主体人员。

在科学楼内、在阶梯教室里、在道山亭中,一个个会场在组委和志愿者的合作下建立起来。数月悉心筹备,挑灯夜战苦读资料,撰写翔实立场文件,以犀利的文采语言和外交手腕维护本国的利益。在会场上,他们伶牙俐齿舌战群儒,不断磋商并组成一个个国家集团,用工作文件不断推进会议进程。美国代表通过拉拢各个第三世界国家代表试图控制整个会场,而俄罗斯代表则用自己的影响力想方设法阻碍美国;日本代表在心中打起了算盘想要将自己的利益最大化,而中国代表早已察觉并付诸行动……在四天的会期中,代表们全身心投入,起早贪黑,活跃在各自的会场上。组委和志愿者们为解决代表们茶歇、饮食、住宿、会场整理等问题,无言的辛勤付出在闭幕式上收获了最热烈的掌声与真挚的敬意。7 月 22 日下午,在欢呼与不舍中,苏州市模联大会圆满结束。这一次模联大会对于参会代表是一次自我的历练,对于苏中模联是一次风采的展示,更是一次学术的盛宴。

社团实例分析

模联会议在准备阶段必须完成大量的学术调研工作、筛选有效信息、组织观点并设计思维策略。批判性思维在辨别信息真伪时必不可少,合作精神的体现也是社交沟通的亮点,模联人在模联会议中看到了共识,经历了分歧;辩论磋商中,既要使自己国家利益最大化,也要通过适当的立场调整来寻求共赢的解决方案。在会议中,每一位与会者的身份都是外交官,言谈举止中必须体现出相应的气度和风范。如《超级演说家》第二季冠军刘媛媛所说,年轻人能为这个世界做些什么?模联人走上社会,自然会得到不一样的关注。因为他们不仅具备与他人一样优秀的生存能力,他们有的是领袖的气质和素质。模联人有梦想,关心政治,关心环境,关心社会和国家的命运,不畏惧挑战和变革,不回避责任和难题;模联人心系天下事,思考的是自己能为这个世界做些什么;模联人热爱工作和生活,发现工作和生活中的价值,勇敢地接受未来的不确定性,不断推进自己的人生体验。模联人在未来走向的必是万人瞩目的世界之巅,因为在模联社团中成长起来的他们,心中都有着这样的信念:每一个模联人都可以改变世界。

每一次模联会议的筹备,是一种秩序感与复杂性的平衡。会议设计与执行落实是培养模联人领袖能力和创业素质的摇篮。首先,会议宗旨是会议设计者必须明确的,从几十人的校内会议,到数百人规模的模联会议,多样化的会议形式必须为了实现会议宗旨而设计构建。其次,会议的组委会(Secretariat)即模拟会议的组织者、秘书长、执行秘书长、副秘书长等角色定位分配,识别不同的任务分工。学术总监(Academic Director)、代表总监(Delegation Liaison)、财务总监(Financial Officer)、公关关系总监(Public Relations Officer)、技术总监(Technology Officer)等皆是组委会常规角色,完成各自分工领域的设计任务。

翔实稳妥的会议设计,永远离不开出色的会议执行力。切实可行的时间表、会务预算、监督和机动调整方案等是秘书长职责区域;学术总监需要依据会议设计分配委员会、确定议题、寻找主席团、保证按计划发布背景文件、规则流程及其他学术规范;代表总监和财务总监共同对会议收支财务负责,而代表总监另需审核代表团资历与质量,有策略地合理分配国家,并提供笃实的后勤保障;财务总监另需寻求包含赞助在内的财务解决方案,保障会议顺利召开;技术总监必须搭建一个安全、稳定的技术工作平台,确保组委会、主席团和代表三方顺利沟通,促进资源内外互通。组委会是一个团队,模联人在校园社团活动中早早和社会角色接轨,体验不同社会分工和团队合作协作领域,因其全面创业素质成为国际社会所迫切需要的复合型高能型人才。

模联,是青少年走上社会舞台,走向世界的一个高效途径。模联人具有较强的分析与学术能力,收集信息、分析整合信息和运用信息回答问题,这些素养是模联活动学术性的代表。对于任何没有进行过国家调研训练的中学生而言,世界上似乎只有两种国家:发达国家和发展中国家;而对于模联人,193个联合国成员国都是独一无二的。作为一方代表,不仅充分了解国际关系格局和历史知识,更要有对于国家层面外交决策的敏感性和对于政府决策机制的理性思考。模联人自是在这样一个"外交官"的角色身份中训练其分析问题的能力。

少年英杰,挥斥方道。每一次模联会议活动的结束都不是终止,而是新生活力的开始,是磨砺和锤炼的畅饮。在这里,我们视野广博;从这里,我们心系天下。

模联人心得

到了大学以后,时不时还会想起模联曾经给过我们的梦想和激情。回首这三年的模联生涯,从一个在会场上胆怯到不敢和陌生人说话的小代表,逐渐走向人群的中间,成了那个在讨论时站在所有人目光焦点处的 bloc leader,再后来又走到了大会副秘书长的位置,变成了那个在大礼堂的讲台上点评代表表现的 Dais Head。我已经不想再说模联能锻炼社交、口才、领袖能力等这些大家都熟知的了,模联曾带给我的,远不止这些。当你高举国家牌准备发言的时候,当你聚集一群代表准备和对方领袖谈判的时候,当你看着财务报表,核对细则,比对赞助的时候,当你望着组委胸牌,狠狠敲着计划书,准备为第二天的谈判做最后一搏的时候,你将看到的会是整个社会的缩影。那是一种责任,一种担当,是无悔的奋斗,是青春激情的呐喊:这次我们必须成功!

(王启宇 2014届 现就读于日本早稻田大学政治经济学部)

作为模联人,当别人问起我们模联的意义时,我们总是会提供"模联帮我们提升国际视野,增强领导力,锻炼口才"之类的答案。但我更喜欢这样的一个回答:模联教会我们一种热情。它是这样一个特别的活动,能让我们付出身心的巨大的投入,让我们为了一个不会对现实国际关系产生任何影响的结果挑灯夜战,奔波劳累。但就是这样,我们因为这份纯粹热情而成长着。我在这里结识了一群优秀的伙伴,看到了一个更为广阔的世界,从一颗更为充盈的心里生出一些更为深刻的追求。

(罗佳仪 2014届 现就读于南京师范大学)

在担任社长的一年里,我的责任心、领导力和交际能力都得到了很大的提高。但是模联带给我的远远不止这些。在模联里,我学会了体会他人,随机应变,交涉谈判。最重要的是,我认识了我会珍视一生的朋友。我们一起挑灯夜战准备会议,口干舌燥据理力争,四处奔波筹备会议。我们有过意见的分歧,更有齐心协力的合作;我们有过学术的争论,也有深夜的聚会。模联把不同性格,不同年龄,甚至是不同学校不同城市的青年人聚集一起,给彼此留下了一份弥足珍贵的友谊。我很感谢苏高中在如今应试教育的浪潮之中,可以坚守教育的应有之义,为学生提供丰富多彩的社团活动。如今的我在大洋彼岸求学,但我永远不会忘记在香樟树下的两年,永远不会忘记苏高中模联的活动带给我的愉快和智慧,更不会忘记和我一起享受百年学府和畅惠风的同学和老师!

(戴天行 2014 届 社长 2014 年 3 月获全额奖学金被世界联合书院录取)

苏中模联是苏州影响力最大的社团之一,不仅因为模联给学生们提供了一个交流博弈、学术探讨的平台,培养学生们自主调研资料、大量阅读文件与批判性思维的能力,更因为模联让当代青年人有机会站在一个全国性、国际性的舞台上,认识志同道合的国家代表,结识身怀绝技的主席,通过对国际热点议题的多角度探讨,唤起其社会责任感与使命感。苏中模联自建成以来已有九年历史,从一个小社团到承办市级模联会议,有辉煌亦有挫折,社团也因此变得更有底蕴,更成熟。我们的宗旨:每个模联人都能改变世界。

(顾韬 2013 级在读学生 模联社长)

社团实例二

立体课堂中学习湿地文化
——记江苏省苏州中学园区校泽奇学社

社团介绍

野外考察生态湿地,探寻远古文明遗址,撰写生态报告……五年多来,苏州中学园区校的师生们自主结成研究小组,从"水乡特色菜谱"、"良渚文化玉器的艺术特征"等26个湿地研究课题中,选择自己感兴趣的课题,创立了"绿色卫士"、"Green Plan"、"泽奇学社"等社团。他们用这种诗意的教与学的方式,保护身边的湿地,创建绿色生态有机农场,呼吁太湖湿地申报成为世界自然文化遗产。苏州中学园区校坐落在一片如诗如画的湿地之中,如今校内还保留了一片近万平方米的自然湿地。湿地的灵动、多样性与生命力,给予了师生们无限的灵感与智慧。为了"湿地文化"深入学生的心灵,"湿地文化研究"课题组把湿地资源转化为课程体验。学校组建了教师湿地文化研究组——西马学社,在校园网开辟了湿地研究专题,后又创办了校刊《湿地文化》。在参与到教师的西马学社活动之后,学生感受到了学科之美,人文之美,于2009年成立学生湿地研究社泽奇学社,开始了关注湿地文化,保护世界遗产的使命旅程。

百余名师生围绕湿地生态、湿地文明、人与湿地3个主题开展研究性教学,并在与老师的合作之下编写并出版了《湿地》(中、英文版)校本教材,让最具诗意的教育走进校园。湿地课程走上了全校学生的课程表,每个学生在校期间至少要上8个课时的湿地课。在学校的支持之下,依托生态园和博物馆两个物化的立体教育平台,湿地游学课程,开展了公益性的游学活动。目前共接待了国内外游学师生5000多人次。西马博物馆更被联合国教科文组织亚太地区世界遗产培训和研究中心授予了"世界遗产青少年教育基地"的称号,并成为苏州市青少年爱国主义教育基地。

泽奇学社(SAGE)在苏州中学园区校这片湿地上,开始了它关注湿地文化,保护世界遗产的使命旅程。泽象征着湿地,象征着那充满生机的湖泽。奇则寓意着每一个世界遗产都是一个奇迹。泽奇二字,透露着社团的理念"湿地文化与世界遗产保护"。SAGE是Simulated Application for Global Essence的缩写。社团将举行太湖湿地的模申活动,而Global Essence体现出了每一个世界遗产都蕴涵着整个地球的精髓,一种需要传承和保护的精髓。SAGE在英语中是智者的意思。社团的理念:保护世界遗产,传承湿地文化,做到人与自然,与历史的和谐相处,这就是一个智者的心态。在校刊《湿地文化》中有泽奇专栏,学生从学术的角度,分析入选世界遗产名录的湿地,并与太湖湿地进行比较,为未来的模申打下基础。

近年社团活动

2009年

12月　泽奇学社观摩苏外"中国古天文遗址申报世界文化遗产"模拟文本专家评审会

2010年

泽奇学社开展太湖湿地模拟申报文本初稿研讨活动

苏州大学张橙华教授为泽奇学社开讲座

2011年

3月　西马博物馆内开展湿地文化研究活动

从创社到创业

2012年

泽奇学社开展校园湿地保护活动

2013年

参加"第五届全国青少年文化遗产知识大赛"

社团活动实录

泽奇学社社员一直致力于学校湿地生态环境和湿地生物多样性保护。近期,在对学校湿地持续记录观察的过程中,发现并收集了很多动物遗体。为了丰富学校西马博物馆一楼动植物标本,呼吁师生们更好地保护我们的湿地环境,维持湿地生物的多样性,泽奇学社同学们决定将这些动物遗体制作成标本。为此,泽奇学社邀请了原苏州市生物教研员、标本制作专家朱伟老师来校指导社员们制作标本。朱老师与社员同学们进行了热烈的讨论,就同学们所关心的问题一一作了解答,亲自示范了标本制作过程中一些重要的注意事项。最后,朱老师表示愿意进一步指导社员同学开展一系列的标本制作活动。

社团实例分析

"湿地文化"课程是基于校园及周边湿地环境而创生,是融合自然与人文、学习与研究、学校与社会的跨学科综合实践课程,它关注学生综合素质培养,倡导人地和谐的生态文明观。校内独有的生态环境,为学生自主创办湿地生态社团,研究湿地文化,倡导环保、节能等理念提供了条件。自泽奇学社创办之日起,学校的湿地公园和博物馆就成了该社团成员的活动主阵地,并因此开出了玉石专题讲座、标本制作、湿地鸟类探究、西马遗址探寻等活动,有效激发了学生对自然的兴趣,对生态环境的关注。教师的西马学社和学生的泽奇学社在学校的大力支持下,资源的丰富性、独创性和探究性支撑学生的多样化学习,让学生体验幸福的、完整的、能创造、有意义的校园生活。

学生在其间感受学科之美、人文之美,为学生兴趣、爱好、特长、专业、职业和事业融合一体的人生未来奠基。学生学术社团在教师西马学社的引导之下,两者相辅相成,为校园湿地文化研究课题做出了巨大贡献,也让湿地文化真正在校园内鲜明起来。在2010级泽奇学社社长全逸君的带领下,社团成员们利用每天中午和其他课余时间,在磊石轩坚持太湖湿地模拟申报文本资料的收集和撰写,完善模申申报文本,为湿地文化与世遗教育研究增加了切实可行的内涵。一直执着地选修湿地文化课的方欣同学,对湿地考古非常感兴趣,在社团活动中逐渐爱上了湿地考古这门课程,在相关老师请指导下,系统地研究了中国早期玉文化史,并以良渚玉器的研究为切入点,正在撰写相关研究论文。戴思宇同学独立主编的《湿地诗萃》一书已编辑出版。此书是对苏州工业园区金鸡湖周边历代诗人诗词的汇编。这是我校"湿地文化"选修课中孕育出的又一个研究成果。它展现了学生对湿地文化研究的新视野,并以校本教材读本的形式向大家汇报个体探究的新亮点。在选修课中,学生主观能动地去学习与思考,以诗词的视角去审视湿地,对已经掌握的文献资料进行"深度加工"。这一过程体现了戴思宇同学优秀的个人素质和独具匠心的创造能力,同时也丰富了我校"湿地文化"校本课程资源。由俞之怡、王予涵、孔可嘉、徐思悦和迟心娴五位同学组队,在林子杰老师带领下赴陕西咸阳参加了由国家文物局、中国联合国教科文组织全委会和中国博物馆协会主办的"第五届全国青少年文化遗产知识大赛",经过四场团体赛、国艺专场个人赛、与大学组合作赛、现场考古发掘赛和跨校研学赛等一系列紧张而高强度的比赛,我校取得了辉煌成绩。团体获得优胜奖,迟心娴获得"国艺使者"称号。

社团实例三

心灵之约
——记江苏省苏州中学校 心语沙龙社

社团介绍

　　心语沙龙社创立之初,是一群共同爱好心理知识,热衷社团工作的优秀学生干部共同发起组建的社团。他们的宗旨是为了帮助校园同学缓解在学习、生活和成长中遇到的各类心理烦恼和困惑,普及心理健康知识,优化校园学生心理素质,为校园健康学习生活做出有益的贡献。在学校心理指导老师和社团老师的帮助下,社团日益壮大,除了定期的心理知识讲座、协助学生心理测评、职业生涯测评、考前心理辅导等工作外,还组织参加校园心理剧大赛、心理剧本大赛,并屡获佳绩。心语沙龙社面向全校同学,真诚地为大家服务,通过全体成员的努力,在学校预防校园学生各类心理疾病的发生、减少心理危机事件出现等方面做出了显著的工作成绩。

近年社团活动

2007年3月　学生学术类社团心语沙龙社成立
2007年9月　师生共建毕业班心理辅导计划及心理健康展示课系列
2008年3月　建立学校学生多元发展中心心理咨询室
2008年9月　协助学校心理健康监测系统的普及使用

2008 年 9 月　　协助学校生涯发展教育活动,新生建立心理健康档案
2009 年 4 月　　社团定期开设心理沙龙活动及心理咨询、讲座等活动
2010 年 9 月　　心之家工作坊成立
2011 年 3 月　　师生共同编写《高考心理实战手册》
2011 年 5 月　　校园心理漫画大赛
2012 年 5 月　　校园心理漫画大赛
2013 年 8 月　　开拍校园心理剧
2013 年 12 月　　江苏省中小学校园心理剧优秀作品在苏州汇演
　　　　　　　　学校校园心理剧《真心话大冒险》荣获江苏省一等奖
　　　　　　　　学校校园心理剧荣获第九届中国中小学校园影视节目银奖
2014 年 5 月　　学校校园心理剧大赛

社团活动实录

2013 年 5 月 2 日,苏州中学召开一年一度的校园心理剧创作与表演大赛。由各班级选送的《your sunshine》、《新的起点》、《六月二十四》等五部心理剧依次上演,涉及生命教育、男女关系、压力处理等目前学生普遍存在的心理困惑问题。

一个成绩非常好的学生因一次考试考砸被老师问了几句,回家爸妈又说了他,再加上背后同学们的议论,他毫不犹豫地选择了纵身跳下……在跳下的那一刻,时间就此定格,高一(11)班的心理剧《瑾遇年华》别出心裁地以旁白的形式展现主人公考砸后,藏在老师、家长和其他同学责备、批评和议论背后的心理独白。看清了这一切,了解了这一切后,主人公开始后悔,但已经来不及,短剧在悲伤的音乐声中落幕。校园心理教育由学生自导自演生动活泼的心理剧形式,教育效果更好。就像在《瑾遇年华》里,在主人公看清了一切后的悔恨交加却无济于事的画面,定会让现场学生意识到生命只有一次,人生不能重来。为了扮演好剧中老师、家长的角色,学生往往还需要与他们进行面对面地沟通交流,这种换位思考的方式可以让学生在以后的学习生活中更好地理解老师和父母,在体会爱的同时也学会更好地爱人爱己。

校园心理剧大赛在苏州中学已有很长的历史,每年五月份由高一新生统一参加,自编自导自演,真实反映学生的心理状况,全面解读背后的心理问题。

社团实例分析

由心语沙龙社社团所带领组织的校园心理剧大赛,给校园生活带来很不一样的色彩。他们以心理剧的治疗模式为蓝本,结合学生发展特点及时代特色,

对校园心理剧进行理论和实践的初步探索;重视实践经验的积累,有计划、有针对性地举办比赛,逐渐成为校园文化活动的主要组成部分,并引起省内外媒体广泛关注;在此基础上,推出苏中校园心理剧剧本集锦、心理剧场、心灵成长感悟、心理剧漫画等系列,重点关注校园心理剧大赛带给学生的心灵成长。在心语沙龙社中,学生们读懂自己,享受自主,并引导着全校师生更健康更全面地区别看待这个变化中的世界,加深对生命意义的理解。他们成功地将专业学术知识转化为校园正能量传播于学生群体中,同时也意识到传播心理健康知识不是最重要的,让学生学会运用心理健康知识解决自身问题才是重中之重。心语沙龙社已然成为一个展现自我,倾诉内心世界的平台,让同学们在有益于健康发展的多样化的校园活动中快乐成长,心语沙龙社团的自身的发展也在践行中。

三、学术探究类创业社团的发展路径

学术探究性学生创业社团因其创立源于成员对某类共同的学术课题的求知欲和学习需要,因此其发展离不开社团成员全体的主动探究性。在社团活动中,学生不仅可以和志同道合的朋友进行交流探讨,更可以借此平台在学术专项知识上更上一层楼,为今后发展奠立扎实的基础。

例如模联社团在校园中的创立,给模联人开了一扇窗,铺设了一方舞台,让学生学会如何快速与目标人群有效交涉,如何在群体中找到自己的位置、发表自己的见解。语言和沟通,是模联精神的外在模式表现。文字语言,包括阅读背景文件(Background Guide)、撰写立场文件(Position Paper)、决议(Resolutions)等;而口语表达则聚焦于发言、辩论、演讲、磋商等环节,语言和沟通的目的除了传递信息之外,更关键的是维系联系。角色转换和角色冲突问题、理性思考国家利益和外交地位,毫无保留维护国家利益等都是模联人所需要的重要语言素养和沟通能力。充分的准备工作是首要的,而过硬的学术和较强的语言运用能力是关键点,对会议节奏的把握,对场下形势的判断和对自我行动的规划,都是模联活动中必需的技巧。在此,借鉴模联人中广为流传的一句话:从"我知道我在讲什么"到"我知道你知道我在讲什么"。模联,带给当代青少年的不只是知识,还有一种设身处地以己为人的开放的思维方式,更提供了一种拓展全球视野,锻炼领袖才能和外交风度的舞台,对当今中国青少年学生的素质教育起着极为重要的作用。面对充满机遇与挑战的现今社会,当代青少年迫切需要的是学会如何批判地思考,独立地决策以及果毅地行动。领袖不仅仅是领导者,而且是在无法找到有力客观条件时,主动创造条件去成功的人。因此,

模联鼓励每一个模联人充分地挖掘自己的领袖气质，培养每一个模联人的领袖素质。模联培育模联人是以"思考者—沟通者—领导者"为模型，未来领袖是可以在日益国际化的学习与工作中实现自我、占据制高点的人。成为未来领袖需要"思考者—思想力"与"沟通者—协调力"与"领导者—领袖力"三位一体的能力与意识。模拟联合国自诞生起就注定是一项极富教育意义的活动，它让青年人拥有一种全球的眼光，在这个平台之上，感知世界对我们的影响，也发现自身在世界可以发挥的作用。在未来的世界与中学生未来的生活中，眼界到达什么层次、与谁交流沟通、与谁竞争合作，决定了自己能到达什么高度。青少年需要更高的目标以及相匹配的能力与意识，具备在团队中的协调与执行能力、多元共存与包容意识、全球公民意识与独特的气质与个人魅力，能够在思考者与沟通者的基础上，生成自身独特的个人魅力，兼容各种观点与思维方式，认清自己肩上的责任与义务。

较强的学术知识背景，使得社团在培养学生学术科研能力和探究能力方面效果显著。由于此类社团学术性和专业性的特征，学校和社会往往给予较大程度的支持和关注，因此学术探究类社团不难引起刚踏入校园的新生的目光和热情。而肩负着对校园文化建设出力的责任，社团活动的规划设计也必须考虑到校园及社会的需要，因此对社团整体的统筹能力和团队合作执行力要求较高。学术探究类社团皆由学术出发，结合一定的组织活动形式，让成员在学术上得到提升。此类学生创业社团的发展，离不开保持专业提升和组织活动的更新两方面问题。二者如何得到平衡而相得益彰的发展，这也是每一个成员都要考虑到的关切自身的问题。因此，学术探究性社团的发展道路不会一马平川，其科学发展需要社团成员的付出及学校全体的支持。

经过数届学生换代后的学术探究类社团，如何走出既定的社团常规性活动，进一步发挥专业优势，保持与时俱进的鲜明度，维持成员对其学术知识的热忱，仍然是社团发展道路上面临的问题和挑战，因此，在社团的组织建设、长远发展层面，仍需更多的磨炼来促成其跃上更高一层台阶。

国学社宣传海报

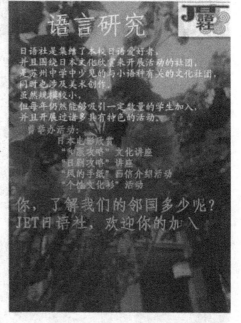

日语社宣传海报

红学会纳新海报

从创社到创业

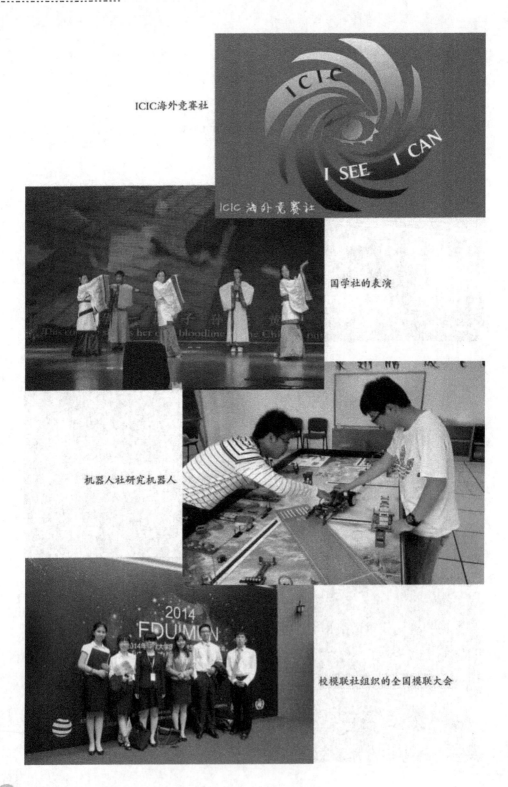

ICIC海外竞赛社

国学社的表演

机器人社研究机器人

校模联社组织的全国模联大会

第四章 学生创业社团的实践与特点

校园心理剧《一封情书》
参加江苏省展演

英语精英社活动

泽奇学社活动

第二节　学生创业社团的实践经营性

一、实践经营类创业社团的内涵及特征

高中生实践经营性创业社团，是指以接触社会、了解学习团体管理经营模式为主要目的，提高学生社会实践能力，增进学生对商业团体或模式的了解，培养学生创业基本素质的学生团体。实践经营类学生创业社团具有较为鲜明的自我组织、自我管理、自我提升的模式，帮助学生开阔眼界，走出校园。以启发学生自身创业意识为起点，满足学生对社会创业的求知欲，提供较为多样化的社会实践性社团活动和商业模拟类赛事等，借此培养和发展学生个人创业精神和创业能力，让其切身体会市场运作，接触商业经营理念。

校园是各类学生社团产生和发展的摇篮，学生在社团活动中得到综合素质的全面发展。其中，实践经营类创业社团将商业管理的创新意识带入了学生社团活动中，具备以下特征：

（一）以启发自身创业意识为起点，满足学生接触社会的求知欲

着眼于将来，就业市场所迫切需要的是复合型社会人才；立足眼下，对学生的全面考察，也要求他们了解社会动态，丰富自身生活实践经历。而处于高中学习阶段的学生，在知识储备上有一定的积累，但对于外界社会接触机会较少，他们对于成人世界跃跃欲试，都希望能有机会将自己的知识转化成社会实践能力，丰富自己的阅历和社会经验。通过让社团成员逐步认识、了解一些社会团体、组织机构的经营管理模式，以适应社会形态为主要活动形式，并学习创业就业模范先锋们的成功理论，帮助学生确立正确的人生信念和态度，为他们毕业后就业及创业奠定坚实的基础。

（二）与社会接轨，组织活动具多样性

实践经营类创业社团的建立，是以知识储备转化为社会经验和管理理念为导向。为了解社会，接触社会，与社会实践进行有机结合，实践经营性创业社团寻找社会资源，为在校高中生模拟商业活动及组织管理模式，营造创业就业氛围；并通过引导社团成员接触、尝试解决活动中所遇到的社会问题，帮助学生更深层次了解自身就业发展模式。面对各类社会化资源，实践经营性创业社团所组织的活动自然具备多样性和多元化的特征，辐射面更广，满足社团成员对社

会各方面各领域的求知需求。

（三）团队中不同角色设定

在不同的领域范畴和组织活动中，实践经营类学生创业社团使学生在活动进行中，通过体验不同的任务分工，加深了对社会分工及社会运作的理解。学生能够具备更强纽带联系的团队合作精神，逐步增强自身创业素质。在每一次社团活动中，必然会产生不同的社会分工和角色，例如策划者、劳力分配、组织者、执行者、监督者、统筹者等。在完成不同角色任务的同时，社团成员获得多角度多层次的社会学习经验。社团成员的交流与合作，促成了创业团队的建立，社团活动中的运行模式，给予学生们体验社会商业活动的机会，赋予校园学生活动新的内涵，学生们对社会不同分工构成的社会团体、群体的理解进一步加深认识。实践经营性社团有学生 CEO 社、Only One 商业社团、人人社等。

二、社团实例及常见活动形式

实践经营类学生创业社团具有社会实践性及活动多样性等特征，为学生成员提供较为多元化接触社会的渠道。学生得以走出校园，实现校校合作、学生团体与企业公司牵手等社团突破性活动模式。其活动呈现方式主要在校内外参办各类与商业管理有关的团体组织、大型活动规划等。

社团实例一

Only one can be you, only you can be the world
——记江苏省苏州中学校 Only One 商业社团

Only One 商业社团是苏州中学的实践经营类学生创业社团，管理也日趋成熟。其宗旨是让同学们了解商业、参与活动、走进社会、成功营销，并在这一系列的活动中得到展示和完善自我的机会。商赛成为 Only One 商业社团活动标志，并引领苏中学生参与社会实践、了解社会经济形势、组团参与商赛的风潮。在近年商赛经验的积累下，Only One 商业社团得到了社会广泛关注，并借此开始向着慈善方面发展，让社团成员接触社会商业模式及经营管理的同时，培养社会关爱、社会援助等意识，去帮助有需要的社会群体。

近年社团活动

2013 年 10 月　参加 China Thinks Big 商赛

2013 年 12 月　举办 Brilliant Legend 苏州中学商业精英挑战赛，善款全部

用于资助觅渡中学的贫困学生及捐给学校的爱心基金

  2014年3月19日 Only One商业社团牵手觅渡中学

  2014年8月 被评为苏州市高中生社团十佳社团

  2014年9月3日 与市一中联办义卖活动,在教师节来临之际为坚守在山区的支教老师送上关心和敬意

社团活动实录

  在2014年来临之际,苏州中学商业精英挑战赛Brilliant Legend拉开了帷幕。活动始于2013年12月17日,筹划和宣传的过程并不是一帆风顺。一路的磕磕绊绊让商社成员收获了丰富的经验:拉赞助单位无从下手、面对高冷的赞助商不知如何措辞、学习协调和处理活动中涉及的纷繁的社会关系……可是重要的是,如今商社成员们已可以有条不紊地策划一个又一个活动、可以信心满满地站在台上向各位汇报社团的成长历程。12月31日的竞标大会在苏州中学伟长教室如期举行。此次大会迎来了来自苏州中学、德威、西交大苏州附中、星海本部和国际部、三中等学校的20组代表,以及他们精心准备的创意规划、PPT展示和部分小组成品。经过评选,胜出的12组代表参加2014苏州中学商业精英挑战赛。评选过程涵盖了风险投资、市场营销等学术领域,同时首创性地加入了"银行贷款"的亮点元素。参赛队伍可以在200元本金的基础上要求贷款,贷款金额从100元到上千元不等,越高的贷款金额当然对应着更高的利息。在比赛最后评比的时候,也是通过投资回报率来评估队伍的最终成绩。

  正式比赛于1月4日开始。本次商赛范围涵盖了整个苏城,从人潮涌动的观前街到古色古香的山塘街,从远离市区的星海广场到别具苏州特色的平江路,甚至是网络上都能看到商赛成员活跃努力的身影。社团管理层更是不辞辛苦地派出人员对每个小组进行现场跟踪,确保比赛真实有效。比赛中,有许多队伍准备充分,有确定的地点和吸引买家的特色商品,但是也存在不少的队伍,由于缺乏足够的经验,没有和城管事先协商好,在苏城上演了一场真实版的"猫捉老鼠",面对这样棘手的情况,学生们不再会手足无措,而是积极协商,努力争取。真正体验了人情冷暖,却用炽热的心温暖了那个寒冬中的苏城,商社成员们会面临困难、会感到艰苦,但更会因为城管一句赞扬而雀跃、因为路人一个善意的举动而感到温暖。

  本次商赛是慈善性质的,社团分文不取。各个队伍也都慷慨捐款。最终,6000元象征着整个冬天的温暖的善款,将全部用于资助觅渡中学的贫困学生,捐给学校的爱心基金,帮助他们学习生活。

社团实例分析

商社的成立是为了给热爱商业的高中生们提供一个真实完整的平台,让社团成员亲身接触、了解商业,体会到赚钱的艰辛和运筹帷幄的快乐,培养自身的动手实践能力,发掘人生的第一桶金。在组织商赛的过程中,他们体验了不同的社会分工和角色分配。Only One 的商赛特点是由创意设计来推出产品,在现实中不太可能实现营销计划。学生公司成员可以通过工作获得薪酬,作为我校学生创业类社团中唯一能真正做到盈利的社团,他们没有将社团活动停留在赚钱这个目标上,往往活动最后收益都为慈善所用,让校内外都感受到苏中学子的成熟和卓越。

社团实例二

领袖站起来!
——记江苏省苏州中学校 学生 CEO 社团

社团介绍

学生 CEO,简称 SCEO,始于 2008 年。从建社之初即秉持着"培养未来领袖"的目标,以"责任、参与、共享、成长"为宗旨,并在之后的几年中在此道路上一以贯之。凭借着这一宗旨,学生 CEO 逐渐从一个刚起步的创业社团走向一个苏州中学顶级的非兴趣社团。

在几年的发展中,每一届的社长都积极尝试着在原有的活动与社团体制下进行着创新,以此谋求新的发展。从一开始与一些国际大公司进行合作,利用大公司的平台,对社员进行人力培训,了解未来的方向,到后来改变培养方式,逐渐通过举办大型活动,以实践来锻炼自己的领导力,而在各种各样的活动中,社团坚持创新想法,鼓励想干就干,力求在每一年的活动模式上都能有所突破。也只有在这样的社团氛围下,学生 CEO 才能在每年吸引大批入社人员,并在学校举办出"筷行动"、"世界未末日"等类似前无古人后无来者的活动。每一次学生 CEO 所举办的活动必然具有空前影响力,几乎使全校人人皆知,尤其在 2012 年的末日活动中,不仅学生、老师,包括校工、保安,都在我们的末日心愿中留下了身影,末日心愿墙、末日信件等都在学校里获得了极大的响应。那时学生 CEO 的活动已成为了一种品牌,有着空前的向心力与影响力。

近年社团活动

2012 年 1 月　学生 CEO"筷行动"活动

2012 年 5 月　　校园义卖活动

2012 年 12 月　　学生 CEO "世界未末日"活动

2013 年 10 月　　苏州中学学生 CEO 社团 MISSION2013 城市探索活动成功举行

2014 年 5 月　　学术 CEO 商业精英赛

社团活动实录

（一）学生 CEO 在学校内开展了大型公益环保活动"筷行动"，取得了不错的效果。"筷行动"，顾名思义，是针对学校中外卖盛行，一次性筷子被广泛使用的现象的一次绿色环保活动。第一个环节——竞标大会。活动分为现场营销、赞助、外联、后期、宣传五个项目，要求八个组派出代表对其竞标，中标的工作组须对该项目全权负责。于是在八组激烈竞争之后产生了负责本次"筷行动"的六个工作团队。接下来的日子大家便开始各司其职，由于工作组是大家自行创立，同伴之间多是熟人，办事效率较以往要高了不少。负责宣传的 Venture 小组就以炫酷的海报打响了"筷行动"的第一枪。秉承"多层次，多角度"的宣传理念，除了制作精美的海报外，还对高一高二进行了走班宣传，突破以往平淡无奇的模式，在每个班级采取抽奖游戏的办法，派送环保不锈钢筷子，以此呼吁大家弃用一次性筷子。在学校媒体方面他们和 Our Voice 广播站合作，特别录制了一期绿色环保的节目，还与电视台共同制作了电视片。另外，受最近学校中"厕所广告"的启发，Venture 组还特意在学校卫生间里贴出了专门制作的宣传单，效果也很不错。

宣传工作如火如荼开展，同时其他组也在积极筹备。12 月 15 日中午，负责现场营销的 Circle 组强势出击，他们利用赞助购进了一百双环保不锈钢筷，平均进价在 8 元左右，而在学校中仅以 5 元左右卖出，意在呼吁大家提高环保意识，使用自带的环保筷子。由于是"亏本买卖"，自然引起了学校内同学的强烈响应，十几分钟筷子就销售一空，还有很多同学在受环保意识影响后跟我们预订筷子，掀起了校园里使用环保不锈钢筷的风潮。

（二）2012 年玛雅文明中所谓末日即将来临，但它带给我们的更应是思考。学生 CEO 社团借此活动给予校园所有师生一个特殊平台，希望大家环顾四周，回首往事，畅想未来。放下手中的高科技产品，用古老而诗意的方式——手写明信片，承载着对过去的怀念，对未来的期待，衷心的感谢……趁着"世界未末日"，将这一份爱送到自己想让它到达的地方！

活动前期由策划组分工分小组（策划、宣传、现场、后期），并采购笔、明信片、信封、信纸等物品；策划组组织各组组员开会，介绍活动详情并布置任务；宣传组在全校范围内张贴宣传海报，进班宣传，让有兴趣的同学们了解"世界未末日"，并调动同学们的积极性。宣传组的小小摄影师们将利用课余的在校时间，邀请同学、老师甚至食堂阿姨与门卫叔叔们写下末日心愿并合影。学生 CEO 的社员们会在两天的午休时间于红白楼中间摆一个摊位，向路过的同学们发放明信片，写完后刻上由策划组特制的"世界未末日"活动图章并投入信箱，同时布置心愿墙征集同学们的末日愿望。在活动后期，社员们将尽快把征集到的明信片分类整理汇总，并赶在"世界未末日"之前出动进行信件的邮寄并保证送到收件人手中。

社团实例分析

作为苏中极具特色的实践经营类学生创业社团，其活动不仅包含与社会商业公司等商战合作形式，也在校园中开展了一系列意义隽永的活动，是校园文化建设生活中不可磨灭的美好一页。在学生 CEO 社团规划的一系列活动中，团队协作和分组领导统筹能力让校内外各界深切感受到苏中学子的创业能力和领袖素质，也开启了苏州中学学生创建实践经营类学生社团的热潮。

CEOERS 人心得

在苏高中的两年，学生 CEO 给了我难忘的回忆与经验。我们是在实在地办事，敢想，也敢干。"筷行动"、系列商赛、社团体制改革，还有后来学弟学妹们办成的 2012 末日愿望……在学生 CEO，我们所做就是拿出一堆堆奇思妙想，想方设法地办出来，管它是关于什么的。既然是创业社团，有想法有行动，其他的还重要吗？

（吴皓天　2013 届毕业生　现就读于墨尔本大学建筑系）

这个社团的最有魅力的地方就是，他并没有任何条条框框的东西，这就是一个可以实现你各种想法的地方。当然若是没有魄力去打破前人的模式，也自然难以维系长久的生命力。我不敢在这里妄谈以后的人生他会带给我如何如何好，但团队与创意的重要性，是这里，学生 CEO，用两年的时间诉说给我听的。

（王天霖　2014 届毕业生　现就读于同济大学环境工程系）

记得我初入学校时，对学长学姐口中那个"不死读书的苏高中"满怀热情，一下子参加了很多社团。原本纯粹是出于玩的心态，现在想来，当时的经历是影响一生的。比如说，SCEO 的奶茶店实习中亲手制作饮料的过程让我戒掉了奶茶，商业精英挑战赛让我得以知道一个活动从策划到最后实现的艰辛，团队面试的经历让我在大学里的类似面试中沉着应对。更重要的是，社团活动逼迫我学会怎么挤出时间。就在我写下这段话的时候，我第二天有四个 due，下周要考 final，期间还有交响乐团的两场演出，同时要准备寒假支教。但只要你真心想做一件事，你一定能抽出时间，哪怕是为此天天看日出。

（吴昕仪　2013 届毕业生　现就读于上海交通大学）

作为学生 CEO 的第四届社长，从 2011 年开始任职直到 2012 年离开苏中前往世界联合书院。加入社团之前，一直觉得社团只是兴趣活动而已，玩得开心最重要。而在学生 CEO 这短短的一年里，我和我的团队对这个社团投入的时间、精力与热情却是我成长经历中再不可多见的一段美好回忆。举办苏州第一个高中生商业精英挑战赛、回收筷子环保活动等，虽说现在回想起来都还很稚嫩，但不得不说我从中收获了很多，也给学校带来了些许活力。在学生 CEO 的付出与努力，并没有带给我实际利益，却给了我无限的想象与实践力，还有青春的热情。

（李舒婷　2013 届毕业生　现就读于德国不来梅大学）

社团实例三

人人为我，我为人人
——记江苏省苏州中学校人人社与社管中心

社团介绍

人人社是一个创新娱乐与服务大众兼存的社团，我校人人社主要利用人人网这个在中学生之间普遍流行的社交平台，对学校活动和社团活动进行宣传，在短时间内达到广而告之的效果。快速高效地发起一次次活动，丰富苏中学子的课余生活。其标志性活动即举办每年一度的迎新晚会，已成为苏中社团的一大传统。作为校园内的"演出公司"，每年元旦来临之前，人人社全体成员奔波于各大学生社团，组织审核排练迎新晚会节目，为校园带来一台又一台的精彩演出。此外，每学期会根据同学的喜好和热情举办各式各样的活动，主题内容不限，如校园文化衫活动，给各大社团一个展示自己的舞台，也给运动会期间由班服制作需求的班级提供一个便利渠道。人人社每月必有的活动，就是社长派发"人人小报"——人人社的机关刊物，由人人网官方送达社长处。

社管中学全称学生创业社团管理中心，作为管理所有社团的一个组织机构，拥有统领社团的权利和责任。社管每月组织一次社长大会，就每个月的各个社团的情况做一个大致上的了解，并帮助各社团解决他们一个月以来的问题。为了使社团管理的工作更加规范化与制度化,社团管理条例诞生,制定了积分制的管理办法,对于表现优异的社团给予优秀社团称号。社管秉持着为社团服务的理念,坚信人性化的服务高于严苛的管理。为社团提供场地借用服务,并且积极为各社团解决问题;在策划和组织活动方面社团管理中心经验丰富。各社团的大型活动,经过社团申请,社管中心会无偿提供策划、人力方面的帮助;多年以来,社管已成为各社团大型活动必不可少的一个部分,在社团间起到了至关重要的作用。苏州中学的创业社团拥有极大的自由度和创意空间,但是绝对不混乱、不随意。

近年社团活动

2012 年 10 月　社团纳新大会

2013 年 1 月　迎新晚会

2013 年 3 月　社员集体踏青活动

2013 年 4 月　化装舞会

2013 年 4 月　社管工作研讨会

2013 年 6 月　社团表彰大会

2013 年 9 月　社团换届交流会

2013 年 10 月　社团纳新大会

2013 年 12 月　圣诞晚会

2014 年 1 月　迎新晚会

2014 年 4 月　校园文化衫活动

2014 年 6 月　社团表彰大会

2014 年 6 月　关于暑期校外活动的交流会

2014 年 9 月　暑期校外活动交流报告

2014 年 10 月　社团纳新大会

2014 年 12 月　写作活动:《我与社团二三事》

2015 年 2 月　迎新晚会

社团活动实录

每年 10 月,社管定期组织校社团纳新大会,为各社团提供向新生展示社团风采、收纳新成员的平台。每年 6 月,举办社团表彰大会,评选出 10 个年度优秀社团,颁发奖励。从 2009 年开始,为了在苏州高中普及社团活动,推广社团发展较好的学校的管理经验,经苏州市教育局政宣处研究决定,由苏中、十中、一中、苏中园区校、三中、四中、五中、六中、木渎中学、苏大附中等 10 所中学共同组建社盟。2012年和2013年,星海和西交大苏州附中相继获批加入社盟,形成了目前的12校联盟格局。社盟每年活动包括:社团联盟夏令营、社团联盟跨年晚会、学生干部管理心得交流会。2009年社盟成立至今,每年暑期举办社团联盟夏令营,由各校学生会、社团干部策划组织,各校社团进行展示、表演,广大同学作为观众参与。其中,2009年和2014年社团联盟夏令营由我校主办。

"来苏高中不玩社团,乃憾事也。"社团在苏中受到了所有学生的欢迎;而各式各样的社团也极大地满足了同学们的需求。但对于新进苏州中学的高一学子们,面对着近五十个不同的社团,似乎有点眼花缭乱,似乎无法找出最适合自己的那一个社团。社团管理中心为了方便各位同学了解各社团,同时也展示苏中社团风采,于2014年10月18日在苏州中学来秀坊剧场举行了一年一度的纳新大会。早在新学期伊始,社团管理中心的同学们就通过QQ、微信、校园海报多种方式对纳新大会进行了大力宣传,吸引了大量本校及外校学生前来观看。而且还动用了干冰机、泡泡机等设备来布置舞台效果,力求为观众呈现接近完美的舞台。此次迎新大会邀请了市教育局领导、张昕校长和学校部分老师共同见证这次活动。张校长提到,精彩社团活动是苏州中学的特色之一,他鼓励学生通过参与社团活动,汲取经验,提升自己的能力,玩社团,玩好社团,在活动中获益,为往后的学习、生活增添乐趣。

人人社与社管人心得

两年前的这时候,我成了人人社的社长。我和我的副社一起走班宣传,很多人加入了我们。还记得第一次大家一起办活动,便是2013年的迎新晚会了。那是一次很成功的晚会,我和上届的社团共同承办,社员们处处积极帮助我们,再加上参演的社团的精心准备,到场的领导和同学们都赞不绝口。平时没有活动期间,每个月我们会分发机关刊物人人小报,分发过程中也会和社员们联络感情。这是我高中生活中,最美好的回忆之一。

(沈悦悦 2012级在校学生 人人社2012级社长)

社管与社团相互发现问题,相互激励,相互进步,相互成长。我们的责任感、组织协调能力与沟通协调能力在这样的活动中可以得到锻炼,对个人的精神境界也有一定的提升。这学期末,社管也将与人人社合作举办大型迎新活动,期待成长中的社管会有更好的表现。

(李星逸 2014级在校学生 现任创业社团管理中心实践部部长)

从第一次接触社盟到现在,四月有余,谈不上有什么经验。当我经历了这样一个过程,体会了管理者这样一个新鲜的角色,便产生更多的思考。在准备竞职演讲的时候,我意识到,管理就是我想要做的,社管帮助我第一次明确了自己的目标。回顾10月筹备纳新大会时,仅仅是策划,就要细思当天的各个细节,考虑突发状况,为不确定因素做好充足准备,与各个社长深入沟通交流。做好这些协调后,从反思中变得更谨慎周密,析出为人处事的正确方式。在苏州中学,先学做人,再做学问。在社管,学做人,做好每一件事并从中获益。

（浦希菁　2014级在校学生　现任创业社团管理中心副理事长）

三、实践经营类创业社团的发展路径

筚路蓝缕,经纬天下。实践经营类学生创业社团为广大学生提供参加社会实践或参与团体管理的机会,社团成员创业精神、创业心理素质及创业能力得以锻炼;通过了解不同社会分工及角色设置,接触社会、结合实践,激发成员积极性和主动性,社员们逐渐形成和确立了健康科学的个人发展观。

自实践经营类学生创业社团创立起,从方向领域定位、寻求社会资源、规划社团活动到传承换届社团成员,社团的逐渐发展必然是一个漫长且不稳定的过程。受社会资源制约及社团成员对现实社会求知所需不同,社团所企划组织的成员活动必然会呈现出社会热点鲜明性等趋向,与社会商业组织的合作也会出现阶段性停歇和变更的情况。而偏向于实践管理类学生团体组织,例如社管及校园"演出公司"人人社,因其社团责任和社团活动的特定指向性,随着时间流逝,此类社团易出现社团组织形式过于规章化,成员忠诚度不高等现象。

因此,不断寻求新的社会资源、促进社团间相互合作发展、创新变革性社团活动,必然成为实践经营类学生创业社团的发展的主线及核心焦点。而对社团成员的要求,则必然越来越高,除了最标志性的实践执行能力之外,多元化知识贮备、社会资源获取能力、综合性创业素质也是此类社团对成员发展的要求。

作为引领学生走出校园,接触社会的中坚力量,实践经营类学生创业社团将社会价值体系、社会发展观引入校园,启发学生立体地思考社会化管理及经营模式,结合自身发展规划,进而促使学生知识体系构成及创新实践能力更上一层楼。

CEO社活动宣传海报

Only One社义卖活动

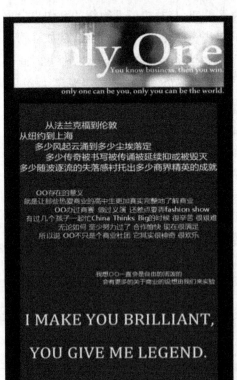

Only One宣传海报

第四章　学生创业社团的实践与特点

学生CEO纳新海报

魔方社展台

人人社宣传海报

社团招募活动

学生CEO展台

学生CEO商赛活动

学院祭的表演

第三节　学生创业社团的竞技挑战性

一、竞技挑战类创业社团的内涵及特征

高中生竞技挑战类学生创业社团,是指以满足成员对某类竞技活动知识和技能提升的需求为基础,以提高其竞技水平为共同目的,按照社团章程自主开展比赛赛事或研习活动的学生团体组织。社团成员均希望借此平台,通过和志同道合的社团成员互相切磋学习,提高和发展某专类活动的竞技实力、竞技状态、竞技表现等。此类社团可以丰富校园体育活动及课余校园生活,切实发挥学生个人兴趣爱好和特长,增进学生身心健康、磨炼意志,培养终生健身意识,对于学生有较大的促进作用。

胜负并非是竞技魅力的全部,如奥林匹克运动会的发起人皮埃尔·德·顾拜旦所说:"奥运会重要的不是胜利而是参与,生活的本质不是索取而是奋斗。在奥林匹克这个舞台上,有几万人在为自己的理想而奋斗,有几十万人,甚至几百万、几千万、几亿人在为了来到这个舞台而不断超越着自我。他们中间的一些人可能最终也与金牌无缘,但一直在努力且永不放弃,应该赢得社会的尊重和敬意。"以特定的竞技活动为努力方向,此类学生创业社团具备以下特征。

(一) 对竞技技能永无极限的挑战

无论是个人项目,还是集体项目,竞技能力必须通过一段时间的特殊实践训练才能得以提升。而赛事结果的不确定性自然就成了竞技活动的最大魅力,从而使具有极高热衷度的社团成员必然在实践训练和各种赛事中,不断变更自己想要挑战的目标值设置。

(二) 广泛的群众基础

竞技挑战类社团活动通过体育竞技类活动的开展,不仅使社团专业技能不断提升,也能吸引有兴趣有能力的学生加入,为社团引进更多人才奠定夯实基础。具有广泛群众基础而成立起来的竞技类社团,以丰富学生课余生活为目的,为广大热爱竞技挑战类活动的学生创造了较好的平台,其成员构成相较其他类别社团更为单一。目前校园体育课程中有较多竞技类活动项目,相应的竞技挑战类社团活动学生的参与度较高,浓厚了校园体育竞技氛围,因此颇受瞩目。

二、社团实例及常见活动形式

竞技挑战类学生创业社团本身拥有不断追求卓越的精神,与青少年发展特点不谋而合,具有广泛的群众基础,受到学生普遍欢迎。其活动方式主要是竞技训练、举办比赛和队员之间的交流互动,从而推进此类竞技活动在校园乃至社会上具有更大的影响力。

社团实例(一)

指尖上的风暴
——苏州中学校魔方社

社团介绍

魔方(又称鲁比克方块,台湾称为魔术方块,香港称为扭计骰),英文名为:Rubik's Cube,是一种娱乐玩具。匈牙利布达佩斯建筑学院厄尔诺·鲁比克(Erno Rubik)教授在1974年发明魔方,起初仅作为一种帮助学生增强空间思维能力的教学工具。但要使那些小方块可以随意转动而不散开,就不仅仅是机械问题了。而当魔方在手时,才发现如何把混乱的颜色方块复原是一个相当有趣的难题。魔方发明后不久便风靡世界,人们发现这个小方块组成的玩意实在是奥妙无穷。三阶魔方是由富有弹性的硬塑料制成的正方体。核心是一个轴,并由26(中间一层为8块,其余两层各9块)个小正方体组成。中心方块有6个,固定不动,只有一面有颜色。边角方块(角块)有8个(3面有色)可转动。边缘方块(棱块)12个(2面有色)亦可转动。此外除三阶魔方外还有二阶、四阶至十三阶,近代新发明的魔方越来越多,它们造型不尽相同,但都是趣味无穷。

玩具在出售时,小立方体的排列使大立方体的每一面都具有相同的颜色。当大立方体的某一面平动旋转时,其相邻的各面单一颜色便被破坏,而组成新图案立方体,再转再变化,最终形成每一面都由不同颜色的小方块拼成。魔方的玩法是将打乱的立方体通过转动尽快恢复成六面都是单一颜色。

三阶魔方总的变化数为43252003274489856000,或者约等于4.3×10^{19}。

$n(\geq 2)$阶魔方的变化总数:

$$N = \frac{8! \times 3^7 \times 12! \times 2^{10} \times (24!)^{\frac{(n-3)(n+1)}{4}}}{24^{\frac{3[(n-2)^2 - 1]}{2}}}, n = 2k+1, k \geq 1, k \in \mathbf{Z}$$

$$N = \frac{7! \times 3^6 \times (24!)^{\frac{n(n-2)}{4}}}{24^{\frac{3(n-2)^2}{2}}}, n = 2k, k \geq 1, k \in \mathbf{Z}$$

江苏省苏州中学校魔方社于 2010 年 9 月成立，经过四任管理层的同学们的努力，魔方社已然蜕变成为一个成熟的社团——社员从第一年的二十几名，发展为现在第五年的五十余名，活动范围也从最开始的社团内部，到现在的苏州市，乃至全国。

除了一些玩转魔方的"高手"活跃于这个相互切磋展现空间唯美叠加的精妙艺术之外，社团为魔方这项运动在校园的普及做了很多努力，让更多热爱魔方、想研究学习魔法的学生更加了解这一针对智慧、技巧与时间的挑战。因此，为了扩大社团的受众范围，在教学和交流中也特意设计适合各种水平的项目。在新学期纳新后，所有社员以学习最基本的三阶魔方的基本转法——层先法为目标，而后再逐次递进，教学交流 CFOP 及各种高阶、异型魔方。

在社团发展成熟之时，同学们自主组织举办魔方竞赛活动，例如校内个性魔方定做活动、各校魔方社之间友谊赛等。此外，魔方社在社员技术完备且条件符合的基础上，经常参加各级魔方比赛，从苏州市级赛到江苏省级比赛再到 WCA 世界魔方大赛，社员们都取得了较好的成绩。

近年社团活动

2010—2011 年

开展个性魔方制作、异型魔方交流活动

2011—2012 年

开展个性魔方制作、魔友聚会

5 月 12 日　第二届"萃英杯"苏州市中学生科技吉尼斯挑战赛

邵晨恺同学在魔方三阶速拧项目中获得冠军并打破纪录、魔方镜面速拧项目中获得亚军

2012—2013 年

11月26日　参加WCA上海赛

开展个性魔方订做活动(全校性)

举办异型魔方交流活动

周庄赛(世界魔方协会认证,全国性比赛)

2013—2014年

5月10日　参加第四届"萃英杯"苏州市中学生科技吉尼斯挑战赛

姜月峥同学以单手38s的成绩获高中组三阶单手项目第三名,双手26s获高中组三阶速拧项目第六名;曹裕文同学以33s的成绩获高中组三阶速拧项目第十名

8月21日,校魔方社在苏州中学举办"WCA"世界级比赛,并接受苏州电视台达人秀节目采访

社团活动实录

2014年7月12日,江苏省苏州中学校魔方社承办WCA(世界魔方协会)苏州公开赛,这次比赛也是本学年我校迎来的最为隆重的社团活动之一。与往年公开赛最大的不同之处是此次比赛是由我校魔方社的2名高中生发起组织的。

此次大赛吸引了来自北京、黑龙江、湖北、江苏、上海、福建等地的208位"魔友"现场竞技,甚至还有从美国赶来参赛的美籍华人。参赛者中年龄最小的仅7岁,年龄最大的47岁,其中还有一家三口从上海赶来参赛。15岁的邱玥玩魔方有3年了,浓厚的兴趣把爸爸、妈妈都感染了,纷纷加入"魔界"。全场年龄最小的是上海的殷方皓小朋友,7岁的他拿着魔方熟练地转着,小手非常灵活,让观众发出阵阵赞叹。美籍华人刘运佳是跟着父亲从美国赶来参赛的,他8岁时受哥哥的影响爱上魔方,3年前开始系统学魔方。"这是我第一次在离美国这么远的地方参加比赛,比我之前参加的活动都要正规很多,所以我有点紧张。"刘运佳操着不标准的中文说。

刷刷刷,被打乱的魔方在十指间翻转,几秒钟后,排列杂乱的魔方被复原。记者在现场看到,本次魔方公开赛由三速、三单、三盲、二速、四速、五速、七阶共7个单项组成,从上午9点持续到下午5点。每场15名参赛选手同时上台,每位参赛选手上场有5次机会,去掉最高分、最低分,最终成绩取中间3次成绩的平均分。现场并有由世界魔方协会官方派出的代表团进行全程公证。比赛报名总人次208人,其中7个单项比赛都报名的达到38人。

比赛激烈进行中,台下一个戴眼镜的帅气大男孩却引起了骚动,不时有慕

名前来的粉丝请教或索要签名。他就是七阶魔方的世界纪录保持者陈霖。普通人看到 7×7 的魔方都会傻眼,但到了陈霖手中就变得非常服帖,3 分钟不到就被他复原。"我高一就以 3 分 13 秒的成绩打破了世界纪录,后来又用 2 分 39 秒的成绩从别人手里夺回了世界纪录。"陈霖告诉记者,他从初二开始玩魔方,玩得最疯狂的时候甚至会早上 4 点多起床研究,每晚夜自修回来后的 9 点半到熄灯的 10 点也是雷打不动的魔方时间。暑期后,他将到首尔读大学,"我希望我能一直玩下去,把魔方玩得越来越好"。

魔友们在来秀坊用一整天的时间自由地分享魔方的乐趣和智慧。苏州中学领先的教育理念和美丽的校园环境给全体参赛选手和嘉宾留下了深刻的印象。本次比赛也吸引了众多媒体的关注,《光明日报》、《现代快报》、《苏州日报》、《姑苏晚报》、《城市商报》、苏州电视台等主要媒体专程采访和报道了本次比赛。

社团实例分析

虽是旋转于指尖,魔方的魅力风靡全球。作为世界上最经典的游戏之一,魔方给全世界带来的已远远超出一件玩具的意义内涵。魔方所闪耀的是一种数学的魅力,永远不会因为艰难或乏味失去它的热衷者。在好奇心的驱使下,人们会不断钻入魔方数学逻辑的海洋中,不断探索这小小运转中的无数个谜题。青少年对于魔方的热情和专注,能够让所有人为之惊叹不已。他们能够在锻炼大脑和手的协调配合能力之外,训练思维力的敏捷度,培养追求卓越的精神,而这些正是给青少年带来自信和快乐的源泉,是伴随他们走出校园、踏上社会所需要的创业素质与领袖素质。我校魔方社团发展至今,不仅出现了众多技术高超的魔友,更为重要的,是他们以领袖的身份,组建起自己的学生团体。将自己所热爱的一项集竞技、逻辑思维、挑战极限于一体的世界之谜融入大众,宣扬自己的热情;也正是这些魔友们,以高中生的身份,发起了世界魔方公开赛,将这样的顶级竞技赛场带入校园,带入苏州中学。

魔方不仅是一项手部极限运动,如今更被注入了文化的色彩。世界各地的魔方组织数不胜数,魔方因此而成了交流的载体,它包含了友谊、挑战、智慧等等元素。作为一个兴趣类社团,相比其他学术性社团,魔方社活动中总是充满了欢笑。这在教学魔方之余更多的增进了社员间的交流与感情,于无形中给社团增添了不少温馨的气氛,社员间也就形成了默契及凝聚力。

魔友心得

在毕业后,到了大学校园,有时也会想起从前的魔方社。对于从前社团生活的日子是相当怀念的。在社团活动的过程中,作为社长,当然我的能力得到了相当程度的提升。宣传能力、决策能力、应变能力、与社管交涉过程中的处理与交流能力都得到了锻炼。这些经历让我学会了承担责任。所以,从上述几点来看,我个人认为苏中社团是对学生综合能力的极好锻炼,只要能合理处理社团与学习的关系,是对个人发展相当有好处的。

作为创始人,我是深深爱着魔方社的。能找到其他也喜欢玩魔方的人一起交流,这也是我创社的初衷,当然还有推广魔方的成就感。这些都充实了我的高中生活,也让我对于高中的回忆更多了一份别样的温暖。

(邵晨恺 2013届毕业生 现就读于美国佐治亚理工学院 魔方社创始人)

在高一的时候因为兴趣加入了魔方社,学长们都有相当的能力且不厌其烦地教授我们魔方的技巧,我深深地被魔方所吸引,也切身体会到了社团的魅力。我有幸被选为新一任社长,才发现要管理一个社团确实不容易。慢慢地我适应了社长的位置,很多能力都得到了提升——我学会了应该怎样宣传才能更好地吸引同学们的注意力来参加我们的活动,慢慢开始能独立地组织整个活动,学会了更好地记录各次活动并进行总结,更明白了我应该承担起一个社长的责任。

步入大学校园,也时常想起从前高中时代的经历,而每每想起在魔方社的日子,心中也不无怀念,更多的,则是对未来更兴盛的社团的期待。

(胡佳雯 2014届毕业生 现就读于南京农业大学 魔方社第二任社长)

2012学年中,我社举办了很多活动——包括与剑桥中心魔方社合作活动,11月26日参加WCA上海赛,个性魔方订做活动(全校性),异型魔方交流活动以及参加WCA周庄赛。这些活动确实大大提高了我的行动力和领导力,无疑是我这两年多的校园生活中非常灿烂的篇章。现在我正处在高三紧张的备考阶段,有时回想起当年魔方社的种种活动,看到学弟学妹们正努力经营好社团,都能让我在紧张的氛围中放松下来。相信每一个苏中魔方社成员都和我一样,期待着魔方社越办越好,期待着我们苏中越来越辉煌。

(谢筱月 2012级在校学生 魔方社第三任社长)

非常幸运,我能成为魔方社社长,并获得了将我脑中改造这个社团的想法付诸行动的机会。但是,真正实践起来,绝非像漫画小说中描述得那么容易。需要做的事情太多,我常常感慨自己的行动力不足。在举办WCA的过程中,我与许多办过比赛的成年魔友有过交流,从中看出了很多自己缺乏的东西,明白了自己与他们的差距。我也建立起了自己在魔界的人脉圈,第一次感觉自己这么像一个真正的"社会人"。

　　同时,感谢张昕校长对我们社团的大力支持,以及众多老师们对社团活动的协助。想说的话很多,但集合起来,就是以下这些——感谢苏中让我有机会玩社团,感谢老师们给我的帮助,感谢同学们。希望魔方社越办越好,也希望我们苏州中学的社团能永远传承下去,让更多的学生懂得玩社团的乐趣!

(姜月峥　2013 级在校学生　魔方社第四任社长)

社团实例(二)

激扬青春,拼搏球场
——记江苏省苏州中学校篮球社和足球社

社团及活动介绍

　　课外体育活动是学校教育体系的组成部分,担负着培养身心全面发展的人才的任务。素质教育注重学生的全面发展,注重培养学生的创造力,篮球运动作为现阶段开展最为广泛的体育项目之一,能够很好地提高中学生的身体素质,有效地提高中学生的心理素质,对全面提升中学生素质具有重要的作用。将篮球作为中学课外体育活动的内容之一,并由学生社团来组织开展各项活动,符合新课程的要求,同时也有助于提高学生的身体素质、组织能力。

　　篮球社团活动自主性比较强,打破了篮球课堂教学中教与学的固定模式,让学生在活动期间自主地去探索活动的内容,例如,学生可以自发地去练习像街球、花式篮球等具有表演性质的篮球运动内容,还可以利用多媒体对篮球比赛视频进行观赏和解说,让学生对篮球文化、篮球技战术有深入的了解。"无兄弟,不篮球",这正是篮球社一直以来坚持的信条。苏中篮球社是苏州中学较早成立的社团之一,一代一代承接着每个热爱篮球的孩子的梦。作为一个体育类社团,篮球社连续数年荣获了十佳社团的称号,领跑于其他同类社团。社团的管理层由每届高一学生组成。篮球社每学期举办的 3V3 比赛一直是师生们关注的焦点,让篮球的魅力在校园里展现得淋漓尽致。篮球社的宗旨是鼓励所有热爱篮球的同学参加到篮球这项运动中去,无论男女,无论球技高低,都应充分享受在阳光下打球的乐趣。社员们不一定要技术绝顶,以一敌三,也不一定要跳得高投得准,需要的只是热爱篮球之火永不熄灭。同学们或许刚进入苏中,刚开始崭新的高中生活;或许会迷茫,不知怎么和新同学熟悉起来;或许渴望表现自己,证明自己的价值。而篮球社正是这样的一个平台,给任何人与志同道

合的朋友交流的机会。一个舞台,给予闪耀球场一鸣惊人的机会;一个集体,让同学们感受到什么是团队合作,什么是苏中篮球,领会真正的苏中精神。

  苏州中学足球社成立于2013年,其宗旨是为所有爱好足球的同学们提供交流技术、知识、乐趣的平台,让更多人了解足球,热爱足球。足球社的正式成立使得广大足球爱好者得到统一、集中的聚集,能让足球迷们相互之间更便利的交流,也能让更多同学了解足球的魅力。足球社是一个有着强大实力和团结氛围的团体。从足球社成立至今,已向校队输送大量人才,他们代表学校出战。有得意也有失意,这些都是社员们用汗水和血水换来的。足球社会在社员们的努力下蓬勃发展,创造更辉煌的未来。足球社欢迎热爱这项竞技运动的同学的加入,可以跟随指定老师在规定时间和区域内进行训练,或是在裁判陪同下进行友谊赛和技术交流,也可以选择和小伙伴们谈论足球新闻等。在这里,每个人都能找到自己想要的地方。足球社第一届社团内部比赛由高一四支球队采取双循环赛制,胜积3分,平积1分,负积0分。比赛为七人制。2014届的足球社发起了班赛倡议,得到了热烈响应。比起上一届只有4个班级参与,到2014年已有了12个班级参与。社团的号召力正在不断壮大,越来越多的同学开始热爱足球这项精彩的运动。

近年社团活动

2012年10月 高一高二全明星赛

2012年12月 3V3篮球赛

2013年10月 高一高二全明星赛

2013年12月 3V3篮球赛

2014年10月 高一高二全明星赛

2014年12月 3V3篮球赛

2009年4月 获得江苏省校园足球联赛总决赛第三名

2011年7月 获得江苏省校园足球联赛总决赛第三名

2012年8月 获得江苏省校园足球联赛总决赛第四名

2013年7月 获得江苏省校园足球联赛总决赛第五名

2013年12月 社团内部足球联赛

2013年12月 与德威学生进行的友谊赛

2014年3月 与新东方老师的友谊赛

2014年4月 与苏州市第一中学的友谊赛

2014年7月 获得江苏省校园足球联赛总决赛第六名

2014年12月　2014届高一年级班级联赛

社团实例分析

球类运动一直是校园内学生竞技活动焦点,丰富了学生课余活动,满足青少年健身、健心、社交等方面发展的要求。足球篮球,作为两种校园体育项目,早已突破单纯的运动范畴,在团队精神的原则上打好每一场比赛,在坚持不懈的锻炼中寻找得分技巧。通过社团成员们的努力,球类竞技活动成为一种满足兴趣和挥洒热情的地方。球场上的友谊与回忆真正诠释了体育运动的魅力。社团的社员们通过宣传和开展体育活动,吸引更多的成员参与,使得体育社团在校园中影响力、凝聚力不断增强。这两个社团为全校球类爱好者提供了一个展现自我的平台,缓解同学们学习和生活上的压力。

虽属于体育活动类学生团体,球类社团成员始终本着立足校园、服务同学的原则,严格遵守各项制度,加强规范管理,积极拓展新的工作领域,相互合作,形成校园内竞技类社团月月有活动的热闹格局。社团成员不可磨灭的热情在完成社团规划的活动计划之余,使得社团文化影响力不断扩大,为促进我校群众性体育活动的开展发挥了积极的作用。为推动我校学生体育运动,加快我校健康校园、和谐校园建设做出了很大的贡献。

球友回忆录

作为一名苏中的前篮球社的社员,很怀念苏中,更加怀念在篮球社的美好时光。高一那年的纳新大会上,毫不犹豫地加入了篮球社。初中时起,屋中的墙上贴满了君子雷的海报,为了要成为如此"姿势如画"的射手,一直为此努力着。高中那些年落日余晖时,我似乎都是在篮场上度过的,那时我们可以抛开除篮球以外的一切,拥抱篮球。队友之间的默契,对手之间的竞争,一招一式的上篮,闪电般的突破,教科书般的干拔,成为夕阳下最美的回忆。虽是一身汗味,我们开心,我们快乐就足够了!高一篮球赛为自己班级披荆斩棘,是何等风光以及荣耀!篮球社给予我的不仅是篮球,还有爱以及很多很多满满的回忆!

(钱之润　2013届毕业生　现就读于加拿大多伦多大学)

刚刚走进苏高中,我在茫茫社团中便相中了篮球社。一方面是我自己喜爱篮球,另一方面就是我希望篮球能给更多的同学带来欢乐。苏中篮球社曾和KFC联合举办过苏中三人篮球赛,那段时间篮球社的小伙伴们混迹于球场和各大教室,多方打听,成功地错开了夺冠种子小队们。人算不如天算,仍然有很多种子小队被手感爆棚的对手三分球秒杀。其实篮球带给我们的不仅仅是一场胜利,多少人在球场上从陌生到熟悉,多少小伙伴从我忙到我来。张校长说苏中是一所像大学的高中,不是课程有什么不同,而是社团给了我们更广阔的天地。

(盛宇韬　2014届毕业生　现就读于复旦大学)

高一的时候加入了足球社,并有幸成为副社长。作为一个运动类社团,足球社的成员很多,并且有比较正式的活动。由于足球社刚建立不久,上学期的第一次比赛还比较简单,只有四个队伍参加。但经过成员们的宣传纳新,新一届的足球社吸收了更多成员,并且大家都很积极。所以第二次的比赛升级为班赛,有12个班参加。我感觉十分欣慰。在足球社的这一年里我收获了很多,除了球技,更多的是宣传和管理的能力。虽然高二不得不退社,但我依然希望足球社繁荣地发展下去。

(罗迪　2013级在校学生)

社团活动让我明白,想要得到多少,就意味着必须付出更多。足球社管理成员的建立,赞助商的签约,足球班赛的举办,与外校足球社团的交流,都让我受益匪浅。从原来简单的足球爱好者,到成为足球社长,这不仅是一个头衔的变化,更是由青涩到成熟的发展。赞助商的选择和签约,就极大地锻炼了我的表达能力和思维能力。而前前后后的奔波,也终于为足球社提供了物质的保障。足球班赛的举办过程中,遇到了很多难题,在这过程中有过争吵,也有质疑与不信任,但最后大家能不计前嫌,一起携手解决困难,这让我对这些与我并肩的伙伴们心生感激。而随着场地、赛程问题的解决,我的组织能力也得到了提升,对人与人之间的相互信任也有了进一步的理解。而这些宝贵的经历也让我对社团有了新的认识:社团是供同学们交流认识的平台,在社团活动中大家能在享受足球带来的快乐的同时,培养责任感,增强团队意识和集体荣誉感,使组织能力、协调能力、表达能力,人格和心理都得到提升,让自己更全面健康地发展。

(周泳杰　2013级在校学生)

三、竞技挑战类创业社团的发展路径

竞技挑战类学生创业社团一般始于部分学生对某类体育竞技类活动的热爱。其社团活动具备广泛的群众基础和娱乐性,社团成员大多掌握一定此类体育项目的技能,在促进校园体育文化建设、建设健康校园等方面有较为瞩目的影响力。其中,魔方社在学校竞技挑战类学生创业社团中成为标志性社团,他们所承办的世界级比赛让整个校园为之轰动。

但社团发展的道路上也会遇到很多困难和局限。例如,竞技类社团活动受天气和场地设施局限较大,需要学校多方支持和机动调配;在组织竞技赛事时,

对人力资源配置要求较高,需要对社团成员进行有效的组织和动员;在资金筹集和公共宣传方面,需要与多方面建立广泛实效的联系;活动历经数届,极有可能面临对活动革新创新和竞技水平能力的突破提高等方面的难题,也需要外界专业人士的协助指点;运动场上安全性防范措施须较为全面的保障等。在开展活动过程中,竞技挑战类学生创业社团不免会遭遇竞技赛事挫折,他们在不断反思重建社团组织活动时,知识和技能全面拓展,适应社会的能力也不断提高。在未来发展道路上,如何安全有效开展竞技类活动、成功宣扬终生体育运动的理念、改革创新社团活动等,都是社团必须集思广益、博采众长的焦点问题。

从创社到创业

奥运冠军吴静钰来我校指导跆拳道

机器人社参加比赛

空手道社旗

篮球社比赛

第四章　学生创业社团的实践与特点

魔方社比赛

攀岩活动

骑行社海报

跆拳道和空手道社表演

从创社到创业

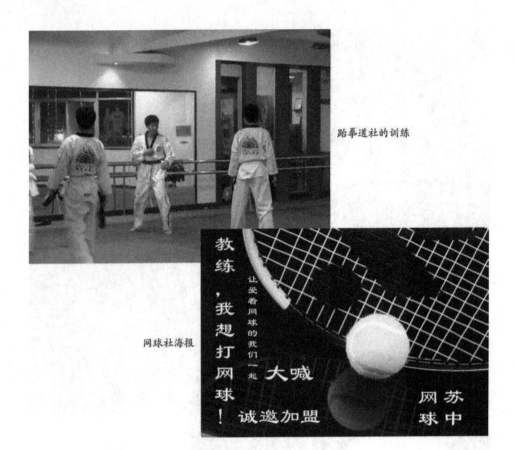

跆拳道社的训练

网球社海报

桌球社社旗

第四节　学生创业社团的公益服务性

一、公益服务类创业社团的内涵及特征

公益服务类学生社团的宗旨是服务校园、服务社会,旨在鼓励学生积极参与校内外公益活动,提高学生的社会责任感和使命感。江苏省苏州中学校公益服务类社团活动涵盖了志愿服务、校红十字会、义卖募捐、爱心基金等领域,得到了社会的广泛认可。为取得较好的活动效果,社团成员除了在活动前制订详细、全面的活动方案外,还需要具备一定的管理能力和较强的执行力,这在一定程度上也锻炼了组织者的创新力和领导力。为提高公益活动服务质量和管理水平,公益服务类学生社团借助社团联盟平台,联合各个学校优秀社团,开展了许多公益和义演活动。此类学生创业社团具备以下特征。

（一）社团成员积极性高,德育渗透力强

在当前社会高速发展的大背景下,高中生也在更多地关心社会问题。越来越多的高中生愿意投身社会公益事业,用实际行动去关心、去帮助那些需要帮助的人。同时,参加公益活动不需要学生拥有什么特别的技能,只要怀抱一腔热情,就可以做出一些贡献。因此,学校多个公益服务类社团逐渐成为校园中最受欢迎的社团。此类社团以公益服务为理念,举办的活动往往具有很强的感染力,能够触动学生的心灵,有助于中学生树立正确的世界观、人生观与价值观。可以说,公益服务类学生社团是校园德育工作的宝贵腹地,是德育理论联系实践的有效平台。

（二）社团活动影响覆盖面广,公众期待值较高

公益服务类学生社团组织的活动不仅仅局限于校内,更多的时候会走出校园,面向社会,在更大的范围内传播正能量。因此,该类社团举办的活动不仅能吸引校内学生的参加,还能在全社会范围内产生较高的期望值,优秀的活动往往能产生较大的社会反响,吸引到更多社会组织的合作,这就为公益理念的快速传播奠定了基础。

二、社团实例及常见活动形式

社团实例(一)

是奉献,赋予青春以荣光
——记江苏省苏州中学校 SV 志愿者社团

社团介绍

　　SV 志愿者社,成立于 2009 年,前身为苏州图书馆志愿者协会。苏图人来人往的借书处、卷帙浩繁的书库和盲人阅览室里,都有着 SV 志愿者忙碌的身影。2012 年,苏州图书馆更赠予社团锦旗,并给予"2012 年度先进集体"的称号。协会成立这些年来,社团曾与苏州义工联、慈济苏州等多个公益组织合作,也从 2013 年开始与苏州博物馆签订志愿服务合同。随着志愿者队伍的逐渐壮大,志愿活动不仅仅局限于苏州图书馆,为了寻求更广阔的发展空间,2014 年,社团正式更名为 SV 志愿者社,并以文化为基础,拓展合适又不失挑战性的志愿者活动,选定了七个长期并且固定的活动项目点——苏州图书馆、苏州中学图书馆、苏州博物馆、昆曲博物馆、评弹博物馆、园区规划展示馆、园区信息化中心,分属五个不同的部门。

　　根据志愿倾向,志愿者社团成员可自行选择想要加入的部门,可以在图书馆饱览群书,接触浩繁的图书卷册,也可在各个博物馆、展示馆内担任引导员和讲解员,向来自全国各地的人们展示苏州及至中国的文化。为了给予每一位社员最大的关注度,SV 志愿者社为每个部门设立了项目负责人,以便与项目活动地确定活动时间,并确保每位社员每月都有至少一次服务机会。

　　在服务他人的基础上提升自我、交流理念,是 SV 志愿者社的宗旨。烂熟于心的讲解词,充满热情的微笑和耐心的态度,整理书库时发现的一本好书,都会是我们的精神收获。2014 年 10 月,SV 志愿者社进行了以编中国结(盘长结)为中心的中国文化学习与交流活动,共收到 100 余名社员手工编织的中国结 80 余个。通过自制这些寓意吉祥的盘长结,全校师生也进一步感受到了中国传统文化的巨大魅力。

近年社团活动

　　2009 年开始　苏州图书馆志愿者服务

　　2009 年开始　参与各类社会公益服务,包括支教、敬老院、书籍募捐、收容流浪猫狗

2012 年开始　东方之门地铁站志愿者服务
2012 年开始　学校图书馆志愿者服务
2013 年 10 月开始　苏州博物馆志愿者服务
2014 年 9 月开始　苏州昆曲评弹博物馆志愿者服务
2014 年 11 月开始　苏州凤凰书城志愿者服务

社团活动实录

苏州中学 SV 社的博物馆部是该社最具特色的一个部门,活动主要为引导和讲解。原在苏州博物馆新馆活动,因为新的一届人数比较多,博物馆就将民俗部,即苏州民俗博物馆的引导和讲解工作交给了志愿者们。第一次去民俗博物馆活动是 2013 年 10 月 19 日,26 名社员以及 2 位负责人一起去参加了博物馆的培训。负责人宁老师给志愿者讲了很多很多,从一开始苏州的民俗文化,后来讲到他自己对这些文化传统的消逝而感到痛心。他对于苏州中学学生愿意来这里做志愿者而感到非常开心,因为这种文化和情感可以被传承下去了。

社团实例分析

志愿者,也许所有学校的社团中都不乏志愿者的身影,但苏州中学 SV 志愿者社,在校园中,在苏中人心中,是独一无二的。就如高尔基先生所写过的一句话:"给,永远比拿来的更快乐。"这个时代,更需要志愿者精神。没有哗众取宠,没有大肆宣扬,但志愿者社一直是学校社团中最为瞩目的学生社团之一。2014 年 4 月,苏州中学志愿者社团荣获了苏州市图书馆志愿服务"先进集体"荣誉称号。难能可贵的是,他们将校园内各类其他社团联合起来,为公益服务做出贡献。如 DIY 社团、DD 甜品社等利用社员的手工特长,自制小食品和装饰品,组织义卖活动,将义卖的善款用作校内外慈善公益活动等。这些活动的开展,增强了青年学生的合作意识,锻炼了他们的实践能力,培养了他们的社会责任感和奉献精神。现在苏州中学志愿者社团正在如火如荼地发展壮大,在每年的社团纳新大会上,吸引了越来越多的新鲜血液,"奉献、友爱、互助、进步"的志愿服务精神回响在校园的每个角落。

志愿者心得

SV 社园区部的活动到今天正好进行了一个月,在这短短一个月里,志愿者们和我自己就已经感到收获颇丰了。园区的志愿者活动并不是上一届延续下来的,而是社团管理层重新联系的。自然,在联系过程中就出现了不少麻烦,原先的基地因为和同学们学习时间不配套,不得不暂时舍弃。最终,我们联系上了凤凰书城并和她们签订了志愿者协议。第一次活动,志愿者们就经受了不小的挑战。周六下午书城的儿童分部人满为患,同学们需要在短暂的培训后记住各类书籍的摆放位置,并将放错位置的书摆回原位。整整三个小时,志愿者们的步伐从未停下,他们还耐心地提醒更小的孩子们读完书要放回原位。志愿者工作是辛苦的,但也是令人满足的,当喧嚣的书城终于复归平静,同学们都很欣慰自己一天的成果。

(张欣怡 2013级在校学生 SV园区部部长)

　　第一次以一个管理者的身份加入一个志愿者团队。最初的震撼是当报名表交到我手里,看到有很多学弟学妹在昆曲评弹博物馆的选项上打了大大的勾,甚至有人来跟我说她真的很喜欢评弹,那时候真的是被感动到了,觉得我一定要好好地组织她们活动,去帮助别人的同时也能实现她们自己的兴趣。后来第一次活动跟她们一起去了评弹博物馆,平江路上的古老建筑散发着红木好闻的陈旧的味道,暗暗的房屋里能看到外面洒在庭院里金色的阳光,身后幽幽滑出几声琵琶拨弦的声音,婉转又跃动。台上吴侬软语细细弹唱,时不时一声饱含感情又拖尾悠长的"哎呀——"尽显苏地风情;台下苍颜白发,或双眼微眯,或捧一杯清茶,轻轻晃动。我们给他们指路、解说,甚至补倒上滚滚的开水。那一个下午,似是与他们一同回到了一个没有喧嚣,包含情感的岁月。昆曲评弹博物馆的志愿者和别的地方都不一样,它没有那么现代化,甚至让人感觉都不是在做志愿者,而是陪着家中的老者听着浅吟低唱,而后时光便很美好又轻快地流去了。在这里的活动,与其说是志愿者帮助了他人,倒更像是自己深深地融入了这韵味悠长的吴文化。

(顾佳宁 2013级在校学生 SV昆曲评弹博物馆部部长)

　　SV志愿者社是一个活动覆盖面很广的社团,也是让我第一次接触到志愿者活动的社团,它为社员提供了许多锻炼自我的机会。我印象最深的活动是在苏州博物馆做志愿者。在苏博,志愿者们的任务是提醒游客关闭闪光灯,不要大声喧哗,并回答他们的一些询问。志愿者需要在一个展馆站岗近一个小时,有时候会感觉到枯燥,也有时候会因为游客对自己的提醒不以为意而感到失落。但毕竟志愿者活动本身并不轻松,也不像文艺类活动那样有很多乐趣,它锻炼的是学生的交际能力和责任心,让学生试着去学会如何与陌生人打交道,而这在今后的人生中是十分有用的。责任心也同样重要,有时候志愿者会因为耐不住寂寞而打算放弃,但一旦接下了任务,就必须认真去完成,不能因为枯燥半途而废。这就是在苏博的志愿者工作经历教会我的道理。志愿者不仅仅是去养老院帮忙,它可以涉及社会生活中的方方面面,让学生的各种能力得到提升。

（许可馨　2012级在校学生　2012级SV志愿者社社长）

我希望我们社团的精神，能够永远地被传递下去。也许我们不能做很多，但我们至少能改变一些；也许我们不能做很好，但我们至少能奉献一些；也许我们力量很小，但我们是志愿者。

（石逸心　2013级在校学生　SV志愿者社社长）

社团实例（二）

人道、博爱、奉献
——记江苏省苏州中学校红十字会

社团介绍

江苏省苏州中学校红十字会社团成立于"文革"前，"文革"中停止了活动，1990年复会。现有会员近300名，是苏州市区中学里成立最早的红十字社团，随着学校学生社团的转型，2008年，校红十字会也归属社管中心管理。由于活动突出，校红十字会于2011年被市红十字会授予"苏州市红十字示范校"荣誉称号，连续四年荣获苏州中学"十佳优秀社团"荣誉称号。苏州中学红十字会是苏州市红十字会领导的高校基层组织，以红十字志愿服务和红十字青少年活动为主要活动，弘扬"人道、博爱、奉献"的红十字精神。苏州中学红十字会的基本职能就是宣传传播红十字知识和红十字精神，广泛开展各项社会公益活动，关注社会弱势群体，帮助最需要帮助的人们，开展志愿服务，传播志愿者精神，促进学校间公益事业的交流与沟通，开展红十字青少年交流活动。

近年社团活动

2012年5月　举办爱心义卖"2012苏中明信片"活动，所获收入2000元于2013年3月初捐给云南贫困山区学校，为孩子们购买教科书

2013年4月　策划红十字纪念日主题义演活动，所得全部捐助给福利院，同时为宁夏山区孩子捐书

2013年6月　参加市盲人迎新春闹元宵联欢会志愿活动

2013年12月　校园圣诞义卖

2014年3月　举办红十字会纪念日主题活动表演

2014年10月　前往苏州市红十字会学习急救知识

活动实录

2008年3月，我校红十字会组织会员来到苏州观前街，参加由中国红十字

会、共青团中央主办,苏州市红十字会等单位承办的"灾区重建"街区募捐活动,为 2008 年年初暴雪重灾区灾后重建捐款,本次活动共筹善款 8654.21 元,通过苏州市红十字会存入灾后重建专用账户。在 2008 年汶川大地震发生后,我校红十字会积极组织爱心募捐,经过志愿者们一天的辛苦努力,共筹集善款 63834.39 元,并通过市红十字会捐给汶川灾区。2012 年 9 月,校红十字会为苏州市第三十中白血病患者潘佳露同学进行爱心募捐,在短短几天的时间里,筹得善款 16003.50 元,并交给了潘佳露的父亲,表达了我校师生的一份爱心。2013 年 4 月,校团委组织红十字会、学生会,联合学校工会为四川雅安地震灾区捐款,活动为期三天,师生慷慨解囊,共筹善款 60573.30 元,全部委托市慈善总会捐给雅安,帮助灾后重建等。

社团实例分析

红十字会是由瑞士银行家亨利·杜南(Henry Dunant)成立,是一个遍布全球的慈善救援组织,是全世界组织最庞大,也是最有影响力的组织。"人道、博爱、奉献"是红十字会精神。苏州中学红十字会从创立以来一直在校内校外积极开展各项公益活动,在每一次的工作活动中传播了爱心的理念。在校领导的关心重视和全体会员的团结努力下,校红十字会坚持"月月有活动、人人都参与"的原则,服务社会,奉献爱心,开展了一系列有影响力的社会活动,取得了很好的效果,赢得了社会的广泛赞誉。

红十字人心得

这一年里从最初的理想主义到慢慢与人员、与现实的磨合,虽然最后的活动总是和计划有些或多或少的出入,但每次活动过后那份幸福的心情是满值的。每一次的活动都会让人成长,会让人懂得,原来,我可以做的事情有那么多,原来,我比自己所想的还要坚强呢。

在敬老院遇到的许多热情的爷爷奶奶,在孤儿院看到的充满希望的孩子们,这也是契合了红十字的宗旨了吧,在这里你会发现你所做的力所能及的事情对很多人而言是何其温暖。在红十字会所学到的种种太多,所以总结的话最后来说也不过是,感谢一年的种种,让我在艰难中成长,在心满意足中找得更多追求吧。

(沈琰 2013 级在校学生 2013 级校红十字会会长)

三、公益服务类创业社团的发展路径

不论是志愿服务类社团的发展还是红十字会成员不断增多,都是学校在当前国家教育改革的大背景下,为推进素质教育、培养创新复合型人才而做出的重要探索和实践。让更多的中学生加入公益服务类社团,不仅能促进中学生的全面发展,还有利于广大中学生形成正确的人生观和价值观,对学生的身心健康成长具有极其重要的现实意义。通过多年的实践证明,发展学生社团,鼓励学生"玩"出创意、"玩"出品味、"玩"出价值、寓学于乐,对学生综合素质的提高已经取得了显著的效果。但是我们也应该看到,在社团具体的发展和活动开展过程中还是面临着一些问题和困惑,需要我们在今后的实践中不断思考,不断总结,不断完善。就公益服务类社团而言有以下几个问题值得深思。

(一)开展公益服务的意义与高考成绩的需要之间的矛盾

参加公益服务活动有利于中学生形成健全的人格和高尚的道德品质,以及"奉献、友爱、互助、进步"的志愿者精神,这对正处于人生观、价值观形成时期的中学生而言具有重要而深远的意义。但是,在高考成绩和升学率的压力之下,有的家长和学校反对甚至剥夺学生利用课外时间参加志愿活动的机会,认为这样的活动只会浪费了孩子的时间,对提高成绩没有丝毫的帮助;加之不同学校办学理念的差异,学生社团往往不被学校重视,其本就具有的育人功能和对学习的促进作用得不到应有的体现,因此也就很难得到相关政策的倾斜,其活动经费、激励和保障措施不能按时到位,这些在客观上都影响了公益服务社团的成长和活动的顺利开展,制约了学生社团的发展。

(二)中学公益服务组织如何更好地与志愿者总会进行对接

一直以来,我校公益服务活动开展得有声有色,服务领域广,参与人数多,活动反响好,但是在活动中涌现出的优秀组织和优秀志愿者很难被推广出去。虽然我校在志愿者总会进行了登记和注册,但在之后没有进行有效的对接。一方面,这与中学生学业时间紧张,活动开展不方便有关;另一方面,也是因为志愿者服务时长认定困难,相关注册手续认定周期长。同时,由于缺乏必要的引导和帮助,此类社团也很难和社会性志愿者组织进行交流和合作。

(三)公益服务活动的创新性如何提高

当前学生公益服务活动整体运行是好的,但也存在部分社团活动基地趋同,活动形式趋同的现象。在传统意义上,公益服务活动往往在敬老院、福利院、孤儿院等社会福利机构展开,很多活动缺乏新意,对志愿者的吸引力不断下降,这就造成有的地方资源过多,而更多的地方得不到志愿者关怀的情况。此外,由于中学生相应经验的缺乏,不少青年志愿服务活动策划方案不完善,致使这些活动所起到的实践效果有限。因此,今后还应加强对公益服务活动的社团的指导和培训,进一步完善公益服务活动方案,加强各公益服务社团之间的交流和沟通,使活动可以更加科学合理,更有意义。

(四)如何更好地让学生理解公益服务活动的意义

虽然很多中学生在参加公益服务的时候充满热情,但还是有不少同学在活动时的积极性不高,表现出小我的价值观和功利思想,缺乏为社会服务的意识。在今后的活动组织中,要加强思想动员和精神引领,充分做好组织和宣传,努力提高志愿活动的水平与质量。

(五)学校爱心基金应该如何更好地筹资

由于受到诸多条件的制约,中学爱心基金很难在民政部门正式注册,这在一定程度上给基金筹资带来了难度。作为一个非正式的民间组织,除了进行爱心募捐外,如何更好地筹资决定了志愿活动开展的深度与广度。我校正在积极探索商业赞助、社团捐赠和社会捐赠等筹资模式,以确保基金会活动的顺利进行。

社团是学生共同成长的精神家园,社团的发展不仅需要每一位社团人的智慧和热情,也需要相关部门和社会的帮助和引导、学校的大力支持。在大力培育公益服务类社团、弘扬"奉献、友爱、互助、进步"的公益服务精神、坚持在实践中思考、立足传统、寻求创新的理念指导下,学校的公益服务活动一定能够取得更大辉煌。

第四章 学生创业社团的实践与特点

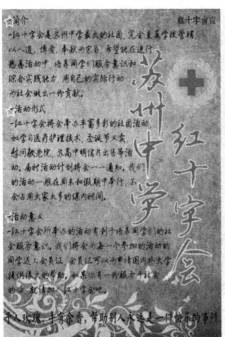

红十字会宣传海报

旧书收集海报

义工宣传海报

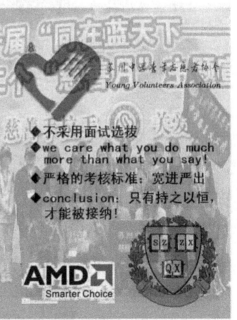

青年志愿者社团纳新海报

从创社到创业

第四章 学生创业社团的实践与特点

红十字会慰问观前福园敬老院老人

红十字会志愿服务基地——"爱心农场"揭牌仪式

第五节　学生创业社团的兴趣延伸性

一、兴趣延伸类创业社团的内涵及特征

高中生兴趣延伸类学生创业社团，是在校园中以兴趣为导向而建立的学生团体，吸引有共同兴趣爱好的成员参与，发展兴趣、提升能力、培养学生综合素质的组织。兴趣延伸类学生社团定位单一明确，学生以此类社团为平台，将兴趣与实践能力的培养有机地结合起来，为今后进入高校深造、步入社会就业提供更坚实的基础。

兴趣，一直以来都是社团活动最大的动力，因而兴趣延伸类创业社团一直受到学生的拥护。把兴趣作为诱导因素，在课堂外做到知识的有机延伸，是学生自主学习、丰富课余生活、全面发展的有效途径，也是兴趣延伸类创业社团主要任务之一。此类社团具备以下特征。

（一）社团成员参与度较高，内部维系纽带稳固

兴趣延伸类创业社团建立的基础是成员具有统一的兴趣爱好和知识追求，旨在于在沟通交流的大环境下体验活动乐趣并进一步丰富发展自己的课余兴趣爱好。此类社团满足了学生的精神需求，也能引导学生将内化的知识兴趣点转化为实践延伸能力。而成员之间因共同话题而关系紧密，社团内部纽带比其他类社团更为稳固，有利于社团长期发展。

（二）活动热情高昂，自主性较强

兴趣延伸类创业社团由学生自主组建、自主管理、自主规划和延伸，基于共同的兴趣爱好，社团成员所规划的活动一般能较为敏锐地把握青少年年龄特征和时代气息，能够非常有效地在校园及群众中传播出去，从而引起一定的关注和反响。此类社团成员对社团活动的投入度较高，他们的热情能够带动周围学生融入校园课余生活，极大地丰富了校园文化。

二、社团实例及常见活动形式

这个时代赋予学生的不只是物质上的充裕，更有精神财富的多元化。青少年在高中学习阶段因受课业压力，或在生活中缺乏对所爱好的事物进行接触的空间和时间，很多学生很遗憾地与课余兴趣告别。可赞可叹的是，校园课余生

活在江苏省苏州中学的校园仍旧丰富多彩,我们相信学业上的骄人成绩和课余兴趣爱好的延伸发展是可以并存的,并且对学生个人的终身发展有着较为重要的影响力。

社团实例(一)

用双手营造生活的甜蜜
——记江苏省苏州中学 DIY&DESSERTS 甜品手工社团

社团介绍

DIY&DESSERTS 甜品手工社团最初创建于 2011 年 10 月。初建时还只是单一的手工社团,直至 2013 年,经过多方努力最终与甜品社合并,于是便有了现在的甜品手工社团。社团现分为 DIY 部和吃货部,旨在于吸引热爱手工制作和甜品的同学们,让大家有一个自由活动和交流的空间,在忙碌的课业之余享受 DIY 的乐趣和成就感,品味美食、增强动手能力,也让更多的学生了解、参与 DIY,在校园中宣传手工甜品的魅力。在速食文化盛行的当下,DIY 甜品社团更加体现了其存在的意义和使命,社员们提倡一种自己动手制作食物的慢生活,用自己的双手创造生活的温暖与美好。

手工甜品社团自行开展纳新、手工甜品教学以及学术交流等活动。常规活动包括每学期初的社员大会、橡皮章制作、甜品制作、与校外同类社团之间的交流会、年终成果展示和年终报告总结。同时,该社团还举办过许多特色活动,比如 110 周年校庆,"边吃边学",等等。

作为一个非常年轻的社团,其成长无疑是值得瞩目的。最初创立时社团还只是单一的手工黏土和陶艺制作,现在涵盖了陶艺、布艺、美食、甜点、橡皮印章甚至是义卖等多方面的活动。在短短的两三年之间发展如此之快,这是社长和社员们以及众多热爱甜品和 DIY 的同学们集思广益,共同进步的成果。

这样一个新兴社团,社团精神也是独具创意——每届社长都可以自己定义他们的社团精神。这不仅给每届社员提供了更大的发展空间,也有利于社团朝多元化方向发展。这也正印证了社团的名字,DIY——Do It Yourself!

近年活动记录

2011 年 11 月　　社员大会

2011 年 12 月　　制作黏土活动

2012 年 2 月　　走入社区,和孩子们一同玩木制玩具

2012 年 4 月　　　陶艺制作活动
2012 年 11 月　　不织布(毛毡)手工零钱包制作活动
2012 年 12 月　　羊毛毛绒手工制作活动
2013 年 1 月　　　以"吃货的自我修养"为主题的饼干制作知识科普
2013 年 2 月　　　提拉米苏制作活动
2013 年 3 月　　　裱花蛋糕以及手拍薄底比萨制作
2013 年 11 月　　大型吃货活动,"边吃边学"QUIZ 吃货问答
2014 年 1 月　　　"与杯子蛋糕的相遇"
2014 年 12 月　　大型校庆活动,制作苏州中学 110 周年校庆蛋糕

社团活动实录

"道山情,苏中梦"12.7 苏中迎来了府学 980 年新学 110 周年校庆,学校诚邀往届校友回到母校参加校庆的各种活动。作为苏中学子,为母校感到高兴之余,为了给返校的校友提供便利的美食服务,留下温馨的回忆,DIY 甜品社于苏州中学百十周年校庆之际,分别于 12 月 7 日与 8 日举办两次"为苏中庆生"的校庆主题活动。

7 日上午 8 点钟,社员们就开始在碧霞池东面的区域设立摊位,向来往的校友免费提供手工制作的蛋糕,同时售卖一些由社员自己设计并手工打造的纪念版苏中橡皮章。当天活动的参与者包括了社长、后勤部的数名成员以及一些自愿提供帮助的社员,摄影部也有一名同学前来协助记录。分发的蛋糕由德威的陈子聪同学提供,后勤部的同学准备了纸盘、叉子及桌布等活动必需品。各方的工作都很到位,4 只 12 寸蛋糕很快分发完毕。

紧接着便是 12 月 8 日的中午,怀有一种想让校庆的余温持续得更久一些,也让更多的苏中学子分享到甜蜜与快乐的心情,社员们又向全校范围分发七个手工蛋糕。而这七个蛋糕上也是别出心裁,分别写着"苏""州""中""学""110""周""年"字样。能拥有如此多且精的蛋糕不得不说以下所提的这些人功不可没。其中"苏州中学"四个字的蛋糕由曹佳玮、马啸辰同学提供,分别是两个水果蛋糕,一个巧克力和一个芝士口味蛋糕;"110"字样则是由社长吴轶纶提供的巧克力口味蛋糕;最后的"周年"的两个蛋糕由德威的田欣灵同学制作,分别是栗子口味和抹茶口味。每个蛋糕制作都十分精美,直诱得人忍不住想开吃。

当天上午第四节课一下课,社员们就奔赴香樟大道开始准备活动,许多同学直到活动结束都没有吃上午饭,可内心却早已心满意足。或许这就是一种力量,DIY&DESSERTS 社团的精神所在。在桌子摆放完毕后,之前准备好的蛋糕

也陆续送到了活动现场。稍许等待之后,在食堂用完午餐的同学开始出现在香樟大道上,许多人在社团的摊位前驻足,分发工作随即开始。美食果然是片刻都留不得的,在20分钟内蛋糕便一扫而光。与此同时社员们也仍旧进行了一些橡皮章的售卖,在两天的时间内,销售橡皮章所得将近400元,收获不小。忙碌中夹杂着幸福,最终,为本次校庆活动画上了一个圆满的句号。

社团实例分析

DIY&DESSERTS社团一直以来都希望用他们手工制作的甜品和美食为大家带来幸福和快乐,并且他们也确实做到了这一点。在每次的活动中社员们更多的是去享受这次过程,一起度过了一次次美妙的心灵之旅。在校庆之际,当看到一位位校友再次踏入熟悉的母校,在百感交集中品尝了他们精心准备的蛋糕,露出一脸的幸福,那就是社员们不辞辛劳付出的动力之源。小小的工艺品,香味诱人的甜品,都让漫步在校园里的人们感受到了苏中的温情,收获到了浓浓的友谊。更让同学们意识到,当自己全身心投入的时候所能带给别人的无限的力量。精心制作的各种佳肴和蛋糕,甜蜜在口,更甜蜜在心。用甜品为大家带来幸福是每一个社员们的期待。

DIY人心得

接任社长后,我发现作为社长的工作远没有原来想象的那么简单。学校对学生社团的干预非常少,整个社团的管理和运营都要靠学生自己。作为社长,要组织管理层,协调各人的任务。没有人对我下达指示,很多活动都要自己想办法组织得更合理、可行。这比按照要求完成一项项任务更有难度。社员往往在等待活动,而社长要策划活动。因此这也与我以前做的班长、副班长等工作不同,是没有老师指导的,完全自主。这对我来说是一个难得的机会,可以很好地锻炼我的领导能力,同时这也一定会成为高中一段非常难忘的经历。

(吴轶纶 2014级在校学生)

"必使各个学生毕业出校以后,有转移环境之能力,而不为不良环境所屈服,始克表现苏中之精神"是汪先生所提出的苏中精神,如今的我们正通过社团活动来实现。"要学会创业,先学会创社",一年之后,我终于明白了张昕校长在纳新大会上说的这句话的意义。并不是每个人都有机会参加专门的leadership培训,是社团给了我们这样一个学习的机会。

(朱一泓 2013级在校学生)

社团实例（二）

用相机追逐易逝的美好
——记江苏省苏州中学校摄影社

苏州中学摄影社是一个年轻而富有活力的社团，创社于2012年秋季。如今，摄影社已经迎来了第三届成员。随着数码摄影设备的普及，摄影的门槛渐渐降低，成了生活中不可或缺的一部分。各个班级中的摄影爱好者也都自发地组成了一个个小团体，用手中的相机把日常生活中稍纵即逝的平凡事物转化成不朽的视觉图像。也有越来越多的学生开始在网络上互相交流摄影作品，吸引了很多人的眼球。建这个社团是为了给那些爱好摄影的同学服务，提供一个合作和交流的平台，社员们用自己的相机照出自己满意的照片，然后与社员们分享，优秀的作品也可以进行展出。

社团的组织内容很清晰，即摄影和交流。不管是一株草木，还是一个人物，还是一张壮丽的日出照，只要是自己感兴趣、喜爱的东西，都可以用相机记录下来。在社团活动中，成员们也会学到一些修图的技巧，让他们拍出的照片更加的精美。社团不仅仅服务于成员内部，也服务于学校的师生们，将那些有纪念意义的照片进行展览，给全校的师生分享，让老师和学生们也能感受到身边的美丽，甚至能带动一部分人追随我们的步伐。

摄影社的活动主要在校外进行，社员们在闲暇时外出采景，进行拍摄，每周交摄影作品给社长，社长对这些照片进行保存。社长定期会将优秀的照片在学校或者借助网络平台进行展示，在每学期期末评选优秀社员进行表彰。

近年社团活动

2013年9月	共青团代表大会拍摄
2013年6月	篮球社3V3特约拍摄
2013年9月	"苏中好声音"特约摄像
2013年9月	红十字会爱心义卖特约拍摄
2013年10月	第一次学术培训
2013年12月	人人社年终晚会特约摄像
2013年12月	"你饿了吗"暖冬音乐会特约摄影
2014年1月	红十字会社会福利院之行特约拍摄
2014年1月	苏州中学明信片发行活动
2014年1月	校园风景拍摄活动

2014 年 3 月　　　专业摄影讲座
2014 年 10 月　　"我的苏中我的梦"校园风景拍摄活动
2014 年 11 月　　"道山情,苏中梦"校园风光摄影展

社团活动实录

10 月 17 日,摄影社全体社员在校园开展了新学期社团第一次活动,主题为"我的苏中我的梦"。在社长的带领下,社员们积极参加活动,展现出苏中学子极大的热情与积极进取、好学不倦的宝贵精神,吸引了不少同学的关注。

本次摄影活动主要在学校内部采景。苏州中学历史源远流长,文化底蕴深厚,处处可见不一样的景致。社员们在集合后分散行动,尝试着去捕捉校园里一草一木的不同之处。而平日里普通的花鸟鱼虫,在社员们的镜头下都纷纷呈现出各自的独特韵味。道山亭中残存的古卷,在镜头里仿佛是历史的年轮流转。智德之门的石柱斑驳,在镜头里依稀是光影氤氲的时空交错。就连春雨池中的几尾游鱼,在镜头里也是山野间天然纯粹的精灵,带着湿润浓烈的秋日的阳光味道,倏忽便没了踪影。

活动结束后,社员们聚在一起,开始品评各自的摄影作品。摄影社每次活动的拍摄作品都将被保留下来,为将来社员个人的摄影展做准备。观摩本次活动的很多同学也对此表示了期待之情:"希望我也能拍出这么好的作品。从他们的活动中,我学到了很多有关摄影的技巧。"

社团实例分析

摄影是一门艺术,也是一种技艺。对于摄影作品,因每个人审美观的不同,没有明确的界限,常见的形式有记录、艺术、画意、人像等几种。真正好的摄影作品,要有一个鲜明的主题,有能得到关注的对象和焦点;画面构图都是各有思量,加上如何利用光线、相机的光圈焦距、不同的取景角度,是得到最佳的画质和光影效果的关键点。

对于学生而言,用图像记录下自己丰富多彩的生活是自我发展与社会实践的良好途径。同时,对学校各项活动进行拍摄也是校园生活的客观需求。由此可见,学生进行摄影活动既有利于身心健康,又有利于能力提升。摄影社的根本目的在于提升学生摄影爱好者素养的同时,为学校贡献出优秀摄影作品。为了达成这一目的,摄影社在建立之初就构建了一套合理的管理体系,使得社员们能够很好地进行技术交流、作品展示评比,并和其他社团进行恰当而有益的合作。

摄影也是一种特殊的方式,让学生打开另一扇窗户,用不同的视角去看待

从创社到创业

这个世界、发现这个世界的细微魅力、提升鉴赏美和创造美的能力。摄影社自身的活动，与其他社团的合作，协助学校活动等，都让学生把自己的兴趣爱好延伸至校园乃至社会活动中，使他们的一技之长得以充分的发挥和展示。

摄影人心得

眉毛太短人生太长，赶路的我们又能记得多少擦肩而过呢？就在开学初，那个秋风微微的午后，似乎是分别相遇的最好的时光，香樟大道上我瞥见它的身影。我本是个摄影爱好者，技术虽不是最好，却从小学就开始研究修图等技能。似乎是命中注定我要与摄影社相伴，没有任何犹豫地与舍友一同填了表。第一次的社团活动也只是围坐在一起聊聊天，轻松而又温馨。从学长学姐温柔的话语中，我能感受到他们用心开辟出的这一片小天地。再后来，三个月过去，幸运地成了社长，虽还没来得及组织几次活动，我已打定主意要好好经营这一个小小的岗位。这里有志同道合的伙伴，能一起管理好社团，就足够了。想与这个小家庭的每一位成员拥抱，然后呢，一起走吧。

（周捷思　2014级在校学生　摄影社社长）

我们社团本来报名的人数就不多，最后真正能参加活动的同学也就十几二十个，自然和那些大社团是没有办法比的。我们还是一个年仅一岁的年轻社团，缺乏完善的管理体系。然而在这半年里，我们不仅大大改进了自身社团组织的一些不足，完成了学校的拍摄任务，还开展了不少形式多样的活动。我们还发扬友好互助精神，为其他社团提供拍照、摄像技术的支持。学期初制定的计划也在一步步有序进行。现在我可以和社员们一起自豪地说：我们虽然是小社团，可是小而精！

（王鸿艺　2013级在校学生　摄影社社长　已被世界联合书院录取）

社团实例（三）

二次元，让我们聚在一起
——记江苏省苏州中学 One On One 动漫社

One On One 动漫社成立于2007年，如今已有60多名社员，规模壮大了。社团"通过动漫这个平台，在组织活动过程中培养社员的组织能力、工作经验"，建立了一个动漫同好的交流娱乐平台，在"玩"中成长，也在"玩"中获得更宝贵的经历。作为一个活动范围广大的社团，One On One 动漫社成立伊始便设立了四个风格各异的部门：注重表现力的 cos 部，热爱配音艺术与歌唱的 cast 部，心灵手巧的画稿部以及才华横溢的文稿部。经过历届变迁,而今演变为演出部、图文部、技宣部、绅士部。

社团的常规活动中,最大型的属一年一届的学园祭(前身为夏之祭),学园祭活动以动漫 cos、舞台剧、歌舞表演、有奖问答、摊位展示(邀请学校各大社团以及外校动漫社参与)为主,兼有丰富的活动内容,如设立宅文化咖啡厅、发放动漫明信片、借物竞走等。活动形式多样,奖品丰富,独具特色,广受好评。除此之外,社团还组织参加苏州市动漫展,走出校园,获得更大的交流平台。社员分工合作负责前期宣传、海报制作、物品准备、摊位管理、舞台管理,在过程中,他们收获了与爱好相同者交流的快乐、卖出商品获得利润的成就感,同时也锻炼了能力。明信片的制作也是不可不提的,画稿部固定每年选出优秀稿件,刊印明信片,一幅幅优美的画作被印刷在明信片上,既使各社员的作品得以留念,也扩大了社团的宣传。诸如此类还有同人文本的制作(如《憶物语》)、校园形象拟人计划以及例行的纳新大会宣传表演等。

近年社团活动

2008—2014 年　　共举办六届学园祭

2011 年 2 月　　苏州高校联合动漫学园祭

2011 年 4 月　　红十字慈善晚会舞台剧

2011 年 10 月　　苏大苏中联谊晚会舞台剧

2012 年 5 月　　同萌动漫祭

2012 年 6 月　　社团表彰大会网球王子舞台剧

2014 年 4 月　　参加漫展

2014 年 5 月　　小说《憶物语》出刊

社团活动实录

学园祭是一个起源于日本,有点类似于中国的开放日的活动,在这一天会有很多外校的人来学校参观,同时学校社团以及班级则会在这一天进行一些活动,以此来展现自己。而苏州中学的学园祭是从动漫社建立之初就开始举行的一个传统活动。2014 年学园祭于 10 月 26 日在学校来秀坊举办,至今为止已举办了 6 届。

此次表演中,既有活力的宅舞,也有奇幻的魔术。最出彩的节目是由戏剧社同学带来的声音剧场。众所周知,一部好的动漫作品离不开精彩的配音。在声音剧场中,戏剧社的社员完美地演绎了《魔镜》以及《华胥引》等作品的片段,用自己的声音将观众引入了一个个不同的世界,更证明了声音所蕴含的无穷魅力。当天下午,社团还在西红楼前方的草坪上展开了一场激烈的借物竞走比赛。

社团实例分析

提到动漫社,就需回顾一下动漫的发展。动漫一词是动画与漫画的合称,为中国的独创词汇。漫画的起源,一般认为是 16 世纪欧洲文艺复兴时期的一些表现夸张的手稿。东方漫画的起源也是在 16 世纪,最早是由欧洲传入日本及中国的。但相对于中国,日本漫画自起源起就蓬勃发展。而动画的起源则是要到 20 世纪初了。在文化多元化浪潮的推动下,动漫已经传播至世界各地,我国也不例外。在我国,一般认为有三大动漫势力:美国动漫,日本动漫以及国产动漫。苏州中学 One On One 动漫社便是在这种动漫产业蓬勃发展的大背景下成立的。提到看动漫的人,相信会有很大一部分人想到一个字"宅"。"宅"在百度百科上的定义是"长久蹲在家中,沉迷于自己所热爱的事物中,却对其之外的许多东西了解甚少的人"。在许多人的眼中,"宅"是一种没有足够生活能力的人的代名词,并且含有一定的贬义。但事实上,无论是将爱看动漫与"宅"画等号,或者是将"宅"与没有足够生活能力画等号都是不准确的。社团是一个很好的展示平台,能够让公众更为理解热爱动漫的人。

相比较大型活动,动漫社更多的活动则集中在日常的点点滴滴中。其实动漫社的日常活动很简单,那就是一群动漫爱好者聚集在一起讨论、分享一些动漫情节。虽说日常生活简单,但是学生们却不会觉得十分乏味,其原因就是聚集在一起的这群人拥有对动漫的极大热情。在将社团活动走出"宅"、走出校园的同时,苏州中学也见证了这些学子们令人耀目的成长。

动漫人心得

如果说苏中是塑造我完整人格的地方,想来在动漫社的经历就是这过程中最不可忽视的一部分了(笑)。和大家一起接手社团的时候其实还什么都不懂,就一步步摸索着办了一次次演唱会,到后来的学园祭,总说动画动漫让人幼稚,但在其中一切看似幼稚无畏的跌倒爬起,才是真正让我成长蜕变的东西。希望学弟学妹们能把 One On One 的活动越办越好。也祝你们能在其中有所收获。嗯……用句以前我对小朋友们说的话,现在"三圈"是你们的天下了,加油啊!

(王一宁 2013 届毕业生 现就读于上海同济大学)

高中时候加入动漫社的时候,无非就是热爱,也是因为是一腔热血的年纪,几乎全身心地投入了进去。进入大学后,才发现自己早在高中繁忙的学业和繁琐的社团事务挤压下成长了那么多。不再怯场,办事管理游刃有余,可以即兴演讲,随时调整自己,这都源于高中社团的锻炼。多样的人生选择才会带来无数的可能性。但无论什么选择,都遵从本心,好好干,别后悔。

(顾毅平　2014 届毕业生　现就读于苏州科技大学)

社团实例(四)

衔枚枉此声
——记江苏省苏州中学校演讲与辩论社

社团介绍

　　江苏省苏州中学校演讲与辩论社,社团内容分为演讲和辩论两个部分,旨在通过一系列的学生团体活动提高社团成员的演讲能力,并且了解一定的辩论知识;定期进行关于演讲和辩论的培训、讨论与交流;并且协助学校辩论队训练并举办校内各项相关活动。追溯至 2006 年,在我校举行的苏州市"知荣辱,论和谐"学生辩论赛,近年来每届高一年级都会以班级为单位开展新生辩论赛,并在每一届的新生中选拔对辩论有热情、有能力的同学,组建校辩论队。随着赛事喜报不断,结合社团定期学习交流活动,苏中演讲与辩论社迅速发展,成为我校兴趣延展性社团的标杆之一。

近年社团活动

2011 年 3 月　"21 世纪 CASIO 杯"全国中小学英语演讲比赛(江苏赛区)冠军

2011 年 4 月　"21 世纪 CASIO 杯"全国中小学英语演讲比赛全国总决赛何一娇 一等奖

2013 年 5 月　上海市"建平杯"辩论赛

2013 年 5 月　"我的梦中国梦"英文征文暨演讲大赛

2013 年 6 月　苏州市高中社团联盟辩论决赛获亚军

2013 年 8 月　苏州大学"东吴杯"全国中学生辩论赛获季军

2013 年 12 月　"精英杯"亚洲中学华语辩论公开赛获亚军

2014 年 3 月　全国中学生英语演讲比赛中李千翊获二等奖

2014 年 7 月　香港青年英语演讲比赛中李千翊同学获季军

2014 年 7 月　苏州大学"东吴杯"全国中学生辩论赛获季军

2014 年 12 月　"精英杯"亚洲中学华语辩论公开赛

社团活动实录

2013年12月13日至18日,在马来西亚吉隆坡举行了第六届"精英杯"亚洲中学华语辩论公开赛,中国江苏省苏州中学辩论队荣获亚军,并作为第一支闯进精辩赛决赛的海外队伍,开创了精辩赛历史纪录。在5天比赛时间内,苏中辩论队打了4个辩题,6个立场,7场比赛,从64支参赛队伍中,脱颖而出,再一次向世界展示了苏中学子的傲人风采。

自2013年10月辩论队组队开始,队员们就在不断地砥砺自我中成长。起初队员们对辩论一知半解,用几乎是一根筋式的思维接受着教练们魔鬼般的训练。

罗宏坤教练便布置下了大量的阅读任务来拓宽队员们的知识面;同时,陈国坤教练也用着各种别出心裁的方式训练质询环节;刘勤老师的日夜陪伴与指导让每一个学生懂得了坚持二字的真谛;10月底,辩论队迎来了新成员——费道晔同学——以及和大家一起训练的沈昱丞同学。苏大辩论队的穆杨和郭越两位学长,一直陪着苏州中学辩论队走到最后的比赛。队员们之间都建立起了深厚的感情——李千翊、王昊庭、葛振兴、顾奇正、张欣怡、顾弘熙、费道晔。两个月的训练,褪去了大家最初的稚嫩,反应更加迅速了、思维更加敏捷了、思考更加深刻了。秋去冬来,苏中辩手们踏上了前往马来西亚的飞机。

飞机上,无眠;落地抵达宾馆,夜幕之中,房间内仍然是此起彼伏的舌尖风暴。进入八强之后,队员几乎通宵未睡,凭借着顽强的意志,拼搏的精神,强大的学习能力,充分准备,最终打进决赛。苏中辩论队一路创造奇迹,最终与马来西亚历届冠军——吉隆坡循人中学并肩站在决战舞台上。许是每一段惊心动魄的开创总需要遗憾来做点缀,这些初生牛犊还是输给了老练的对手,获得亚军,费道晔同学荣获大赛"十佳辩手"称号。结果虽不完美,但每位队员都收获了比奖杯和掌声更重要的东西。

社团实例分析

演讲,是指在公众场所,以有声语言为主要手段,以体态语言为辅助手段,针对某个具体问题,鲜明、完整地发表自己的见解和主张,阐明事理或抒发情感,进行宣传鼓动的一种语言交际活动。大体有如下四种:照读式演讲、背诵式演讲、提纲式演讲、即兴式演讲。作为一门语言的艺术,演讲能够调动起听众情绪,引起共鸣并传达预设的思想、观点和感悟。诚如刘勰先生在《文心雕龙·论说》中所叙述:一人之辩,重于九鼎之宝;三寸之舌,强于百万之师。演讲所需具备的思想组织能力、语言表达能力和现场感染能力,和现代人在社会中的发展是无可分离的,也是一个人能力的重要体现。

而辩论,虽属另一种学术技能,为众多群体热衷,其辩手的口才和演讲者大有不同。辩论的方法通常被广泛认为是下定义、追问逻辑、搜集论据、提升价值四个方面。在辩论赛中,我们能够欣赏到辩手个人的申论,即陈词、反驳、总结,也能领略到正反方的针锋相对,即包括盘问、质询、对辩。敏捷的反应力,更是让语言的艺术更上一层楼。左和右的博弈,正和反的对抗,辩林带来的或许是理性一种秉承,继而对人生的无限思辨。

演讲与辩论,皆是学生群中长盛不衰的团体活动。演讲与辩论社在全国各大中学均有开展,其历史之悠长,几乎可追溯至我们最早期的学生运动期间,学生演讲兴起之时便有了此类社团。随着青少年学生想表达自我、期望通过演讲与辩论的形式展示自我风采的需要逐渐增强,此类社团也蓬勃发展,全国各类针对青年学生的演讲或辩论比赛也开展得如火如荼。

演讲与辩论并非是仅局限于表演性演讲与标准的辩论,学生社团活动中也会有很多对于学生生活以及未来人生规划的口才锻炼,这些活动都将大大提高学生未来走上社会的竞争力。

演讲与辩论社,是一个有关于培养学生对演讲与辩论的兴趣、训练演讲与辩论能力的学生社团。在社团活动中,学生们围绕一个话题或者一个划分为正反方的辩题进行讨论,在即兴演讲中轮流发言并接受其他同学的点评,在模拟辩论中按照标准的辩论赛制展开对某一话题的辩论。在这期间,社员互相交换彼此的思想,一定程度上推动学生们对各类学识的积累,提高了同学们的思辨能力,更实在地锻炼了同学的口头表达能力,同时,这些活动也教会学生们如何倾听,如何表达,如何理解自己与他人,如何看待所生活的时代和社会。演讲与辩论社所提供的交流学习平台引导青少年多读书,多思考,学会倾听,学会表达。

我思故我在,语言的表达能力,我们笼统地称之为"口才",在倡导个性与创新的 21 世纪,显得尤为重要。口才,是一种表达能力,即在有限时间内对大脑中所想的内容做出翔实精确的表达,甚至在快节奏的交锋中,能够清晰地接洽对方的观点,淋漓尽致展现自己的观点深度,使得对话和思想交流向更深的层次推进,迸发智慧的火花。一个演讲者,面对观众或一群体,通过言语表达,将预设的信念、观点、感悟有效传达,能够体现出演讲者行为的高度,思想的深度,视野的广度。

作为一个演讲者,必须站在时代的前端,勇敢地探索先进的思想,孜孜不倦地吸取广博的知识。现代社会,人与人之间交际往来日益密切,演讲者的技能是培养良好人际关系,增进沟通能力的重要切入点。演讲成为现代社会综合素质的一个评价标准,它涉及思维能力、判断能力、分析表达能力、观察融合能力等。通过创设一个自我展示的演讲平台,有助于学生锻炼自身语言等多方面能力,以促成其综合素质的发展。

辩论是一场口才的盛宴,也是为真理而辩的战场,对于校园中的学生,更是一种历练。从拿到一个辩题,搜集信息,研究分析问题,到最后把团队合作的研究结果有效表达,这是一个训练和磨炼的系统过程,循环复始,并非一个简单的线性过程。因此,经过正规辩论赛训练,有相关赛场经验的学生通常会具备比同辈人更为出彩的表达能力,极高的学习能力和问题分析研究能力。而他们的团队合作意识和批判思维方式也是自身优秀素质的体现。

青少年生来就应有一番勇气和好奇心去寻找思维的火花,渴望摄人心魄的表达和思想争鸣。无论是演讲感知的力量,还是辩论思维的速度,都是挥斥方遒的少年意气无法拒绝的。当一个人在舞台上说出振聋发聩的话语,他展现的必然是一种的气质,被记住的除了被宣扬的观点之外,必然是果毅的面容,高亢的嗓音和不凡的气度,即领袖气质。当一个青少年在聚光灯下翩若惊鸿、一表人才且兼得凌厉,在听众团体之中大方得体,不失霸气,密不透风而八面玲珑,他所展现的是能在走出校园后成为佼佼者的创业素质。

演讲与辩论,所体现的不仅限于思想和学术,不仅涉及语言表达和思想探索,更反映出一代新生力量的一股韧劲,势不可挡、乘风破浪、摧枯拉朽、勇往直前!

舌战群雄叱咤风云,此番情怀,怎能踌躇,怎可褪色?

辩手心得

很多时候,在大众眼中演讲与辩论是一些空泛的、没有意义的花言巧语。对于热爱这项艺术那么久的我来说,他们说的不无道理,但这绝非是无意义的。也许我们很多年少轻狂的言语并没有立足于现实,或者说我们保住的论点战场并不能让我们得到什么,但演讲与辩论带给热爱它的人们更多的是一种想要表达的勇气,一步步去提高自我素质去博得认同的探索精神。演讲者与辩论者,一定是一个理想主义者,风华正茂,我们正需要一个表达的平台,给我们发声,去表达自己的理想,这个社团也许就因此才诞生的。一直觉得,在高中演讲社的这段时光是自己最幸福的社团时光!一群热爱演讲的理想者聚集在一起,像个大家庭一样。不需要什么正式的论题,大家一起谈天说地,即兴的表达着自我的思想,总是极快乐的。

(张灏 前纵横演讲社副社长 2013届毕业生 现就读于复旦大学心理系)

其实,我现在早已不记得当初获得十佳辩手时心中的感觉,但一直会记得那个过程。在紧张而充实的培训中,我获得了快乐,找到了友谊,也收获了成长。我愿意去辩论,不在于辩论能带来多么大的荣誉,而在于它给我的回忆与成长。

(费道晔　2013级在校学生　校辩论队成员)

辩论社,伴随着我一路走来。我为辩论社付出了许多时间与精力,但收获到了更多。整个筹划新生赛的过程,也是我成长的过程。从初赛时手忙脚乱,随后渐臻佳境。在老师和同学的帮助下,在社团这个平台中,我拥有了一次机会磨炼自己的能力。至少,我会记住总决赛时,坐在场上担任主持人的那一刻。

(顾弘熙　2013级在校学生　校辩论队成员)

只需要这一次,当灯光亮起,当评委凝神,当对手拭目以待,你发言,为本方而战,赛前准备,赛中思索,赛后有苦有甜。每一场比赛,都是战役。

(李千翊　2013级匡亚明班　南京大学实验班录取者　校辩论队成员)

若演讲与辩论社真的给我这十六岁尚不成熟的心留下了什么的话,便可归为"思辨"与"气度"。在准备一个演讲或辩题时,养成的多角度思考的习惯让批判性思维得以形成;其二,辩论不是争吵,需要针锋相对,更需用自信,用思想感染他人。

(汪婧　2013级在校学生　演讲与辩论社社长)

三、兴趣延伸类创业社团的发展路径

兴趣延伸类创业社团是有共同兴趣爱好的学生相互学习,彼此分享、展现自我的舞台。在这类社团中,学生主动参与意识较为强烈,实践能力和创新能力也能得到不断提高。而各类兴趣延伸类学生创业社团在发展的同时,亦会遇到一些难题,例如在社团组织活动方面,虽具备多样性和创新理念,但较难达到正规统一的管理体制和内部结构,容易在长期发展中导致社团活动管理的松散;从社团整体发展水平来看,部分兴趣延伸类社团缺乏一定有影响力的检测机制,社团长远发展受局限等;部分学生爱好过于广泛,参与多个社团,易发生时不时很多成员退出社团的情况,导致社团管理的不稳定。

从志同道合三五成群的学生小团体,成功蜕变成有组织、有规章、有发展理念的兴趣延伸类学生创业类社团,其发展必然是一个不断建设的过程,除了学生倾注的热情之外,更需要强化社团管理体系,规范社团招新及活动组织,社团成员之间优势互补、资源共享,大家努力探索,共同推动社团建设趋向完善。

以摄影社为例,事实上,对摄影有浓厚兴趣的学生并不如其他兴趣类社团那么多,既无法和那些"大社团"比,本身又只是刚成立一两年的时间,实在年轻,许多机制和规则还未制定完善,活动都还未形成气候,再加上很多刚加入的社员缺乏摄影基础,积极性不高。在起初聚集有相同摄影爱好的成员之后,社团的管理层决心改革完善制度,在经过了多次讨论之后,终于制定出一套完整的社团内部管理方案。将社员分为6组,每组3到4个人,由管理层作为每组的组长。为了提高参与活动的积极性,他们还设立了奖惩机制,每组必须轮流接受拍摄任务,拍摄作品优秀或参与积极的组在下半学期摄影展中可以有更多的展席。这样就保证了日常拍摄活动的有序进行。同时他们还制订了学年的活动计划,从拍摄任务、学术培训,到明信片制作、摄影展,摄影社的成员们正用自己的不懈努力一步一步完成纳新宣传时对同学们的承诺。

　　合理的活动安排也是兴趣类社团能够长期维持的关键,比如摄影社将大体的活动安排分配:上半学期主要侧重于管理体系的构建,管理层的选拔,纳新,团队信任的建设和学校、其他社团的拍摄任务;下半学期则开办了摄影讲座,发售明信片,在期中考试后办摄影展,将所得利润绝大部分用于慈善,并监督资金流向。

　　将特色活动持续发展是苏州中学学生创业社团的传统,更是每个兴趣延展类社团最终努力的方向和目标。DIY&DESSERTS甜品社的义卖和每月的甜品制作,摄影社每学期的摄影展、明信片发售,动漫社的学园祭,演讲社的演讲比赛……这些都是一届届社员们不断努力,突破创新的结果。这些极具代表性的活动被一年年地保留了下来并且逐渐成了一种传统,被苏中的学子们传扬着。

第四章　学生创业社团的实践与特点

Single Bed专场演出

动漫社表演

歌舞青春舞蹈表演

韩社的歌舞表演

戏剧社演出

魔术社社旗

Super Magic

苏中好声音海选

甜品社活动

第四章 学生创业社团的实践与特点

原创密室逃生

侦探社推理剧表演

第六节　学生创业社团的公共宣传性

一、公共宣传类创业社团的内涵及特征

公共宣传类学生创业社团是以不同介质媒体为依存,在校园内负责公共宣传类职能的专属社团。作为校园内重要媒体的组织方,它以多种形式呈现校园生活文化生活,不仅丰富了校园文化建设,服务于校园公共关系宣传工作,还锻炼培养了大批校园媒体人。因其特殊的公共宣传职能,在校园社团组成中有着较为特殊的地位。此类社团具备以下特征。

（一）社团活动形式稳定,组织管理严谨

无论是以纸质媒体为载体,或依存于网络的公共宣传类学生创业社团,都有其既定的社团呈现形式,例如广播节目、宣传栏、报纸、期刊、校园电视台等。社团规划设定的定期任务必须按时完成,因此管理较为严谨、组织有力,社团发展趋于稳定。而其他各类社团的活动展开、活动宣传和报道,离不开与公共宣传类学生社团的合作。

（二）与校园生活紧密联系,贴近生活实际

公共宣传类学生创业社团除了为校园宣传工作服务之外,在自己专属的媒体平台上较大程度地反映了学生校园生活的点点滴滴,紧密关联当代青少年所关注的事情和话题,拉近了各个社团与学生群体之间的距离,也起到了学校与师生联系的桥梁作用。

二、社团实例及常见活动形式

在苏中,公共宣传类学生创业社团已有品牌效应性的影响力,在学生创业社团中有着较长历史。他们才华横溢,能力超群——一书一笔一言,纵横驰骋。

社团实例(一)

代表苏中的声音
——江苏省苏州中学校 Our Voice 广播社

社团介绍

Our Voice 广播社是苏州中学最早成立的一批社团之一,经过多年的发展,广播社已有了完整的体系与明确的分工,成为优秀社团的典范。在苏州中学,有这样一群积极的学生,他们主动为老师分忧,担负起了广播的工作,利用课余时间,为同学们播音。校园新闻、课外美文,甚至是失物招领,广播融入了同学们的生活中,为同学们的生活提供了便利,也增添了乐趣,Our Voice 广播站就此成立。时代在进步,广播站的活动形式也愈发丰富多彩,开始与其他社团联办活动并力求办出具有自己特色的活动。2011年,广播站广泛征求意见,开始着手制作歌单,在课间以及午间播放,并每周更换一次。2012年,随着苏州中学一批批创业社团的成立,Our Voice 广播站正式更名为 Our Voice 广播社,制作了属于自己的社团 logo。同年,广播社得到红遍大江南北的"中国好声音"歌唱比赛的启发,独家举办了首届"苏中好声音",并与其他学校举办了联赛。迄今为止,"苏中好声音"已举办到了第三届,联赛也已成功举办了两届。而一届又一届的广播社成员,也会将这一特色传承下去,在继承播音传统的基础上,开拓创新,Our Voice 生生不息。

近年社团活动

课间音乐、午间音乐:由广播社音乐部制作的歌单是苏中校园广播的一大亮点。音乐部在苏中贴吧里设有专贴,聆听同学们的心声,根据同学们的反映来制作歌单,口碑甚佳。

日常播音:Our Voice 坚持每周五进行一次播音。播音时长在 15 分钟左右,主要由中文部和英文部负责。广播内容涉及时政、文学、生活、学习等各个方面。内容多种多样,在让同学们放松的同时,也使他们吸收了更多更广的知识。

运动会播音:每一年的运动会也是广播社极其忙碌的时候。烈日下,广播社中成员轮番登上司令台,介绍各班代表队,随时播报比赛时间、比赛结果和临时通知,审核同学们送上的播音稿并进行播音。

苏中好声音:仿照中国好声音的比赛模式,为热爱音乐的同学创造一条通往梦想、展示才艺的道路,海选、复选、决赛层层选拔,最后角逐冠军。这是近年来颇受学生欢迎的比赛，聚集了很多热爱音乐的孩子，也同时丰富了学生们的生活。

社团活动实录

苏中好声音可以说是广播社每年的重头戏。筹办比赛是一件烦琐的事情，头一道难关就是如何拉到足够的赞助和资金，紧接着就是宣传和报名。他们在校内张贴海报并且在高一高二走班宣传。活动受到了高一高二同学的热烈反响。这一方面鼓舞了社员们更积极努力的准备，另一方面，空前的热情对选手的统计工作也是不小的挑战。报名开始至截止的一周多时间里，几乎每节课下课都有选手来提交报名表，到最后整整有一大沓的报名表。然后一个个打电话确认、一个个录入电脑，前前后后花了四五天才把海选名单、比赛时间和场次排出来。收集伴奏又是一项挑战⋯⋯前期工作全部完成的时候，有些选手又临时出了很多状况，比如要修改比赛时间、修改比赛曲目、退赛等。社员不得不抽出时间帮他们解决问题。

到了海选的日子，在两天的比赛中，一共有六十多名选手参与了比赛。在这两天的激烈比赛中，他们都展示了自己的歌喉，在歌声中抒发了自己对于音乐的理解与欣赏。每天分为三个时间段，每场 10 人左右进行比赛，地点选在了来秀坊地下的舞蹈房，并尽可能满足每位选手对音响设备的需要。

工作人员于下午 1 点钟左右到达了比赛现场，下发评委表，与评委协调好评分标准，调试音响设备，为先来的同学进行抽签。在比赛过程中，将抽签的选手排完顺序后依次安排让他们上场，同时维持现场秩序。一场比赛将近一个小时，最后总共 20 个人进入半决赛。

社团实例分析

校园广播在传统的眼光里一直是学校开展宣传、播报通知的媒介，具有官方的性质，很多内容也趋于传统，没有过多的改变。然而 One Voice 广播社，一个由一群年轻人组建的社团，更具创新活力。社员们深入学生群体中，为了全校师生的利益，集思广益，将广播活动举办得花样百出，多姿多彩。比如课间、午间音乐能在忙碌的教学和课业负担中为师生们带来一抹全然放松的愉悦。广播社一直坚持从群众中寻求素材，社员们利用一切他们熟悉的社交平台，汲取广大学生们的意见，不断改进工作。广播不再枯燥乏味，即便是午间音乐也是周周不同，从未重复。持续的新鲜感和创造力是社团一直焕发活力的关键。

可以说，如今，校园广播已经成为苏州中学的校园中一抹别样的风景，是学生生活中必不可少的一环。伴随着《中国好声音》的热播,《苏中好声音》也渐渐进入了轨道。这场活动不仅在师生间引起极大的反响,也极大地锻炼了社员们的能力。从拉赞助、联系老师、评委、参赛选手、评选,每跨过一次艰难的挑战都是一次长足的进步。

广播社的成员们经过广播生活的磨炼,各方面能力都有显著的提高,尤其是语言组织能力、交际能力、话题选择能力、写作能力等。他们以良好的精神面貌在校园中传递正能量,让校园里充满了乐观、积极向上的声音。广播社在传统的基础上不断创新改进,用音乐集结志同道合之辈,用年轻的声音丰富师生们的精神生活,在社员们的能力得到锤炼的同时也让他们之间建立起了深厚的友谊。

广播人心得

Our Voice 是个比较特殊的社团。说他自由,却时时要与学校方面沟通;说他官僚,毕竟我们还是有一些话语权。我喜欢听到自己喜欢的歌从喇叭里放出来,即使这个音响效果差到摧枯拉朽。

(朱安琪 2014届毕业生 现就读于浙江大学)

在我初入广播站的时候,还没什么感受,但下学期正式交接,我是音乐部长,所以歌单以及排歌的事情一起就上来了。每一份歌单的排序、选曲、调音,都有一套规则,从上一届传下来,我把它模式化了,确实简化了不少。在这个过程中,重要的是认识了很多人。有热心学长参与到歌单制作的,有同学供曲的,还认识了很不靠谱的管理员,由此而获得了很多的战斗友谊。工作的时候其实也是很简单的,不过每当听到广播站响起我自己选的歌曲我都会很高兴,满足感就来源于此。在招选新一届的音乐部成员的时候,我很庆幸我招到了优秀的部长和有极高音乐审美品位的部员,他们把音乐部又推上了新台阶。我想广播站给我的意义,就是接触了好多人,我想所有创业社团给同学的意义,就是让大家接触很多人。与人打交道,个个都是特色鲜明,个个都有丰富的东西去深入探索。

(李蒙 2014届毕业生 现就读于南京医科大学)

来参加"苏中好声音"是因为自己的一颗爱音乐的心。我一直都秉持着低调做人的原则,未曾想过自己会获冠军。现在想想当时的自己一步一步从初赛到复赛到半决赛走到最后的决赛也是蛮不容易的,毕竟强手如林。挺感谢广播社的。他们很不容易啊,要办活动就要去拉赞助、签场地、做宣传,还要一个一个联系参赛选手,总之就是很麻烦。所以,真的很感谢广播社给我们提供了这样一个平台,也很感谢广播社里的成员,对这次活动付出了太多太多。

(倪天冉　2012级在校学生　第二届苏中好声音冠军)

动笔之前,似乎总有千言万语在心头呼之欲出,但到了提笔之时,却又不知从何开始,也许这就是初恋的味道吧。我遇见了我自己,彼时依旧稚嫩的自己。我们一起欢笑过,苦恼过,无论何时,我们总愿意一起面对,因为只有我们几个在一起,才是 Our Voice。遥远的路程昨日的梦,将知青春难驻,依然的笑容狂热的心,幸甚初心常在。

(张心怡　2012级在校学生　广播社社长)

社团实例(二)

落笔生花
——记江苏省苏州中学校报社

社团介绍

作为苏州中学较为年轻的社团之一,苏中学生报社自2008年第一期报纸出刊以来已经度过了它在苏中的第六年。苏中学生报社一直以来都坚持以学生独立办报的形式来打造一个展现校园生活、师生文采、教育时事和时代新闻的领地,多方位丰富我们的校园生活。经过六年的发展,苏中学生报社的建设与管理已越来越趋于成熟。

苏中学生报以"学生"为名,决定了它以学生生活为主体,以学生为对象的发展基础。从第一期以来,学生报就记录下了在校园生活中具有重大意义的事件——军训、社团活动、心理剧、运动会等。而学生报往往以学生的眼光来报道对于这些校园生活的感受,因此可以说学生报是苏州中学学生美好回忆的记忆者。除了学生的看法,苏中学生报有时也会对老师、领导的思想精华进行记录。

学生报同样对锻炼学生的多方面思考能力起到了不容忽视的作用。苏州中学的学生在苏中精神的引导下始终有着"先忧后乐"的使命感,而一份学生报中对于学生思考的记录与采访是必不可少的。报社把重点放在与学生息息相关的教育领域,让苏中学子有一个平台展示自己的思想与规划。譬如,在第20期苏中学生报上,针对文理科的异同与取舍,报社成员采访了多位在校学生并记录了他们的观点。这样的做法既是给学生一个发出话语的机会,又是对当今学生关心和思索的热点话题的展现。另一方面,苏中学生报又把版面放给学生,向学生征集各类精彩的文章,使之成为一个意义更丰富的文学平台。我们并不对于内容和文体给予过多限制,使学生有更多机会把自己平时难以在作文中展示的文章发表在报纸上。小说、诗歌、散文……有了同学们的积极参与,学生报更增添了一份文学气息。现在,苏中学生报一方面希望吸取曾经二十余期报纸的创作精华与成功之处,另一方面也在不断尝试创新。承蒙诸位报社成员的满腔激情与同学们的热切需要,学生报正尽力增加出刊频率,期望由近年来的每学期1~2期增至3~4期。这就为学生报增加了新的内容需要与创新的可能。

报社实录

一份苏中学生报的诞生

(1) 内容确定

尽管学生报更改为自由版面后,外观上更加收放自如,但文章内容的分类依旧秩序井然。中文版面,常有校园新闻、话题议论、音乐推荐、学生美文等。中英合刊,内容则更加丰富,英文版面则有美食、旅游推荐、西方文化介绍等。逢假期或是学校的大型活动,赶工加设特刊。出于对中英合刊已出刊次数少,涵盖内容丰富,如今学校活动又不断国际化的趋势的考虑,社员们做出了出中英合刊的决定。

(2) 任务分配

社员各自选择自己擅长写的文章,并灵活协调。文章的采集难度大多在于英文版面,内部社员并不擅长撰写。然而苏中学子人才辈出,各社员会定期面向校园师生征稿。

(3) 撰写、收集及校对

坐在电脑前半小时只输入了几行,或是文思如泉,十几分钟一篇文章大功告成,种种情形每位社员都曾经历。撰写通常需要一周的时间,而撰写后更重要的是收集与校对的工作。社团社员多时,会分工到各个部门,收集与校对的工作通常由责编处理。

(4) 排版及印刷

文章审核完毕后,分版面发给美编负责排版印刷。

(5) 发刊

一份份学生报散发着墨香,社员亲手将他们带到各个班级,给同学们阅读。

(6) 听取意见及整改

社员会面向校园全体师生,听取意见、进行整改。增设报社邮箱公告,一方面是方便报社征稿,渴望有更多我校学生的优秀作品刊登在学生报上;另一方面是征集意见,便于社团调整、进步。

苏中学生报坚持学生办报,为学生办报。一份报纸从萌芽到被阅读,一个社团从兴起到蓬勃发展,都离不开每一位社员,每一位学生的努力。苏中学生报正朝着更高的目标,奋发迈进。

社团实例分析

每一个城市都有自己独一无二的报刊,报刊的存在不仅仅是为了满足特定的受众群体的精神需要,例如了解实事动态、娱乐新闻、美文诗歌,传播知识和文化,同时也是宣传思想和精神文明的途径。苏中学生报记录了与学生息息相关的大小事,还为热衷于写稿、编辑、文学创作的学生们提供了平台;也提供了一个直接、清楚的通道让师生了解发生在校园内的各种奇闻趣事,学校的各项进程、措施,校内校外的赛事安排,多姿多彩的社团活动,极大地扩充了学生们的信息来源,有利于学生最大化地利用身边的资源。

每一期的报纸都凝聚了每一位负责人的心血。复杂的流程,长时间的收集工作占用的都是学生的个人时间,可是他们一直毫无怨言并尽心尽力地完成每一项工作。支撑着他们完成这些庞大工作的不仅仅是对这份工作,对这份报刊的热爱,还有社员们强烈的责任感和进取心。可以说,每一期报纸的完成,对社员们都是一次经验和实力的升华,这也正是报社所存在的意义之一——为学生们提供了一个异常有效的锻炼舞台,社员从统筹、创作、社交等各个方面都获得了提升。

学生报一直致力于带给读者们正能量,而我们的报社社员也一直朝着这个方向而努力。社员们用自己的妙笔为学生们记录下那些难忘的故事,让回忆在充满墨香的世界里绽开朵朵绚丽的花朵,笔耕不辍地写下一篇篇充满诗意的文章,极大地丰富了学生们的精神世界。同时报社还一直关注孤寡老人、贫困学生,希望借着报纸这个媒介的传播力量,为社会贡献一份正能量。

报社人心得

苏州中学学生报社是我高中期间最投入的社团工作。在我看来,社团工作的意义就是认识有趣的人,做有趣的事。这两点我在报社都做到了。在一通通电话会议、一次次深夜赶稿、四处奔波取成品分发的过程中和一同做事的小伙伴们结下了深厚的友谊。在工作中学到的最重要的一课可以说是有担当吧。社员们都有自己需要忙的事情,会以各种千奇百怪的理由推脱,这个时候心情会很失落,但既然是自己肩上的担子,就算只剩一个人也要勇敢地挑起来,把每件事尽量做到最好。责任感强的人往往会比较辛苦,但回头看的时候会因为之前自己认真参与了、没有"水"而很高兴,看着自己的文章被印成铅字很有成就感。时间管理、人际交往方面的技能也是重要的收获。我参与编辑的三期报纸至今还妥善保存着,作为一份可贵的回忆和纪念。

(高心怡 2014届毕业生 现就读于清华大学)

我甚至都不记得初一时是如何接触到学生报的,但自从第一次写文章发表之后,便踏上了一条"不归路"。路不平坦,却有鸟语花香。步入高一,面对多姿多彩的社团,不知是怀念,是眷恋,还是来自心底的呼唤,并未打算进入报社的我,最终还是"重操旧业",时隔一年,回到这充满墨香的世界。然而,要使社团熠熠生辉,着实不是易事。在众多社团中有所选择,不是易事。参加活动时有所作为,不是易事。参与其中管理,为自己的社团增光添彩,不是易事。但正是这些带给我欢乐。我,在苏中,在社团,向前去。

(王寒晶 2012级在校生)

社团实例(三)

传统校园中的新兴潮流
——记江苏省苏州中学校杂志社

社团介绍

苏中创业杂志社已创办了五年,从青涩到成熟,从小心尝试到尽情挥洒。每一个改变背后都倾注着五年来所有曾来过的杂志社社员的心血和智慧。

社员通力合作,在繁重的学习生活中挤出时间编辑、排版、采访、拍摄,在社团不断发展兴旺的同时记录下了孕育着青春智慧的苏中校园中的一场场活动。社团一直坚持据实报道校园大事、社团活动,为一届届校友提供了课余娱乐的新方式,"举校读杂志"也成为苏中校园的一抹亮色。作为全校唯一的杂志社,出版普通的杂志已经不是社团唯一的目标:在坚持按时出版杂志的基础上,与创刊相比已经增加了大块的新版面,年年的创新与发展使得全校的同学都对杂志交口称赞,甚至已经毕业的学长学姐,在校园网上翻看杂志的电子版时,也不禁惊呼:"好看,好看!"适应时代潮流、贴近读者心理而创新早已成为社团的常态。社团的第一份杂志印刷使用卡纸,仅有"社团"、"展望未来"、"生活杂货铺"三个板块,设计也很简陋;但那之后社团保持进步发展,2009年4月,新增了"重磅推荐"板块,2010年是一个发展的高潮,新添了"旅游"、"摄影"板块,加入了美食、星座、流行音乐元素,出版后几日之内都能在校园中看见抱着杂志串门讨论的女生，同时将印刷用的亚粉纸改为了效果更好的铜版纸，还制作出版了126页的两周年纪念特刊，内页设计美观大方，引发校园的讨论新潮；2011年出版了几乎全英文版的杂志，2012年增加联盟校社团活动专栏……社团的改变太多，不能一一详述，但《苏中创业社团》杂志在校园中的广泛流行却一直没有改变。就在几个月前，五周年纪念特刊的出版再次向校园展示了杂志社的旺盛生命力与创新精神以及发展前景。

《苏中创业社团》杂志社一直贯彻"锻炼自我，开拓眼界，传播真实，展望未来"的社团精神，坚持用文化艺术的力量影响校园学生，成为一届届学生休闲娱乐之时的必备读物，同时学生们也开拓了眼界，锻炼了能力。历史并不是很悠久的杂志社，各届社长编辑却已经大量考入名校，正能证明杂志社对学生能力提高的积极作用。但这一切都只是历史，在时代的变革下，《苏中创业社团》杂志社社团必将紧跟发展潮流，坚持进步，出版更好的杂志，成为更好的社团。

杂志社改革发展

2008年6月，第1期杂志诞生了。当时的杂志纸张还是较为粗糙的卡纸，低调的主编也未在其上署上自己的名字。

2009年4月，第四期杂志新增了重磅推荐板块，从此便开始一期一社团的传统。新年新气象，这一期社团经历了大换血，也出现了总编栏。

2010年是走向成熟的一年，这一年不仅出现了126页的两周年纪念特刊，还新添了旅游、摄影板块。

2011年是出刊最频繁的一年，而且每册页数也增多到50页，英文版已开始增设。

社团活动实录

2014年暑假刚刚结束，杂志社就开始着手第21期杂志的出版工作，时间可以说是非常紧。还没有适应高二学习的社员们就投入了紧张的策划筹备中。

这一期的内容主要是暑假中的大活动，如社团联盟、模联市会等。暑假作为社团活动的一个重要时段，有非常多的内容需要着手去做。

杂志的栏目策划是一个非常基础的步骤，了解咨询暑假所有的活动，列出简表。要尽可能的囊括各类的活动，需要社员们进行头脑风暴。社团致力于向读者展现一个更加丰富的世界，一个更加充实的暑假特写，就必须要深入了解各个社团暑假的活动。素材收集是最重要的过程，常常要花费大半个月，和各个社团约稿，索要图片，等待其社团内部的协调。社员们认为，很多的经历都表明，读者相对于大篇文字来说，更加喜爱图片的形式，所以在他们编辑的杂志中,图的分量是很大的。而相对而言,社团所需要的图片也就增加了,常常都是几个G的素材打包发过来,整理素材、审核素材、编辑美化素材,也需要很多的时间。

整本杂志都要花费社员们大量的个人时间,好在社团是有固定赞助的,不需要每一次都为了赞助四处奔波,这也让他们稍微轻松了一点。

社团实例分析

张昕校长说过:"社团,领袖和创业者的摇篮。"杂志社便是在这样的激励下创办并且前进的。看杂志一直是人们重要的生活娱乐,杂志社的存在也是为了丰富学生们的娱乐生活。当时因为缺乏报道社团动态的读物,同时还为了能传播更多的知识文化和周边信息,本着让同学们了解更多,知道更多的目的,杂志社创立了。从懵懵懂懂,到走向成熟,杂志社经历了数次的变革,不断创新,从原先单一的版面到如今大胆夸张,自由创新,色彩富有现代感,文章风格随意化,内容新颖独特,这些特点都在学生之间获得了广泛好评,争相购买。

一代代苏中杂志社人接过前辈的火炬,从他们的终点起步,奔向巅峰。每一代苏中杂志人本着证明自我能力,充实同学生活,发扬苏中精神的宗旨,一步步地将杂志社发展壮大,力图创办一本以我们学生的生活为主、由我们学生自己创办的杂志,并能在全市乃至全省范围正式发行!

杂志人心得

第一期杂志封面仍然牢牢地扎在我脑海里:淡蓝色的几何形状,中间是Single Bed成员合照。离开母校在国外飘荡了3年,发现"苏州中学"名扬海内外。来自上海的一位同学一听到我来自"苏州中学",便瞪大眼睛说:苏州中学很强的哇!我为我的母校苏州中学感到自豪,并不仅仅因为她每年培养了多少北大清华、哈佛耶鲁。我感动于苏州中学的一种精神,在我迷茫不定时总是提醒着我——做一个创造者,而非一个跟随者。

(单天择　2010届毕业生　现就读于美国明德学院)

五年前的2008,我担任社团管理中心理事长,并不直接参与杂志的创作和编辑过程,而是负责杂志社的统筹管理与外联工作。五年后的今天,我对于高中课堂上学到的东西大都已经淡忘,但是在社团和杂志管理中产生的想法和思考过的问题却仍然适用于管理我今天的生活。在这里想和大家分享的,和管理生活相关,大致有两点。其一,社团和杂志管理是我第一次对于目标设立的尝试。社团活动与高中学习最大的不同,在我看来,是二者对于目标的设立清晰与否。其二,社团活动中积累的人际交往的经验是在高中生活的其他环节无法复制的。社团的运作或多或少模拟了企业与社会机构的运作模式,沉浸于其中的高中生,虽是由于相同的爱好集结到了一起,却也能提前接触到更加成熟的组织模式。社团究竟给我带来了什么,我无法给出具体的答案,然而它对我的意义正如漫漫长路上起始的第一步,或是果树成长最初洒下的种子,正是在苏中社团,我第一次开始了对于管理自己生活的思考。

(朱佳玥　2010届毕业生　现就读于美国圣约翰学院)

时光荏苒,五年弹指一挥间,已经想不明白当时只有256M内存的老电脑是如何同时拖动Photoshop和十几个网页的。打开尘封的第一期杂志,那些稚嫩的页面和文字现在看来令人不禁莞尔。但是忆起那段时光,那一个个日日夜夜,想起当时快乐地挥洒着汗水的我们。我学到的最重要的一点就是要珍惜并重视这种热爱,相信今后的你一定会感谢现在做着自己所热爱的事情的你。这正对应着毕业演讲中我最喜欢的一句话:Now, don't take the path that lies nearest, but take the path that ignites a fire in you of such strength that it will burn for a lifetime and such brightness that it will illuminate all those around you. 不要选择那条看似最容易的人生道路,而要选择那条能点燃你心中的火焰,并使这火焰能照亮你的一生并惠及你周围的人的道路。

(冯颜　2010届毕业生　现就读于德国慕尼黑大学)

高三快要退社的时候,我提出了杂志社向外扩张的构想。我希望哪一天杂志社可以在各大社团联盟的成员学校里建立分部,由在苏州中学本部的杂志社进行管理。各分部与总部之间进行一系列的新闻信息分享或者人力资源分享,这样,我们的杂志内容一定会更加丰富。幻想一下,如果学生创办的一本以学生生活为主的杂志最终可以在全市全省范围正式发行,那该是多么有意思的事情。最后,希望杂志社的学弟学妹们再接再厉,一定要有自己的想法和创新,进一步壮大我们的杂志社。顺便,试着完成我们扩大影响力和市场的目标。

(陆宇　2011届毕业生　现就读于德国雅各布不莱梅大学)

三、公共宣传类创业社团的发展路径

学校报社、杂志社、广播社皆是苏州中学最早成立的社团之一,经过多年的发展,都已经具有了完整的社团体系与明确的分工。在社管中心和社团指导中心的领导下,各个部门各司其职,有序开展丰富多彩的社团活动。在为全校师生服务的同时,也培养了社员的逻辑思维、处理问题的能力以及社交方面的才能,社员之间的团结协作,也有利于个人自身素质的发展。

公共宣传类学生创业社团因其在校园的特殊服务功能,是各类学生创业社团中最为稳固的,而其活动成果必然也受到整个校园的瞩目。如何能在社团长远发展中,继续秉承理念,做到兼顾社团内外,服务校园,辐射校外,关键在不断完善社团组织管理的同时,结合社团新生融入的创新力量。

如何在传统的基础上不断创新,不被新生社团所取代,是每一个老社团必须思考的问题,同时也是他们未来发展的方向。在这一点上,我们的社团也做得颇有成效。广播社在课间午间音乐中加入了学生喜爱的元素,多重的音乐风格,从未重复的歌曲选择,让学生们更愉悦地享受午间休息时光。而广播社最受瞩目的苏中好声音歌唱比赛更是顺应了时代的潮流,在枯燥的播音工作之外,为社团的发展开启了新的篇章。杂志社能有如今这样设计多姿多彩,内容新颖独特的杂志也是历经了多次的改革和学习经验的积累的结果。从原先粗糙的纸质,到总编栏的出现;从简单地文字和拼图,到多种多样的字体字号,合理的图片剪接,甚至如今还发刊了英文版。这一步步的改进都离不开每一届社员们的创新改革,他们从内容到美观再到排版,抓牢每一个环节,不断扩充内容,想尽一切办法将杂志办的尽善尽美。报社社员们也深谙创新的重要。2008年第1期的学生报不论是排版还是内容都很简洁严谨,可是到了2009年,学生报的排版不再严格地划分为四个版面,背景也充满诗意,文字排列自然,整份报纸都洋溢着自由和青春的气息,更出现了中英合刊。光阴流转,苏中学生报社历经数代社员更替,但始终保持尊重事实、潜心挖掘的精神,也不断创新,大放光彩。每逢校园重大活动,社员更是加紧撰稿,制作特刊。

总而言之,广播社、报社、杂志社这三个极具代表性质的苏中老牌社团现如今依旧焕发着活力和经久不衰的力量,可以说这离不开他们的不断创新,追寻改变,顺应潮流,坚持融入学生生活,为丰富学生的课余生活而不断努力的精神。

从创社到创业

苏中学生报社旗

苏中学生报

杂志社社旗

文学社所办报纸

第四章 学生创业社团的实践与特点

《青果》杂志

广播社纳新海报

报社纳新海报

苏中创业社团创刊号

从创社到创业

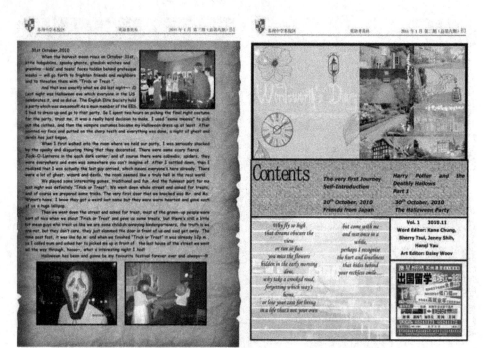

英语精英社所办报纸

《学生创业社团》部分杂志

第七节　学生创业社团特性联系及延展

一、学生创业社团特性之间的联系

从学校学生开展社团活动，组建学生创业社团的实践经历中，可总结出创业社团的六大特性，即学术探究性、实践经营性、竞技挑战性、兴趣延伸性、公益服务性及公共宣传性。学校学生创业社团各有鲜明的特性，皆由学生自愿选择，按照社团章程及规划，自主开展社团活动。作为学校教育面向课堂外的一种延伸，创业社团的活动对于丰富学生课余生活、加强校园文化建设、培育学生全面发展、提高综合素质等，有着显著的效果。创业社团鼓励学生以校园为发源地，调动主观能动性，在各类社团活动中，锻炼实践能力，接触并了解社会，一定程度上为学生自身发展夯实基础。

这六种创业社团的特性，在学生组建、规划、实践社团活动时有着不同的导向和催化作用，进而使学生在社团发展的同时，也收获不少知识技能、实践经验和相应的创业素质及领袖素质。而这六种特性，并非是单一存在的，多种特性可能出现在同一社团中，或在社团不同发展时期中逐步体现，并成为未来改革完善的迫切需要。据此，仅以学校两支乐队为例，分析社团在发展过程中，六种不同特性的显现和交互作用。

社团实例（一）

我们是 Single Bed

——记江苏省苏州中学校 Single Bed 乐队

Single Bed 作为苏州中学老牌社团之一，创办至今已有 15 年。1999 年戈亮等 3 人本着推动校园音乐发展，丰富学生课余生活的想法创办了这支乐队，而如今这支乐队已经硕果累累。Single Bed 以苏中活跃的社团文化为创办背景，又对苏中文化发展起到了极大的推动作用。

在每一年的纳新大会之前进行新一届乐队成员的选拔，选拔全过程由学生自主完成，从而选出真正能与之进行良好的团队合作的成员。Single Bed 的每一位成员不仅是学校里出类拔萃的学生，也是最了解乐队机制最适合乐队演出的。所有人都把自己融入乐队集体中，乐队才能以一个完美的整体出现在公众视野中。

　　Single Bed 成立之初是以兴趣延伸性这一特性为基础的，创始人戈亮等 3 人就是怀着对音乐的热爱和想要将这种兴趣推广发展下去的心创建了 Single Bed。在乐队十五载的旅途中，Single Bed 从最初的歌舞性社团演变成了如今的流行乐队，始终坚持着他们那份对音乐简单、淳朴的爱，所有属于这支乐队的音乐人都怀揣着对音乐最真挚的热爱，并以作为 Single Bed 的一员而骄傲、幸福，正是这种理念让乐队走到现在并将一直走下去。

　　在 Single Bed 逐渐成长发展的历程中，随着经验的累积和知名度的提升，如今乐队在苏州市乃至全省都是十分优秀且具有一定影响力的。乐队以多元的音乐形式和追求卓越的精神取得了很多成就。乐队每周都有固定排练，除了经常受各学校、商场、教育机构邀请进行演出外，乐队平均每 2 年就会有一次大型专场，并且每学期都会有和校红十字会合作的慈善音乐会。2005 年，乐队举行了 5 周年专场音乐会，入座观众 500 余人，表演十分顺利，给那一时期的苏中学子留下了深刻印象。2008 年，乐队又取得一大突破，推出了高中生首张原创专辑《in my sky》，仅一个多月就在苏中卖出 540 张，成为苏中社团发展中的一段佳话。2014 年 12 月 23 日，乐队在来秀坊主办的"吃完吉他啃贝斯"的大型冬季音乐会十分成功。大礼堂上座 600 多人，邀请了来自不同学校的 6 支乐队，进行了 2 个多小时的演出，最后一首 Single Bed 经典曲目《至少还有你》更是让观众们随着旋律挥舞起手机的电筒，台下一片光海，气氛热烈而温馨，令人印象深刻。时至今日，Single Bed 已走过十五个春秋，而在今后的征程中，乐队依旧会不懈努力。

近年社团活动

2013 年 11 月　　关爱小动物慈善晚会

2013 年 12 月　　圣诞慈善义演

2013 年 12 月　　2013 冬季音乐会

2013 年 12 月　　圣诞节义演

2014 年 1 月　　2014 迎新晚会

2014 年 4 月　　来秀演艺公司首演

2014 年 6 月　　SF 大赛决赛

2014 年 7 月　　"故事"音乐会

2014 年 6 月　　Single Bed 2014 冬季音乐会

乐队人心得

作为乐队，合作的重要性不言而喻。一首歌缺少任何一个乐手、任何一样乐器都无法完成,每个成员都准备好自己的部分,并且在每次的排练中不断地磨合,才可以打造出一首精品。不仅是歌曲,社团其他方面的工作,更不是某个个体可以独立完成的。比如联系演出,就需要每个社员的人脉和信息。在这次专场的筹备工作中,更是让我深刻体会到缺了任何一个人都不可能把演出办得这样好。赞助、租借设备、宣传、邀请乐队……就算每天给我36个小时我也无法完成。而正是我身边那些人们的共同努力,才把这次演出、把这一年的每一次活动做好、做得精彩。

(王一鸣 2013级在校学生 2013级社长)

苏中Single Bed,始于1999。作为新一届的经理,也许我能说的并不多。Single Bed和我同岁,对于他总有那么一份特殊的感情。乐队的事无非就两种,排练和演出。说着是简单,但实行起来却并非易事。从选歌到扒谱再到排练,有纠结有矛盾有痛苦也有各种玩笑八卦,谁让我们是Single Bed呢,Single Bed总能从消极中找到快乐并让快乐主导心情。十六年风雨兼程,一路荆棘一度春秋,与子执手,夫复何求?

(黄灿 2013级在校学生 乐队经理)

回到我离开了一轮岁月的校园,原以为会找到一些人面桃花的感叹,却意外地停在一张海报面前。那个熟悉的名字,就在14年前,思虑很久之后,我把它填在了苏中社团申请表上,Single Bed。回家,一阵翻找,找出了当年Single Bed演出后,心情久久不能平静的少年们共同签名的T-shirt,方知道,自己内心深处,依然有最最柔软的部分,和完好保存的青春记忆。

(袁园 2002届毕业生 现为心理咨询师)

社团实例(二)

共此时光
——记江苏省苏州中学校Pop Bomb乐队

社团介绍

苏州中学乐队Pop Bomb以其悠久的历史、散发的青春活力和一份对摇滚音乐的热爱与追求,吸引着无数有实力有才华有勇气有梦想的热爱音乐的学生聚集在一起,做属于学生自己,属于Pop Bomb,属于苏州中学的音乐。每年的纳新大会,不但给了老生展现自己高超音乐才能的平台,也给了新生了解、参与Pop Bomb的机会。每年的迎新晚会,Pop Bomb也为全体师生带来温馨热情的演出。在这个集体中,社团生活也是多姿多彩,每周一到两次的排练,极大地丰富了社员们的课余时光。Pop Bomb 不仅让学生找到了志同道合的伙伴和一个"做自己"的舞台,更多的是提供了一个提高团队合作意识和领导能力的机会。通过社员的共同努力,Pop Bomb 不仅在学校中获得了良好的口碑,更是在苏中摇滚界闯出了一片天地,这是其他高中音乐社团所远远不及的。

乐队精彩绝伦的音乐专场简单纯粹,却绝不是一时兴起的念头。Pop Bomb 召集了一群用生命热爱音乐的人,那样的努力,只是为了,心中的音乐梦想。音乐专场也并不只是展现自己的才华和技艺,在吸引近七百名同学、老师、家长观演的基础上,同时也很好地宣传了苏中社团应有的活力与能力,体现了苏中的精神面貌。

摇滚音乐,几乎是每个年轻人的梦想。如若将人的一生比喻成音乐,那么青春年华必然是一首扣人心弦的摇滚。Pop Bomb,一个摇滚乐团,一个充满激情与活力的名字,一个敢于有梦,敢于追梦的地方。在这里,社员们一起成长,一起学会沟通、组织、团结、合作、热爱集体。音乐是由内心深处发出来的,不用刻意去追求形式的一种无界限语言。音乐面前,人人平等!爱音乐的人灵魂永远不灭!Pop Bomb 秉持着这样的理念,希望将这份爱音乐,参与音乐的感动与正能量传达给更多的人。这份力量与乐队一路同行,以青春为资本,向摇滚致敬,向平庸宣战。Pop Bomb 用他们的音乐让他们的口号回响在苏州的蓝天之下:年轻,就该音乐加身,路在脚下,梦在前方!

LONG LIVE THE POP BOMB!

近年社团活动

2012 年 8 月　　末日之夏摇滚演唱会

2013 年 5 月　　登乐计划

2013 年 6 月　　女子摇滚夜

2013 年 6 月　　参与社团表彰大会

2013 年 8 月　　Pop Bomb 毕业演出

2013 年 12 月　 你饿了吗 Pop Bomb 专场

2014 年 7 月　　Shakebonbon 演唱会

2014 年 7 月　　星海 Awaken 音乐剧

2014 年 7 月　　wave 登月计划

2014 年 8 月　　你渴了吗 Pop Bomb 专场

乐队人心得

当我静心回想起我与 PB 的故事,一幅幅画面都历历在目。从高一时身边的伙伴们抱着"纯玩"的心态建立起了这个"纯玩"的社团,再到后来转向全职乐队;从第一年的幼稚不起眼,到后来获得最受欢迎社团的大奖;从创建时担心后继无人,到现在的人丁兴旺……一路上经历过太多欢笑和泪水,也见证自己和伙伴们的成长。也许再过几年,回忆起我的高中生活,首先闪现出的画面仍然是那个小小的排练室和那群可爱的人。相信每一位现在的成员在毕业之后也会有这样的感慨吧?哦,当然你们已经有大大的排练室了,加油!

(钱泓志 2009届毕业生 现就读于利物浦大学)

在2012年初三毕业的暑假,我看了一场叫作"末日之夏"的地下演出,便从此与PB结下不解之缘。那时知道了玩摇滚乐是一件很酷的事情。站在舞台上根本不用想任何事情,鼓点响起,与台下的观众们掀翻整个舞台,感情自然而然地流露出来。我的目光怔住了,于是便下定了加入这支乐队的决心。在这个乐队里,没有什么为了玩社团而玩社团的人,都是那种为了音乐能够拼死拼活的人。他们(PB元老们)能够在苏州唯一的地下摇滚基地办演出,吸引来自整个苏州的音乐爱好者。我想我也可以。我的野心并不只是在学校的某些活动上面短暂的抛头露面,而是能够带动整个苏州的学生乐队圈子。通过各种演出交流,也认识了不少志同道合的朋友。他们也给予我了很多帮助,让我们乐队能在苏州的摇滚圈子里有一席之地。我最想让大家看到的是,我们乐队的热情与期待。每一个Pop Bomb的成员都对音乐充满着热情,这种本能让我们能够做得更好,享受音乐的同时更能够做一个传承者,让更多的人接触到音乐这种美妙的创造。

(温振坤 2012级在校学生)

离第一次走进PB的排练房已经过去两年了,而Pop Bomb仍然是一个在发呆走神涂鸦时会下意识涂画在草稿纸上的字眼。"这是个实现你梦想的地方",前提是你要有梦想,而苏州中学的社团是超越这个的存在——她给予你去梦想远大前程的勇气,去实现光辉岁月的动力,告诉你Nothing is impossible,并成就它。硬要对每段时光都说出个意义是对时间的不敬——于PB而言那就是It's nothing; It's everything! 青山埋的功名,流水会的知音,都共此时光。当初做完那场演唱会的时候简直妄自尊大得差点想说"PB以我们为荣"这样轻浮的话,但真正希望的,是在以后能真正"我以曾身为PB一员为荣"。世间所有的相遇都是久别重逢,最后想对曾经的朋友们说:希望再见的时候,无论功成名就,都能实现自己的理想,一如我们当初。

(顾晨慧 2012级在校学生)

社团实例分析

　　Single Bed 和 Pop Bomb 都是苏州中学深受师生喜爱的两支乐队。他们的创立都是由一群热爱音乐的人为了向共同的理想迈进,因此属于兴趣延伸类创业社团。每支乐队都有属于自己的灵魂和特质,各有自己铁杆的拥护者们。虽然属于同一类学生创业社团,也都是以表演为主线的乐队,但 Single Bed 和 Pop Bomb 能够在这百十年办学历史的学校中,和谐并存,各自组织具有特色的社团活动,共同参演了迎新晚会等大型庆典,实属难得。兴趣始终是最好的老师,在课堂之外,兴趣是学生参与知识延伸、技艺补充、自身发展的源泉。因共同兴趣而聚集在一起,并有组织的、有计划的成立创业类社团,是学生从个体兴趣向团体兴趣延伸的重要步骤,从单一的爱好到为之共同努力的社团理想,从关注个体到关注团队,大家都有所成长。

　　在管理社团活动同时,两支乐队都构建了自己的章程和团队体系,在乐队的背后,有着完善的团队组织和经营理念。从乐队排练演出,策划表演节目和庆典活动,到校校联合、社盟联合大型表演活动,社员需要和商家商讨赞助事宜,联系、准备场地和设备,走出校园把乐队的精彩表演展示给更多的人。两支乐队从而具备了实践经营性。实践经营性是一种对学生未来成长非常有实际意义,同时也是很多高中社团所缺乏的特性。学生在学校中学不到的就是实践经营中所包含的社会生存能力,而社团很好地提供了学习这种能力的平台。学生在创业社团中,迈出了融入社会的第一步。他们从中感受到了经营一个社团的不易,累积了运营一个团体的经验,更是学到了经营人生的不易,累积了人生经验。

　　在实践经营社团中,两支乐队除了规划乐队表演,也组织了各类社团内外的比赛,让更多的同学参与到社团活动中来,而竞技的氛围,不断挑战和超越的精神也渗透其中。可贵的是,各类活动中,两支乐队都有公益方面的付出,他们都积极参加每年校红十字会组织的爱心义演,在社团活动时,宣传了"和谐社会,大爱无私,热爱音乐,热爱生命"的公益理念。随着两个社团知名度的提升,作为苏中创业社团的一分子,乐队也为弘扬苏中精神,创业社团精神做出了卓越贡献。学校的公共形象在他们的演出中得到了很好的提升和宣传。所以在社团建设过程中,公益服务性和公共宣传性也得到了一定的体现。目前两支乐队都在尝试编曲创作和乐理普及等学术范畴的尝试,以期在学术探究方面取得更大的进步。

　　创业社团的六大特性已在两支乐队身上得到很好的集中体现,并会指导着他们取得更好的发展。而同时,两支乐队也在为这六大特性的融合贯通做出最好的实践证明。对于他们的成长,我们抱有非常高的信心和期待。

二、特性延展——苏州市高中生社团联盟

2009年,由于我校学生创业社团成绩显著,社会反响热烈,教育局为了表彰我校社团活动,授予我们"苏州市高中生社团联盟"盟主单位称号。

(一)苏州市高中生社团联盟建立的背景和意义

为了进一步普及社团活动,推广苏州中学社团管理经验,经苏州市教育局等多层管理机构研究决定,建立由苏州市十四所高中校共同参与的社团联盟。社团联盟是更加广阔的平台性组织,可以更好地帮助不同学校的同学交流经验,谋求更快更科学的发展;更简单地进行校际或市级合作,更高效率地对缺乏社团经验的学校区域进行帮助,从而打造更多高层次的精品社团组织。苏州市社团联盟的建立,将有利于全市高中生团队意识和团结精神的培养。

(二)苏州市高中生社团联盟的建立和完善

2009年,苏州市高中社团联盟正式成立,社团联盟设主席单位为我校江苏省苏州中学校本部,理事单位为苏州中学园区校、苏州十中、苏州一中、苏州六中、苏州五中、苏州四中、苏州三中、苏州十四中、苏大附中、木渎中学和相城陆慕中学、星海中学、园区西交大附中等,联盟有一套独立的管理运行章程。社团活动由学生策划,由指导老师辅导,学生自主开展社团活动。为了更好地发挥社盟的影响力和推动力,促进市级范围内的中学更好的交流,使社团发展壮大,社盟分别从以下几个方面加强对自身的发展和完善。

①组织建设。为了进一步规范社盟及其成员校的社团活动,壮大社盟的整体实力和社会影响力,让更多的中学生了解社盟,走进社盟,发挥社盟在推进素质教育中的积极作用,社盟主席单位苏州中学向各成员校统一征集LOGO,要求各成员校及其社团开展活动都必须要有明确的标识,规范活动形式;同时鼓励各成员校开展高质量的社团活动,并择优在社盟刊物中刊发。同时,苏州中学还积极指导兄弟学校组建社团管理中心,培养社团管理干部,帮助各校建立各类社团,指导其制定相应的规章制度,发挥学生自主选择、自主决策、自主管理和自主监督的能力,为各校的社团组织建设提供有力的保障。

②制度建设。社盟要发展提升,必须要在制度上下功夫。在组建社盟之初,就已经制定了《苏州市高中生社团联盟章程》,对社盟成员校社团的成立、组织机构建设、成员管理和财务管理等方面进行了规定。但随着社盟的发展,相

关制度也要不断完善和发展。2012年,社盟致力于完善例会制度和社盟优秀社团评审制度。首先,社盟各成员校经过讨论决定完善社团联盟的会议制度,决定社盟的例会在各个成员学校轮流召开,以加强社盟成员校间的联系,增进社盟的公平竞争。其次,为进一步加强苏州各高中校学生社团的交流与合作,以增强社盟的整体竞争力,社盟制定了苏州大市级社团年度评优制度。本着"公开、公平、公正"的原则,采用科学、民主的方法,通过社团自荐、校内选拔、学校推荐和联盟评审相结合的方式,评选出年度苏州市高中优秀社团,以鼓励我市高中社团追求卓越,不断发展。在2013年度的苏州大市高中优秀社团评比中,各校社团大放光彩,竞争激烈,经过最后的角逐,市教育局等相关部门评选出了苏州大市"十佳高中优秀社团",我校一举斩获了2个"十佳优秀社团"和1个"十佳提名社团"。苏州大市级社团年度评优制度的建立和发展对增强社盟的影响力和提升全市中学生社团的整体实力有着深远的意义。

(三) 苏州市高中生社团联盟的活动开展

理念引领,实践育人。苏州市高中社团联盟一贯坚持素质教育理念,丰富校园文化,促进人的全面发展。在此理念引领下,社盟开展了一系列有意义有价值的活动。每年2月,苏州市高中社团联盟校际会议在苏州中学召开,会上各成员校对社盟的发展尽言献策,并部署了一年的重要活动安排;每年5月,经过了几个月的精心准备,苏州市高中社团联盟新一届夏令营承办学校竞标大会都在苏州中学召开。每年6月,苏州市棋社联盟在苏州中学进行了校际联赛;每年7月,苏州市高中社团联盟夏令营在主办学校隆重举办,盛大的开幕式、校际辩论赛、校园达人秀、阳光伙伴、学生领袖高峰论坛、爱心拍卖会、爱心义演、体育竞技比赛等多项精彩的夏令营项目,吸引了众多学生参加。每年8月,苏州市模拟联合国大会都在主办方苏州中学召集下,吸引了来自全国各地的模联代表,共商国际大事。此外,社盟还积极寻求社会力量发展提升活动质量,例如蝉联两届奥运会跆拳道冠军吴静钰应社盟首席单位苏州中学之邀做客"泮池访谈",与师生进行交流,并被聘为苏州中学跆拳道校外辅导员,以更好推动校际跆拳道社团的发展。苏州市五中和市科协联合举办的第二届"萃英杯"苏州市中学生科技吉尼斯挑战赛中,诸如魔方等项目吸引了各校社团的积极参与。这些活动的开展将成员校紧密地联系在一起,围绕共同的目标,创造力被极大激发,学生得以全面发展。

(四) 子联盟推动社团联盟向纵深方向发展

社盟的发展壮大,不仅仅表现在广度上社盟成员数量的增加和社盟覆盖范围的扩大,也表现在纵深方向上推动社盟向前发展,即大力推进社团子联盟建设。最有影响力的是模拟联合国社团,我校模联社团成立于2007年,是苏州大市范围内成立最早的模联社团。该社团不仅帮助市内其他高中组建模联社团,还帮助常熟理工学院组建模联社团,社团影响力较大。2009年,我校联合市内其他学校模联社团召开了苏州市第一届模拟联合国大会之后,每年8月份校模联都组织召开新的一届市模联大会,会议规模也不断扩大,参会代表来自全国各地,影响力进一步扩大。例如,2012年苏州市第四届模拟联合国大会在苏州中学顺利举办,本届市会吸引了苏、浙、沪、京等23所优秀学校的参与,参会主席和代表70余人,会议的规模和层次较往届均有突破。会议为期三天,代表们讨论了众多的国际问题,加强了省际的社团交流。《苏州日报》《姑苏晚报》、苏州新闻、光明网等多家媒体进行了跟踪报道。此外,社盟还推动建立了苏州市中学生动漫联盟,每年开展一次动漫校园祭大型活动;还有苏州市中学生棋社联盟,每年5月份由苏州中学弈缘棋社主办年度的苏州市高中棋社棋类联赛。参赛棋队如苏州中学园区校ABC棋社、苏州市第十中学深蓝国象社、苏州市木渎高级中学纵横棋社、苏州德威国际高中项目棋社等,分别进行中国象棋、国际象棋、围棋等各式棋类比赛。另外,还有苏州市学生志愿者联盟、校园文化联盟、国学社子联盟、摇滚乐队子联盟等。这些子联盟的建设,大大加深了校际社团之间的专业交流和合作,提高了社盟的社会影响力和整体水平。

(五) 未来展望

苏州市高中生社团联盟虽然在横向和纵深方面已经具有一定的优势和经验,但是联盟成员校的互联互通网络技术平台还需尽快构建,这一方面有利于及时指导成员校,交流经验,不至于分散和孤立而消耗资源;另一方面也有利于校际间资源共享,提升活动的品质,加快成长与融合,扩大社盟整体的竞争力。另外,社团联盟的信息联通和资源共享能力还需进一步提高。

社团是学生共同成长的精神家园,社团的发展需要每一位社团人的智慧和热情,也需要教育行政部门、社会、学校、家长的引导、理解和支持。大力培育志愿服务类社团,弘扬"奉献、友爱、互助、进步"的志愿服务精神,进一步提升志愿服务理念,坚持不断在实践中思考,立足传统,寻求创新,坚持不懈,众志成城,相信我校的志愿服务活动一定能够取得更大辉煌。今天的社盟无论在量上还是在质上都已经取得了巨大的成就,同时,社盟发展也面临着新机遇,我们要充分利用好这一平台,进行资源整合,优化利用,不仅要将社盟做大,更要将社盟做强。在全体社盟人的共同努力下,我们有理由相信社盟的明天一定更好。

社团招募活动

Pop Bomb社宣传海报

辩论社参加苏大"东吴杯"第二届全国中学生辩论赛比赛

水乡文化研究

第四章 学生创业社团的实践与特点

国学社宣传海报

Pop Bomb社宣传海报

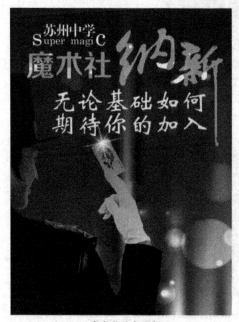

魔术社纳新海报

Hi-Story社纳新海报

春雨池

量子馆一角

智德之门

第五章 学生创业社团的管理与评价

第一节 社团管理模式

一、管理模式的界定

一直以来,对于管理这个概念的界定,不同的人有着不同的理解。"科学管理之父"弗雷德里克·泰罗认为:"管理就是确切地知道你要别人干什么,并使他用最好的方法去干。"诺贝尔奖获得者赫伯特·西蒙对管理的定义是:"管理就是制定决策。"基于前人的观念,现在人们将管理定义为:"社会组织中,管理者为了实现预期的目标,以人为中心进行的协调活动"。它包括4个含义:①管理是为了实现组织未来目标的活动;②管理的工作本质是协调;③管理工作存在于组织中;④管理工作的重点是对人进行管理。管理就是制订、执行、检查和改进。制订就是制订计划(或规定、规范、标准、法规等);执行就是按照计划去做,即实施;检查就是将执行的过程或结果与计划进行对比,总结出经验,找出差距;改进首先是推广通过检查总结出的经验,将经验转变为长效机制或新的规定,其次是针对检查发现的问题进行纠正,制定纠正、预防措施。

以此为基础,人们又提出了管理模式。管理模式是在管理理念的指导下设计出的一整套具体的管理内容、管理工具、管理程序、管理制度和管理方法论体系并将其反复运用于企业,使企业在运行过程中自觉加以遵守的管理规则。管理的中心任务就是对人的管理。管理的模式决定了管理的内容,从管理先驱罗伯特·欧文创立企业管理制度开始,到泰勒科学管理理论的产生,再到管理理论的林立,管理的模式也经历了多次变化。

二、传统社团管理模式及其存在的弊端

学生社团是学生基于共同兴趣爱好和观念,遵循设定的宗旨和原则,按照一定的章程自发组织起来的,具有相对固定成员及活动形式的组织。学生社团

是培养学生创新精神和实践能力的重要形式,也是校园文化的重要载体。在当今的校园中,无论在数量上,还是种类上,社团都已经达到了前所未有的水平。一方面,学生社团的形式丰富多彩,已经成为学校校园文化的重要组成部分;另一方面,数量、种类繁多的学生社团也势必给负责管理他们的学校部门带来多种挑战。这就需要学校学生社团管理部门正视挑战,调整管理方案,不断探索新的管理模式,以便更好地适应社团的变化和发展。

(一)传统社团管理模式分析

当下学生社团的管理模式有待改进。目前,中学生社团管理的模式有很多种,有的是由学校团委进行管理,有的是由学校学生工作处负责,也有的是学生自发组织的。其中,最受学生欢迎的是完全由学生自主进行管理的社团。在此管理模式的社团中,可以让每一位成员都成为社团管理者、主人翁,离开了教师的控制,学生更能发挥自己的意见和想法。但是一旦完全脱离了学校掌控的社团管理方式,往往也会带来很多问题。由于中学生的精力是有限的,主要任务还是完成学业,生活经验也不丰富,完全自主的管理模式,使得凭着一时的热情组建起来的社团在遭遇困境时变得不堪一击。在经历了很多的实践、失败教训后,我们觉得社团要良好运作,就需要学生与学校共同进行管理。传统社团管理模式存在的弊端。

1. 社团管理松散,规章制度实施不到位

学生社团作为一个自发组织,主要利用的是学生课外的时间,中学生课外业余时间相对较少,升学压力大,社员来自不同的环境,社员本身就存在着很大的流动性和自由性。中学生社团这样的特性使得社团在管理上无法形成较为完善的规章制度,同时带来的问题就是社团缺乏凝聚力和说服力。由于社团成员都是年龄相仿的学生,彼此之间不存在约束力,人为因素、情感因素占了很大的比重,这就加大了社团管理的难度。大家对已有的规则不能遵守,长期下来,规章制度将会被藐视,形同虚设。社团成员达不到预期的收获,就会对社团失望,最后导致社团成员的大量流失。加之,社团的运作需要经费的支持,为增加更多社团经费,大肆招兵买马,导致社团成员良莠不齐。另一方面,社团评价及激励机制不健全,缺少科学合理的理论指导,奖惩不明,极大地削弱了社员的积极性,一个社团没有统一的目标,没有一致的动力,就会变成一盘散沙。

2. 社团缺乏专业老师的指导

社团虽然是根据学生的兴趣建立的组织,但是学生本身缺乏经验和实践,在给学生充分发展空间的同时,也该给学生提供一定的正确指导,在相关专业教师的指导下，共同促进社团的发展。当下的校园，教师和学生都有着各自的学业任务，学生对教师往往有一种望而却步的感觉，离开老师才能大展拳脚，这是学生的普遍想法。社团的成员更愿有独立的活动环境，这本无可厚非。但是，学生的领导力和把控力有限，生活经验和人际处理能力也有待加强，一味凭着一时的头脑发热去解决问题，往往会造成很多内部矛盾。这个时候需要相关老师的及时配合和指导，无论是在专业还是管理能力上，学生要学习的东西还是很多。在给学生发展空间的同时，还是需要专业导师适时的指导配合，才能让社团走上正确之路。

3. 社团缺乏传承性与联系性

学校社团的种类繁多，层出不穷，但大都是昙花一现，缺乏传承性。新进入一个环境，学生总是急着展示自己，依据自己的喜好创办新的社团，校园里往往有很多相似的社团，又都缺乏特点。好的社团应该是有传承性的，发掘自身的闪光之处的同时，也该吸取其他社团的经验。社团与社团之间不是对立存在的关系。比如，美食社和乐队，他们之间也是可以相互协作的。性质相同的社团之间也可以合并，寻求共同的发展。发展较为成熟的社团也可以作为一种校园文化继续传递下去，吸收新鲜的力量。

4. 活动形式单一、内容少，缺乏创新性

在新时期下，高中学生更愿意接受新生事物，对于传统的社团活动形式较为反感。由于时间和能力的限制，很多社团还保持着最为传统的活动形式，这样的社团发展是不容乐观的。社团的活动形式应该贴合学生群体的需要，为避免学生的疲劳感，活动形式应该丰富多彩，追求创新。活动内容还应该与社会生活相关联，使学生产生共鸣。

三、我校社团管理模式的确立

除了这些社团运作管理的问题外，当今的学生，面临着巨大的就业压力，提升学生的能力、素养和竞争力迫在眉睫。社团是时代和环境共同的产物，他的性质和功能不是一成不变的，每一时代的社团都会打上那个时代的深深烙印，每一个时代社团的发展都离不开社会发展的土壤。1998年张昕校长在校学代会上提出了以培养领袖和创业素质为目的，以模拟企业运作为方法，推进学校社团工作的创新思路。除传统要素外，尤其重视学生社团的成立、运营、发展和延续等过程，以及在此过程中学生遇到的问题和学生成长的问题。社团管理模式主要依据了人本管理理论，坚持一切以人为本，一切以人的发展为本，主要是强调人的主体地位,只有人的作用得到了充分的发挥,才能实现管理的最大效益。管理应该从实际出发,重视人的作用,做到尊重人、依靠人、理解人,通过满足人的需要来调动人的积极性、主动性和创造性。人本管理是对人的本质属性的认识,管理的目的是为了实现人的全面发展,管理成功的关键则是充分发挥人的主观能动性。在学生社团管理上,就应该坚持"以人为本"的管理理念,将学生的成长作为出发点和落脚点,以学生为本同时也体现了学生在社团中的主体地位,培养他们主人翁的意识。

在社团的构建和运行方面,为了打造具有特色和竞争力的社团,我们也提出了一些基本运作理念。

(1) 将企业化运营引入社团,引导学生社团在竞争中寻求发展。一方面,学校要大胆放手,给学生社团充分的发展空间,允许社团参与校内创业,并在课程安排、场地使用等方面给予一定帮助,给予学生充分的支持和扶助;另一方面,也要积极鼓励社团走出校门,多多参与社会活动,以争取更多的社会资源,同时也能提高社团的社会适应性和竞争力,积极地走向社会、服务社会,让社团更有实用价值。

(2) 规范管理机制,树立服务意识。学校要摒弃一味地强调严格管理,而是要坚持以学生为本位,以学生发展为中心,以服务为主导,改管理为辅助,寓管理于服务中,加大对社团的支持力度。同时加强社团的制度建设,促进社团的科学管理,督促社团干部规范开展活动,增强社团的凝聚力和竞争意识。

(3) 坚持以学生的需求为基础,强化社团品牌建设意识。社团的数量众多,品质参差不齐,社团需要运用现代化管理理念创建有特色的社团品牌,走品牌之路,创社团特色文化,实现社团的多样性发展。组织丰富的社团活动,充分利用自身优势,积极打造特色化、品牌化活动,吸引更多学生参与,为社团发展提供新的动力。

(4) 拓宽社会实践渠道,提高社会适应能力。把社团发展与走向社会紧密结合起来,依据社会需要调整社团活动,与社会企事业单位的需求实现无缝对接,汲取更多来自社会上的营养,加强学校生活与社会实践的结合与互动,既培养了学生的职业意识和务实的实践能力,也为社团走向实际的经营实体奠定良好的基础。

基于以上考虑,学校摸索并形成了如下的管理模式。

(1) 结构型管理。苏州中学有着百年的办学历史,千年的办学渊源,不仅在教育教学方法上曾多次创新,在组织学生活动上也一度领先。早在1919年,苏中就有了一个学生社团"人社"。"文革"结束后,随着祖国教育事业的蓬勃发展,在 20 世纪 80 年代初,又建立了"沧浪文学社"、"紫阳史学社"、"寰宇天文社"等学生社团。我们依托苏州中学深厚的文化积淀以及自主、圆融的教育理念,针对苏中的学生自主管理意识浓厚,自我管理能力比较强的特点,也为了使学生通过参加社团活动,了解一个企业创立的过程,使学生真正体验到创立一个企业的艰辛,从而培养学生们的创业能力和领袖力,我们帮助学生摆脱了原来兴趣小组式的社团,建立了以培养领袖素质和创业素质为目标的中学学生社团发展架构(如下图)。

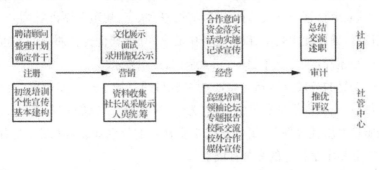

目前的流程涉及社团和社管中心两个方面。社团从初期"成立形成",到中期"扩展壮大"以及后期社团"品牌建立"等一系列的内容,学生依照《社团章程》自发组织、申请注册社团,自主管理,自聘顾问,自筹资金,并对资金规范管理,有效支配。遵守《企业法》、《知识产权保护法》,引进良性竞争机制和"法人"概念,并计划启动监督机制,意在让学生真实体会"企业"的意义和创业的规矩。社管中心也会相应地组织培训、宣传、推优评议等活动,协助监督社团的整体发展。在这样的模式下,学生活动的时间和空间完全自主化,只要时间恰当,场地合适,就会获取全方位支持。同时,借助于就职宣誓和述职活动,确立身份意识和责任意识,借助于全方位立体展示和总结表彰,提升成就感和自豪感,激发社团寻找不断发展的新契机。在整个过程中,我们是弱化教师的作用的,都以学生为主,老师主要是审核把关的作用。当然年轻人的很多不成熟自然会在工作中暴露出来,犯错恰恰是教育的好机会,而年轻人的真正成熟也必定会在一次次出现"错误"的工作中培养起来。

学校社管中心于 2008 年成立,由学生组成。社管中心的主要职能是规范和管理社团活动,审核和注册社团,联系学校社团指导中心。社团从注册、营销、经营到最后的审计都由社管中心监管。社管中心是社团指导中心和社团之间沟通的桥梁。在注册阶段,主要负责组织社团的初级培训,宣传以及社团的基本构建;营销阶段负责各项资料的收集,人员的统筹以及各社团社长的风采展示;经营阶段,组织社团的提升培训,提供校际交流的平台,促进校外合作;审计阶段,通过量化考核进行社团的推优评议工作。社管中心内设五大部门:理事团、实践部、策划部、组织部、宣传部。社管中心于每年的10至11月份纳新,学生申请进入社管中心可以通过学生自荐,或者由上一届理事长推荐,同时还要经过指导中心教师的考核。社管中心的成立,能够通过学生管理学生社团,充分锻炼学生的自主管理能力,更为学生今后走向社会提供了实践的机会。

学校社团指导中心于2012年成立,由学生和教师共同组成,负责监督和指导社管中心,由社管中心反馈社团活动的进行状态,规范和帮助社团开展活动。主要工作有:确定社团名单、确定社管中心名单、评选优秀社团及财务审核。社团指导中心还确定了"一个目的,三大部门,三项要求"。

①一个目的。成立该指导中心的主要目的是为了进一步规范学校学生社团的运作模式、科学管理和日常活动,为学生提供一个施展才华,培养兴趣和能力的高质量素质教育平台,提高学校学生社团的活动质量和层次,进而打造出一批具有苏州中学特色的品牌社团。

②三大部门。学校学生社团指导中心下设三大部门,分别是审计部、纪检部和评审部。

审计部主要负责对各社团财务进行监督和审查,收集、整理和保管各社团财务资料,将其作为社团年度评审考核的重要依据。审计部人员由审计组长(教师和社管中心工作人员组成)和审计专员(各社团财务人员)组成。其职责是将各社团的财务审查作为一项常规工作,进行严格审核与存档备案,安排专人管理,随时了解和监管各社团的财务状况。若有异常,将及时追查并记录在案,以逐步规范我校社团的财务管理。

纪检部由纪检组长(教师和社管中心工作人员组成)和纪检专员(各社团纪检人员)组成,主要负责对各社团活动开展情况进行监督、管理和考核,对社团负责人进行监督考核,并通过书面形式存档备案,作为社团年度评审考核的重要依据。其职责是对社团活动和社团负责人进行监督考查,也安排专人负责,随时了解和监督各社团活动的全过程,对违规违纪行为进行备案和处罚。同时纪检部也负责社刊、社报和社营网站的管理。

评审部主要负责对各社团的注册备案以及年终活动的评估审查工作。评审部人员由教师和社管中心工作人员组成。其职责是评定各社团(副)社长的工作效果以及审核新老社团的注册资格和年度活动成果展示的评优工作。

③三项要求。

活动:学期初提交本学期活动计划;活动前要先申报并提交具体活动方案;活动后要有活动记录和总结。以上三者缺一,则禁止一切活动。

财务:要有专人管理,做好账目,支出情况要及时向上级汇总。大额资金可以交社团指导中心审计部保管,定期支取。新老社员换届时,要做好账目的平稳交接。

评审:每个社团的平日活动记录和总结是参与评审的重要依据,做好活动资料的收集和整理工作。评审客观公正,采取量化评分,对于不合格的社团(副)社长将撤职,对于不合格的社团将注销资格。

(2) 企业化模式。学生社团是一个自由的团体,具有很多与企业相似的特点,比如都需要资本的运营,需要精确的分工合作。针对传统管理模式在资金和积极性上的缺陷,引入企业管理模式和发展理念,能为社团的发展提供新的思路和方法。同时,能让学生在学校这个小社会中体验创业的过程,为未来踏入社会做好准备。

我们将市场化运作规律运用于社团的建设和发展,在实践中不断完善企业化管理模式。我们假设学生创业社团就是一个公司,这样,社长就是CEO,骨干就是经理,社员就是员工,活动是产品,参与者是顾客,校园则是现成的市场,活动成果或社团的壮大就是利润。

在现实生活中,要创办一个企业,前期必须要在市场、资金、劳动力和技术等方面进行周密的调查。所以在每个社团创立之前,我们指导学生先要进行前期调查,先摸清自己的社团在学生中有没有"市场",自己又可以通过什么方式获得社团的活动"资金",本社团的活动又需要哪些技术支撑,等等。学生社团的数量众多,在不了解市场的情况下,容易产生重复的现象,社团不在于多,而在于质量上的精益求精。我们在审核社团时,要求每个社团要有自己的特色,而不是盲目的支持。

为了让学生真正体验到企业化管理,我们引入了公司制理念。参考现代企业的运营模式,企业普遍采用了公司制的法人治理结构组织形式,将决策权、执行权、监督权"三权"分立,股东会、董事会、监事会"三会"并存是现代公司治理结构的基本构架。学生社团管理引入公司制概念,有助于解决社团资金缺乏的问题,有利于社团更加良好地运营。这使得社团向创新发展,也有助于在校园文化建设中引入竞争机制,更好地调动会员参与管理社团的积极性和责任心,使其真正参与到社团的日常决策和全程管理中去。新的组织制度保证了社团的决策权、监督权和执行权相分离,既能保持成立社团的初衷,又能使学生干部真正为社团服务,从而确保社团的各项运作符合社团建立的初衷。

同时,我们将现代企业的"项目管理制"引入社团。项目管理制度是为了达到将事情做成功的目的而制定的一些奖惩和激励的规程,需要团队成员严格遵守。我们将具体的事落实到具体的人,社团成员不仅是参与者还是具体环节的负责人。每个项目都需要明确各种成员的相互关系,处理原则,做什么,该怎么做,做到什么程度,等等。项目活动流程:注册立项—项目审批—项目实施—项目审核。分工明确,职权明确,落实到个人,相对减弱了传统社团管理模式存在的问题以及对社团发展造成的制约,极大提升了成员的工作激情,避免把学生社团管理的所有压力推向活动部门,最大限度地让每个成员都参与其中。以"项目小组"的形式组织活动,根据成员的特点,将人员有效地整合,使每位成员发挥个人所长,集思广益,提高办事的效率,改变传统管理模式的一言堂,真正做到人尽其用,形成丰富多彩的社团活动局面,激发学生参与活动的兴趣。

企业化管理模式是在严密的规章制度和会员监督基础上运行的,这种管理方式既保证社团沿着正确的轨道发展,又给了社团广阔的发展空间。引入企业化管理模式,使社团转向民主管理,增加了凝聚力,提高了社员的积极性和创造力;为社团创造了更好的经费管理制度,通过运营自己的商业获得利润,改观社团经费捉襟见肘的现状;引进竞争机制,摆脱喊口号的虚假繁荣,使社团具有更为实际的价值导向。

四、我校创业社团的管理方法

中学生社团不同于一般的学生会等学生组织,它是由一群有着共同兴趣爱好或理想的学生走到一起来的自发组织。学校要尊重学生个性发展,培养学生的创新素质就必须要尊重和重视学生社团发展。只要在不违反国家法律和学校的规章制度,不违背学校改革发展大局的前提下成立的社团,学校都可以予以承认。

传统的管理方法存在着很大的弊端,社团管理机构混乱,职责不明确,教师过度的参与管理使得学生的主体地位不能得到充分的体现。同时,社团的内部管理松散,成员来去自如,缺乏完善的管理机制。针对传统管理方法存在的弊端,我们从指导中心、社管中心和社团内部这三方面着手改进管理方法。

（一）指导中心

1. 完善社管中心机构,积极有效地对各学生社团进行及时的管理

在日常工作中,要切实加强对社管中心的指导和管理,让社管中心真正成为联系学校与社团的桥梁。

2. 要形成学生社团建设和发展的良性管理机制

（1）学校要注意对学生社团的组建、社团会员的招募、社团内部组织机构的建立、社团活动的开展等程序进行规范性引导,例如确定社团名单及社管中心名单。

（2）要优化学生社团发展的外部环境。社团自筹资金,社团指导中心主要监督各社团财务出纳情况,并为社团活动尽可能提供场地。

（3）重视社团发展,每年评选优秀社团。

（4）建立网络管理平台,积极开发利用网络信息交流渠道,进一步扩大社团的宣传与交流。

（二）社管中心

社管中心是联系学生社团和社团指导中心的一个载体。

1. 加强规范学生社团

（1）在注册阶段,提高注册门槛。学生社团存在的一大问题在于数量多而质量参差不齐,为了改善这一问题,需要社管中心适当提高社团的注册门槛。申请的社团类型不能重复,申请前需调查是否具有市场,认真填写新社团注册申请表,申请表写明目的、宗旨和人员,将申请表交至社管中心进行初审。

新社团注册申请表

社团名称					
申请人姓名		班级		电话	
申请人邮箱					
社团宗旨					
发起人情况介绍					
成员数量、组织部门					
有无管理制度和赞助商（经费来源）					

续表

社团名称	
学期活动详细计划	
指导老师意见	指导老师签名：
社团管理中心意见	理事长签名：
社团指导中心意见	负责人签名：

注：请另附社团 LOGO 和社旗设计稿，若有社团介绍材料可另附。

（2）营销阶段，规范社团人员统筹。为避免社员的随意流动，社管中心需备份社团成员资料。

（3）审计阶段，提升考核标准，实行优胜劣汰。考核需摆脱形式主义、只奖不罚，为了规范社团的运营，提升社团的质量，需要实质性的考核标准。社团考核实行淘汰制，考核连续两次排在最后 10% 的社团取消资格。

2. 加大对社团的支持和扶助

在经营阶段，为社团提供更多的空间，通过校际交流的平台，为社团提供校际社团之间的合作交流，扬长补短，争创利益最大化。同时也可以通过学校的媒体平台对有特色的社团进行宣传。在校内，为社团活动提供更多的场地。

（三）社团内部

1. 子章程的建立

除了苏州中学社团的总章程以外，每个社团都有自己的子章程（见附录），以此明确每个社员的职责和权利。每一届社团成员都自主招聘、自主选拔骨干精英，通过老社员带新社员，不断地完善社团的组织规范，形成稳定的发展体系。这种有序的制度管理，使社团的活动有了基本的组织保证。

2. 自主活动

社团成员在社团负责人的带领下，自主开展各类活动。学生们在活动中需要进行自主设计、自主参与、自主总结成败得失，进一步增强责任意识，提高责任能力。同时，这种强烈的责任情感更能激发学生们发展自我和完善自我的动力，形成个体心理发展的良性循环。

3. 财务管理

各社团自筹资金,可通过赞助、义卖、收会费及表演等等筹集社团资金,写好财务出纳明细,接受指导中心的检查。

财务收支明细账目

年	月	日	来源	收入	支出说明	结余

第二节 学生创业社团的评价

一、社团评价说明

(一)评价目标

加强社团管理,规范社团活动,打造社团品牌

(二)评价时间

各社团每学年上报一次评比材料,学校每年评价一次,5月份为评价期

(三)评价范围

本校范围内经批准注册并成立一年以上的学生社团均适用本方案

(四)组织评价

校社团管理中心和校社团指导中心

(五)评价流程

(1)各社团对照评价细则上报《苏州中学优秀学生社团申报表》评比材料,对无正当理由超过期限不提交评价材料者,责令限期上报、取消优秀社团评定资格,直至评定为不合格。

(2)校社团管理中心和校社团指导中心根据各社团上交材料与实际表现进行量化评分。

(3)汇总分数并排名,90分以上评定为优秀社团。

（六）奖惩办法

（1）根据评价细则,在学生社团中投票评出 10 个优秀社团。被评为优秀的学生社团及其指导教师,学校颁发苏州中学优秀学生社团荣誉证书和苏州中学优秀学生社团指导教师荣誉证书,颁发奖杯,并给予一定的物质奖励(500 元活动经费,凭发票到学校报销),不合格的社团必须限期整改。

（2）学校将评选结果通过校园网、宣传橱窗等形式予以及时发布,优秀社团的活动照片、通讯和总结材料将发表在校刊上,并向有关媒体推荐。

（3）校优秀社团将被推荐为苏州市中学生十佳社团(每年苏州市将组织中学生十佳社团评比)。

二、社团评价指标构建

（一）规范性指标

俗话说,无规矩不成方圆,好的管理可以增强社团的活力,同时也是学校的要求方向,所以优秀社团应更重视规范性。规范性指标的考量内容主要有：内部建设、活动开展、材料上报、活动档案等,满分 100 分。

内部建设(15分)	1. 制度完善:社团章程、活动制度。(5分)
	2. 社团干部:配备齐全、分工明确。(5分)
	3. 社员名册:按时招新、名单清晰。(5分)
活动开展(60分)	1. 活动次数要求:每个社团每学期开展活动不少于4次。一年不少于8次的学生活动中,其中常规活动6次,每年学校"学生社团活动月"中开展1项特色展示活动,每年暑期开展1次专项学生活动。(10分)
	2. 活动计划周详:定时间、地点、内容、人员(责任教师和参加社员)。(10分)
	3. 活动过程流畅: (1)开展活动前一周,要在校园网和校内黑板出海报或通知。 (2)活动过程中:要写清或张贴好会标(含活动主题、活动时间和承办社团);按计划开展好活动内容;拍好照片(或录像);保留好《签到表》、活动记录、讲稿等过程性材料;并维护好秩序、确保安全。(10分)
	4. 活动总结齐全: (1)每项活动结束后,及时写成简要活动总结或通讯(配照片,有的含获奖成绩)发布在校园网上。 (2)及时整理《活动通知》、《签到表》、活动记录、讲稿等过程性材料、简要活动总结和有关获奖文件、证书,单独成夹,装入 A4 活页资料簿。(15分)
	5. 按要求认真完成学校交办的活动任务,认真组织参加上级比赛、评比并获较好奖项。(10分)
	6. 每次大型活动事先制订出活动策划方案,并经学生社团管理中心共同讨论通过,获指导中心审核后执行。(5分)

续表

材料上报(15分)	1. 每学期开学的第一周为上报本学期活动计划的时限,各社团要按时并按要求上报活动计划(纸质打印稿和电子稿各1份)至校社团管理中心和校社团指导中心。
	2. 每学期结束前两周上报本学期活动总结材料,每项活动单独成夹,以A4活页资料簿提交;学校根据各社团两个学期的材料评比定级。
活动档案(10分)	1. 每次活动有海报或其他形式宣传。
	2. 通过校报、校园广播、网络等宣传媒体宣传学生社团活动。
	3. 主动向管理中心和指导中心递交活动通讯稿件。
	4. 出现不符合规范的宣传内容每次扣1分。

（二）影响性指标

一个社团如果想要始终保持活力,可持续发展,必定要考虑社团的影响性,这样既能大大扩大社团的规模,也能为学校创建出一批品牌社团。影响性指标的考量内容主要有:活动影响、宣传工作等,依据每个社团的资源,努力在特色方面有所突显,由社管中心和指导中心评审得分,满分50分。

活动影响(30分)	1. 主动承办指导中心交办的全校性的活动。
	2. 举行面向全校学生的学术讲座。
	3. 学生社团活动深受会员喜欢,多数会员对活动表示满意,无投诉现象。
	4. 学生社团活动有特色、有创新。
	5. 学生社团活动注重培养会员相关素质和能力。
	6. 经上级部门批准,以社团名义或社团成员参加省市级竞赛,获奖个人每次加1分,集体奖每次加2分。
	7. 学生社团活动过程中有违反校规校纪行为,视情节轻重每次扣1分。
宣传工作(10分)	1. 每次活动有海报或其他形式宣传。
	2. 通过校报、校园广播、网络等宣传媒体发表宣传学生社团工作或者活动的稿件酌情加分。
	3. 主动向管理中心和指导中心递交活动通讯稿件。
	4. 出现不符合规范的宣传内容每次扣1分。
社团特色(10分)	1. 在社团内部建设方面特点鲜明,调动社员积极性。
	2. 在社团活动方面有自己的特色,突出社团文化建设和品牌树立。
	3. 在社团活动宣传方面主题突出,海报精美,吸引大众。

（三）财务管理指标

学生社团经费都由他们自筹,自筹的渠道可以是赞助、义卖、收会费和表演收入,将筹集到的资金交由学生社团自行管理。这里资金并不由学校来统一管理,为的是让学生学会合法管理财务,学校的指导中心负责监督资金的来源和使用情况。所以,经费管理要作为重要的一项考核内容。如财务管理不当,则实行一票否决,并勒令整改。经费管理本属于规范性指标中的一项,但为了突出其重要性,故在此单独列为一项。

由各社团列出财务清单、出纳情况及来源(须附发票),并交由指导中心审核。对财务管理从经费来源、经费使用、财务清单和财务检查四方面进行评分。需要说明的是财务管理项总分10分,通过加分和减分,扣完10分或加到10分为止。具体如下表:

经费来源	1. 经指导中心批准后,能联系校外商业机构解决活动经费,每次加1分。
	2. 学生社团接受捐赠、赞助及创收经费能如实主动上报管理中心,每次加1分。
	3. 收取会费或者其他费用没有收据,每次扣1分。
	4. 未经指导中心批准擅自向挂靠单位申请经费,每次扣1分。
	5. 向会员乱收费,一经查实,追究当事人责任,并扣10分。
经费使用	1. 定期向会员公布经费使用情况,每次加1分。
	2. 有合理的经费预算、详细的活动经费总结,每次加1分。
财物清单	1. 学生社团换届有详尽的财务交接清单,每次加1分。
	2. 逾期不向指导中心上交财清单,每次扣1分。
财物检查	1. 能严格执行指导中心财务管理制度,加1分。
	2. 能主动配合指导中心财务检查,每次加1分。
	3. 检查中发现有财务问题且属实,追究当事人责任,并扣10分。

这三条,可以衡量一个社团是否优秀,并作为管理社团的参考。

因此综合以上的经验,我们学生社团评价是从规范性、影响性、财务管理三个方面考量,这是合理且公平的,根据学生社团性质的不同,所经营的方向不同,我们并不能一概而论。例如,我们学校有 Single Bed 乐队和 Pop Bomb 乐队,可以产生社会效益和经济效益;机器人社和魔方社是我们学校的特色,故作为活动品牌考虑更多一点;根与芽社和红十字会社都是服务于社会大众的社团,也许它们本身不产生任何社会价值,但是这些社团的一举一动确对社会和个人成长都起到了良性推动作用。

三、社团评价细则

学生创业社团评价细则

规范性(100分)	内部建设(15分)	1. 制度完善:社团章程、活动制度。(5分)
		2. 社团干部:配备齐全、分工明确。(5分)
		3. 社员名册:按时招新、名单清晰。(5分)
	活动开展(60分)	1. 活动次数要求:每个社团每学期开展活动不少于4次。一年不少于8次的学生活动中,其中常规活动6次(少一次扣1分),每年学校"学生社团活动月"中开展1项特色展示活动,每年暑期开展1次专项学生活动。(10分)
		2. 活动计划周详:定时间、地点、内容、人员(责任教师和参加社员)。(10分)
		3. 活动过程流畅: (1)开展活动前一周,要在校园网和校内黑板出海报或通知。 (2)活动过程中:要写清或张贴好会标(含活动主题、活动时间和承办社团);按计划开展好活动内容;拍好照片(或录像);保留好《签到表》、活动记录、讲稿等过程性材料;并维护好秩序、确保安全。(10分)
		4. 活动总结齐全: (1)每项活动结束后,及时写成简要活动总结或通讯(配照片,有的含获奖成绩)发布在校园网上。 (2)及时整理活动通知、签到表、活动记录、讲稿等过程性材料、简要活动总结和有关获奖文件、证书,单独成夹,装入A4活页资料簿。(15分)
		5. 按要求认真完成学校交办的活动任务,认真组织参加上级安排的比赛、评比活动。(10分)
		6. 每次大型活动事先制定出活动策划方案,并经管理中心共同讨论通过,获指导中心审批后执行,每次加1分;若无,每次扣1分。(5分)
	材料上报(15分)	1. 每学期开学的第一周为上报本学期活动计划的时限,各社团要按时并按要求上报活动计划(纸质打印稿和电子稿各1份)至校社团管理中心和校社团指导中心。(5分)
		2. 每学期结束前两周上报本学期活动总结材料,每项活动单独成夹,以A4活页资料簿提交;学校根据各社团两个学期的材料评比定级。(10分)
	活动档案(10分)	1. 每次活动有海报或其他形式宣传,每次加1分。
		2. 通过校报、校园广播、网络等宣传媒体发表宣传学生社团工作或者活动的稿件酌情加分。
		3. 主动向指导中心递交活动通讯稿件,每次加1分。
		4. 出现不符合规范的宣传内容每次扣1分。

续表

影响性(50分)	活动影响(30分)	1. 主动承办指导中心交办的全校性的活动,每次加2—5分。
		2. 举行面向全校学生的学术讲座,每次加2-5分。
		3. 学生社团活动深受会员喜欢,多数会员对活动表示满意,无投诉现象,每次加2—5分。
		4. 学生社团活动有特色、有创新,每次加2-5分。
		5. 学生社团活动注重培养会员相关素质和能力,每次加2—5分。
		6. 经上级部门批准,以社团名义或社团成员参加省市级竞赛,获奖个人每次加1分,集体奖每次加2分。个人奖:一等奖5分,二等奖4分,三等奖3分,鼓励奖2分。集体奖:一等奖5分,二等奖4分,三等奖3分,鼓励奖2分。(总分不得超过30分)
		7. 学生社团活动过程中有违反校规校纪行为,视情节轻重每次扣1分。
	宣传工作(10分)	1. 每次活动有海报或其他形式宣传,每次加1分。
		2. 通过校报、校园广播、网络等宣传媒体发表宣传学生社团工作或者活动的稿件酌情加分。
		3. 主动向指导中心递交活动通讯稿件,每次加1分。
		4. 出现不符合规范的宣传内容每次扣1分。
	社团特色(10分)	1. 社团内部建设方面特点鲜明,调动社员积极性。(4分)
		2. 社团活动方面有自己的特色,突出社团文化建设和品牌树立。(4分)
		3. 社团活动宣传方面主题突出,海报精美,吸引大众。(2分)
财务管理(10分)	经费来源	1. 经指导中心批准后,能联系校外商业机构解决活动经费,每次加1分。
		2. 学生社团接受捐赠,赞助及创收经费能如实主动上报指导中心,每次加1分。
		3. 收取会费或者其他费用没有收据,每次扣1分。
		4. 未经指导中心批准擅自向挂靠单位申请经费,每次扣1分。
		5. 向会员乱收费,一经查实,追究当事人责任,并扣10分。
	经费使用	1. 定期向会员公布经费使用情况,每次加1分。
		2. 有合理的经费预算、详细的活动经费清单,每次加1分。
	财务清单	1. 学生社团换届有详尽的财务交接清单,每次加1分。
		2. 逾期不向指导中心上交财务清单,每次扣1分。
	财务检查	1. 能严格执行指导中心财务管理制度,加1分。
		2. 能主动配合指导中心财务检查,每次加1分。
		3. 检查中发现有财务问题且属实,追究当事人责任,并扣10分。

注：

1. 社团特色分数由评委统一给出,可适当调整分数。例如,社团自行设计子章程,以便更好地培养学生的自我监督、自我控制和自我调节的能力,在活动开展上有自己社团的特色等。

2. 每学年初公布评优情况,如有疑问可在公布后三日内到校社管中心查询,若有改动,须校社管中心和指导中心审定。

3. 本评比细则由校社管中心组织实施,社团指导中心指导监督。

4. 严禁学生社团之间相互诽谤,有诽谤言行的一经查实,取消学生社团年评资格,并追究当事人责任。

苏州中学优秀学生社团申报表

社团名称		申请人姓名		申请人邮箱	
学期活动详细计划					
指导老师意见 指导老师签名：					
社团管理中心意见 理事长签名：					
社团指导中心意见 负责人签名：					

第三节　学生创业社团的资源开发

一、学生自主开发的资源

（一）物质保障

社团经费的多少直接关系到活动的规模和质量，经费的持续性更是关系到社团的持续发展。苏州中学学生社团之所以称为"创业社团"，是因为学校不会大规模、大范围地对学生社团活动投入经费，社团的收支基本上需要学生自负盈亏。因此，经费是学生创业社团必须自主开发的首要物质资源。目前，苏州中学学生创业社团经费来源主要有三个渠道。

渠道一：向社员收取一定金额的社费。这是运用最广泛的一种资金获取方式，几乎每个社团都会收取一定金额的社费，以保障日常的开支以及活动的开展。因此某种程度上说，社团成员数量越多，社团经费就越充足。

渠道二：寻求校外赞助商。这也是众多社团通常采用的方式。相比较收社费，拉赞助的难度系数和收获成果都较高，对学生的各项能力要求也提高了很多。很多学生拉完了赞助，都是感慨颇多。

社团自然是磨炼人的地方，对社长来说尤是如此。从一开始只会聚在一起策划，到后来能真正发起活动，中间实在要经历很多。尤其是赞助，因为我们印制本子办活动，经费是必不可少的，因而赞助也不能少。那时候和同学一起，跑遍了苏州城，一家一家地去谈，留了很多电话号码。最终能和京智方教育谈下来，实在很欣慰。谈话的确也并不是那么容易的事情，不过对方人也挺好的，所以整个过程都很愉快。虽然我拿到赞助金的那一刻很兴奋，但我感到最开心的，还是对方告诉我，真的有同学去他们那里上课、咨询的时候，那时候觉得很有成就感。

石涵雨　One On One 动漫社　2013 级社长

渠道三：通过各种方式挣钱。对于高中生社团而言，挣钱不是一件简单的事。但还是有很多社团，将看似不可能的事情做成了，并且做得很完美。有的社团通过表演的形式募集资金。例如室内乐社，社长带领社员利用双休日，在大商场的地下通道中设摊拉琴，第一天，仅一个多小时，就募集到近 100 元。第二天，他又动员了一个中提琴手，也用了一个多小时，两人募集到了 100 多元，并一度引来了围观。当然,将这种方式做到极致的是 2012 级"Single Bed"的社长,通过举办音乐会,他成功地售出了近千余张门票,获得几万元收入。还有的社团通过出售实物方式获取资金。例如,棋社为了获得经费,卖过"关东煮";摄影社将拍摄的学校人物和风景制作成明信片出售;天文社出售印有星空图案的精美笔记本;还有社团通过在闹市卖手工物品筹集经费。

(二) 教师指导

指导教师对于社团的作用已不用赘述。特别是对于一些专业学术类社团而言,指导教师水平的高低直接影响活动水平和社团发展。《苏州中学创业社团管理章程》规定,社团必须有正式的指导教师,但不会指派哪位教师任某社团指导教师。因此,指导教师需要学生自己寻找。一般而言,确定指导教师也有两个基本方向。

其一是寻找校内指导教师。这是最为快捷和方便的方式,由于地缘性,学生可以利用教学上的师生关系,较快地找到指导老师。这也是大部分社团所采取的方式。

其二是寻找校外指导教师。由于很多社团专业性太强,校内教师专业受到限制。因此,不少社团不得不去校外寻找专业指导教师。这类社团很多,例如,Hi-Story 历史社自己找到了苏州大学社会学院两位教授,通过学校聘任他们为社团的校外指导教师;模联社和辩论社都在校外聘请了指导专家。管弦乐团作为专业性很强的社团,它的发展很大程度上依赖于指导教师的水平,为此该社团主动寻求学校帮助,最后在张校长和音乐组教师推动下,学校正式聘请来自上海的邢乃江老师做管弦乐队的指挥。

(三) 社会支持

近些年来,从学生社团活动的范围和内容来看,越来越多的社团活动正由社团内部或校内转为走出校园,开展社会实践、社会服务、社会调查,与社会的联系越来越紧密。实践证明,走出校园既是学生社会化的需要,同时也是提升社团生命力的有效手段。正是因为如此,寻求社会支持,也渐渐成为学生社团必修课。

苏州中学志愿者团会在节假日做一些志愿服务活动,例如前往苏州大学附属第一人民医院做导医志愿者;参加市慈善总会组织的义工启动仪式并合作开展社会公益活动;在苏州市博物馆和市革命历史博物馆做志愿讲解员;长期在市图书馆开展功能引导和整理书籍等志愿活动;去敬老院、护理院和福利院做义工等。2008 年 3 月,我校红十字会组织会员来到苏州观前街,参加由中国红十字会、共青团中央主办,苏州市红十字会等单位承办的"灾区重建"街区募捐活动,为2008年年初暴雪重灾区灾后重建捐款,本次活动共筹善款8654.21元,并通过苏州市红十字会存入灾后重建专用账户。2009年6月,学校"歌舞青春"社、Single Bed、管弦乐社等社团和苏州市红十字会合作,举办了"角膜移植——为光明重开一扇窗"慈善义演活动,将演出门票收入54079元全部转交给苏州市红十字会用于眼角膜移植项目。这些活动的开展离不开社会的大力支持和帮助。

二、指导教师开发的资源

(一)理论支持

校本课程开发,不仅丰富了学校的教学内容,更为学生提供了广阔的发展空间。校本资源开发最典型的案例莫过于园区校的"湿地课程"。"湿地课程"起步于2006年,2009年开始创建特色课堂,形成课程文化。翻开由蔡明、闻一波、朱仲之、朱新色、林子杰、樊亚东、滕慰群等九位教师编著的《湿地》,《前言》中呈现的编写理念是,"关注湿地生态;品味湿地文化;形成人与自然和谐发展的现代价值观"。教材图文并茂,共66页,分为湿地生态、湿地价值与分布、湿地文明、湿地研究四个主题。闻一波说,该教材前三章的编排线索由远及近,最后都落实到身边的湿地环境,体现了关注身边生态环境的理念。而且每一章最后都安排了两个野外技能篇,帮助学生掌握科学的探究方法。"第四章介绍公众参与湿地研究的途径和方法,帮助学生形成良好的社会责任感。"此后,学校以《湿地》校本教材为蓝本,构建了系列学科分支教材,目前已出版并投入选修课程使用的有历史、语文、体育、劳技等6个系列;学校还创建了湿地生态园和西马(湿地文化)博物馆两个特色课堂,引导学生从平面的文本学习中走出来,进入生动活泼、充满探究感的"立体课本"中。学校还开发周末游学课程,推广公益学习。随着对湿地兴趣的增加,学生们自己建立了"泽奇学社",专门研究湿地文化。

(二)实践支持

社团离不开具体的活动,有些活动学生能够发挥主导作用,但对于校外进行大规模的实践活动,离不开指导教师的帮助。天文社的活动离不开天文观测,由于城市夜晚灯光的原因,城市中光污染十分严重,不适于天文观测。为了让社团能有一个固定的、长期的观测场地,天文社指导教师考察了苏州周边地区,综合分析了光害、交通、住宿、湿度等条件,最终选定了苏州市未成年人社实践(太湖)基地作为天文社野外实习观测基地。苏州市未成年人社会实践(太湖)基地属于苏州市实验小学,因此天文社指导教师通过苏州中学与市实验小学进行沟通协商,最终征得对方同意并获得对方的大力支持。2014 年 12 月 14 日,天文社在指导教师的带领下,完成在太湖基地的"双子座"流星雨观测。

三、学校开发的资源

(一) 固定场地、临时场地和特殊场所

场地问题一直是制约社团活动开展和社团发展的重要因素,一般中学专门分配给社团活动的场地非常有限。由于没有活动场所,社团开展活动一般都要事先向学校的有关部门租(借)用场地,但因为学校社团较多,时间和地点冲突在所难免。为此,不少社团举办活动都是以"游击队"的形式进行,至于社团的办公场所更是无从谈起。学生社团的活动场地、活动条件受到很大的制约,这也是导致一些学生社团活动"昙花一现"的重要原因。苏州中学为了促进学生创业社团更好地发展,坚持为学生创造良好的创社环境,开辟了不同类型的社团活动场地。

1. 固定场地

这是学校专门为学生创业社团活动所开辟的场所,在苏州中学"社团营地"便是社团固定场地。当然,这样的固定场所空间小,远远满足不了日益增长的社团场地需求,导致供需矛盾突出。因此,学校还提供了很多临时场地。

2. 临时场地

所谓临时场所,即它的设计初衷并不是为社团服务,但它本身又具备为社团服务的功能的场所。这样的场所使用往往需要申请,这样它才可以成为一个临时的社团活动场所。学校里有很多这样的地方:走班教室,这里往往成为社团成员集会的场所;草坪、操场、篮球场这些室外场地关键时候能够成为社团活动的场地,例如篮球社和足球社的活动必须依靠篮球场和足球场进行;五楼演播厅和来秀坊,这里是举办大型集会和演出的地方,社团必须通过严格的申请才可以使用。每年这里都会举行众多的活动,例如社团纳新大会、社团表彰大会、音乐会,等等。

3. 特殊场所

这里的特殊场地是指该场所不仅功能特殊,且不是所有学校都有的。例如,苏州中学本部的量子馆,这是学校与北京大学合作的重要标志,作为苏州中学重要的科技项目,对于学术理论型社团而言,量子观是一个不错的活动场所。

除此之外,本部在建的航模馆也是一个类似的场所。园区校也有类似的场所,且围绕它已经形成了一批有特色、有品牌的社团。例如园区校的"校园厨房",在这里学生可以自己动手,完成各种各样的美食,这为DIY和美食类社团创造了非常好的活动环境和条件。当然,园区校最成功的案例要属于校园湿地文化的开发。校园内的湿地是一块纯天然的场所,伴随着"西马学社"以及"西马博物馆"的成立,越来越多的学生参与到湿地的调查研究中来。

(二) 设备支持

对于天文社、Single Bed、Pop Bomb等社团而言,活动的开展,不仅离不开人,更离不开必要的专业设备,否则一切都只是纸上谈兵。而这些设备往往又具有价格高、使用年限长、移动不便等特点。因此,学校为社团的启动提供了一定的设备支持。例如,天文社目前拥有天文望远镜4台,其中折射式2台,反射式1台,折反射式1台。这些设备,所有权归学校,使用权和保管权在社团。学校正在筹建的MIDI音乐教室等,将给学生的音乐制作提供极大的方便。

(三) 校外资源

为了加强学生和社会之间的交流和互动,学校也积极拓展校外合作伙伴。从2007年开始,学校就与AMD(超威半导体)公司开展全面的合作,一方面,每年定期组织学生去位于园区的AMD公司,体验现代技术,感受外企氛围和管理模式;另一方面,邀请AMD公司高管来学校与学生交流。例如,2013年8月20日,学校部分学生在贺中计老师的带领下参观世界五百强企业——工业园区超威半导体有限公司。对于学员们来说,这既是一次参观活动,也是一场别开生面的自我体验和实践之旅。2011年6月1日,学校邀请到超威半导体技术(中国)有限公司(AMD公司)管理层代表来到学校,与学校高一学生开展对话交流活动。超威半导体技术(中国)有限公司信息技术总监伍星浩先生,人力资源总监盛颖女士,产品开发经理崔立红女士出席本次活动。学校党委副书记王磊老师,学生处主任袁宗强老师,校团委书记张中华老师参加了本次对话交流活动。这次活动由学生处、团委和学生CEO社团共同承办。在互动提问环节,同学们纷纷举手提问,气氛活跃,问题涉及企业管理、人力资源、技术革新、产品研发、市场营销、行业竞争、个人成长、择业就业等方面,AMD公司的几位高管对同学们的问题做了热情的解答,同学们与高管之间的交流进行得非常融洽。高质量的提问与高水平的回答充分展示了我校学生的气质和世界500强企业高管的风采。

除了企业外,学校也积极和高校联系,为学生创造条件体验高校生活和前沿科技。苏州大学纳米学院便是重要的合作单位。

（四）校史研究中心

苏州中学是一所有千年府学积淀,百年新学传承的江南名校,它的历史就是中国教育的缩影,更是中国社会的缩影。因此,对于学生而言,了解学校的历史,就是一个历史的洗礼。为此校史研究中心创办了网络校史馆,并发行了电子刊物《千秋业》,还将校史文献编纂成书,成为学生了解学校、了解过去重要的史料资源。这样的资源对于历史社等社团而言,无疑是一笔巨大的财富,等待着学生去挖掘。

社团成员与著名学者米寿江教授交流

Hi-Story外聘专家

来秀坊剧场

量子馆

第五章 学生创业社团的管理与评价

社团营地的电脑设备

社团营地的录播室

校史馆尊经阁

校史馆

校图书馆一角

校园中的湿地景观

学校建的西马博物馆

学校碑廊

第六章 学生创业社团的效果与影响

第一节 各类媒体报道

自学校的学生创业社团建立以来,引起了社会的广泛关注,各类媒体纷纷报道。以下是我们收集的部分媒体报道。

2007年度苏州市直属学校十佳德育工作创新案例之六:

苏州中学园区校"毛毛爱书会"
《苏州教育》
2008/2/1

"毛毛爱书会"是学校高一(7)班学生创立的社团,爱书会可以让学生现场休闲看书、可以租书,然后用租来的钱再购买新书;还接受捐书,涉及文学、体育、娱乐、学科、科技等领域,如果学生有购书困难,爱书会还不计报酬提供服务。学校为支持学生创业,特在食堂开辟10平方米空间供学生经营,让学生每天中午、放学后自主营业,自我管理。"毛毛爱书会"自开办以来,受到了学生的欢迎,成了学生自主创业的平台,成了一个文化交流的休闲地,同时也成了一道校园独特的文化风景线!

高中生自己办了个"爱"书会
《苏州日报》
2008/4/9

毛毛爱书会,苏州中学园区校的一个学生社团,这个社团创办不到一年半,深受学生欢迎,通过租、售、代购等多种方式,由社团人员之手转到同学手上的图书已约800本,在校园中营造了浓厚的读书氛围。

毛毛爱书会的创办人叫陆静逸,一个长得挺帅的小伙子,现在是高二(7)班学生。2006年年底,在学校鼓励学生创办社团的氛围中,爱读书的他,想到园区校是所全寄宿制学校,同学们在校时间长,有更多的时间可用于课外阅读。于是灵机一动,和班上的两名女生刘静雨、沈浥馨一合计,决定创办一个读书会,因陆静逸在同学中有个"爱称"——毛毛,于是就将这个爱书会定名为"毛毛读书会",并向学校递交了相关方案。"爱书会的首批图书,都是我们从家中带来的,有四五十本,"陆静逸说。不久,为了增加爱书会书的数量,他们又张贴海报,倡议全校同学捐书,结果,师生热情高涨,捐出了近百本书,爱书会的书一下子丰富了许多,租借图书有了基础。

苏中校长张昕有个教育理念,那就是学生未来的创业就从今天的创社开始。在此理念下,对于学生创办经营性的读书会,校方大力支持。在半个月左右的时间内,学校就在食堂为读书会开辟出了一个近10平方米的空间,还摆上了几排新购的书架。在书架摆好的当天,3名同学就将近200本书摆上了书架,也就从那一天起,他们这个小小的读书空间,成了同学们最爱光顾的地方。陆静逸记得很清楚,爱书会第一天对外租借图书,就租出了十几本,而来看书的同学更是络绎不绝。那样的情景,让他们感到"很有成就感",心里满是喜悦。

这里的图书格外"香"

毛毛爱书会如今已成为园区校学生读书的好去处。每天,同学们三五成群,闻着书香而来,裹挟着书香而去。这里的图书,在同学们的心里总是格外香。

记者上周来到了这个书香地。只见七八平方米的全开放空间,有三四排书架,架上摆满了书。一眼扫去,校园文学、科幻作品、时尚绘本、军事图录……相当丰富,很难用同一标准界定架上书的种类。很多书的书名和封面本身就充满了青春气息,譬如《那些男孩教我的事》、《最小说》、《愿望树》、《士兵突击》……更有许多最近出版的书。

除了捐赠的图书别无选择,社团所有的自购书都从一个名为"亚马孙"的网站订购,而订购的原则是"我们这个年龄喜欢的健康的书",而在平时,社团成员也开始关心同学们的喜爱:看看架上的书,哪些同学们最爱翻?平时同学托社团代购的又都是什么书?而经常,同学们也会建议他们买哪些书。吃准了同学们的需求,爱书会对同学们的吸引力自然就不会少。为此,这个社团一开始只在每周三和周五午休时间开放,不久,就改为每天开放两次,一次午间,半个小时,一次在下午放学后,40分钟。每次由社团的一名同学义务轮值。

高二(3)班的钱希超,是爱书会的常客,基本上每周都要借上一两本。他之所以爱去,用他的话来说,是因为那里的书对自己胃口,而且与图书市场靠得很近,市场有什么同学们喜欢的新书,那儿很快就会有,而且借时,可先浏览,觉得想要,登个记,交上押金,再交上一周3元的租金,就可拿书走人,手续简单,非常方便。相比之下,校图书馆借书就要麻烦得多。

据陆静逸粗粗估算,一年多来,租借出的书有三四百本,此外,代购和出售的图书各有一两百册,三者相加,通过爱书会流到同学手上的书差不多有800本。

爱书会,除了书香更有爱

爱书会是这个社团后来的名字。"爱书会最早叫读书会,爱书会是后来改的。"苏中园区校德育处的吴伟忠老师介绍说,从"读"变为"爱",这是学校的建议,虽是一字之差,意味却深长。爱书,意味着读书达到的境界——爱不释手,并且由读书、爱书而明理知事,乐于助人,甘于奉献。事实上,一年来,爱也始终贯穿在社团的运作中,读书会变成爱书会,可以说是名副其实。

说起这个社团,吴老师毫不掩饰对它的喜爱,甚至还有一点骄傲。"所有的运作都由学生自己设定和操作,它接受同学们的图书捐赠,同时除了现场阅读、对外租借,还按书价进行销售、义务帮助同学订购新书,而租借及购、销书之间的差价所得,不是捐给红十字会,就是用来添置新书。去年爱书会就曾向红十字会捐赠了500元。参与经营的学生都是分文不取。"

爱是互相的。采访的当天,记者在这个小小的爱书空间前,见到了爱书会同学自己设计的社团印章。一张可爱的包子脸,头上覆着一片翠绿的叶子,非常可爱。陆静逸对此的解释是,叶子就好比是同学们对我们的支持与关爱,帮助我们进步和成长,整个图形寓意着有同学们的关爱与支持,我们的社团就会活力无限。

已到高二的陆静逸,正忙着准备学业水平测试,而这场"小高考"一结束,小伙子就将奔赴上海专攻雅思考试,然后就出国留学。他走后,爱书会怎么办?对此,陆静逸早已心中有数。他告诉记者,参与爱书会服务的同学目前已发展到了8人,自己走后,还有7人呢,而且肯定还会再发展,一届一届地传下去。

苏州中学首届学生创业社团代表大会圆满成功

2008/7/10

苏州中学首届学生社团代表大会于7月9日下午在苏州中学科技信息楼5楼演播厅成功举行!

参加本次大会的有苏州中学校长张昕、副校长戴永、教育局李处长，苏州新东方学校校长冯大维、苏中校友戈亮等嘉宾。同时还吸引了苏州日报社及苏州电视台等多家新闻媒体的参与。大会由本部高二(6)班喻宏梁同学与东区高二(1)班丁力鼎同学共同主持。

大会首先回顾了这一年来学校本部和东校区各主要社团的成长足迹，通过精美的幻灯片展示了学校侦探社、模拟联合国社、One On One 动漫社、Single Bed、开复社、沧浪文学社等社团所开展的各项活动，生动记录了他们为这些活动所付出的辛勤劳动，让我们了解到一年来各社团所取得的成绩。

欣赏完精美的幻灯展示，由嘉宾为同学颁发 5 个个人及团体奖项。本次大会设有"社团精英奖"、"社团领袖奖"、"特殊贡献奖"、"探索精神奖"、"优秀社团奖"等，分别颁给在社团活动中表现突出的社员，管理、统筹社团活动的社长们以及那些各方面都表现突出的社团。

接下来获奖同学代表与领导发表讲话。教育局的李处长说，看到同学们办的社团如此成功，他非常激动与欣慰，而这种成功的经验更应该拿来为更多人学习，所以以后将有可能在全市范围内举行社团大联盟，各校社团互相借鉴、共同进步，而这也是我们求之不得的机会。

张昕校长也发表了热情洋溢的讲话。他首先祝贺了召开大会的成功举行以及所有获奖同学，并对我们的社团工作做了总结、提出了建议：即使获奖的同学也不一定是十全十美，而没获奖的同学中也是卧虎藏龙，我们要看淡名利，不断完善和提升自己。张昕校长十分看重培养我们学习以外的各种能力，如管理、创业、组织、领导能力，他鼓励我们要培养创新精神与创新素养，并且还要平衡好学业与工作，不能顾此失彼。校长的讲话使我们备受激励，在以后的工作中也会加倍努力。

至此，首届学生社团大会圆满落幕！

苏州中学社团"公司化"运行让中学生预演未来

《苏州教育》

2008/10/15

日前，苏州中学32个学生社团面向全校学生进行了首次模拟市场推介活动，犹如双选招聘会，各种宣传海报、摊点以及熙熙攘攘的人流将这个创业社团首次市场活动搞得红红火火。

只不过，与现今的人才招聘双选会有些不同的是，在这里，"社团公司"显得更积极热情些。不仅有社团介绍的大幅海报,社团成员还会用类似企业"路演"的方式直观地展示社团的特点,比如音乐社的乐队演出,生态社的生态实验等等。从去年苏州中学成立了以学生为主体的学生社团管理中心开始,即在社团这一传统的学生组织中引入了公司创业的新元素。每一个社团都是经过了规划、申请、自筹经费、审核、注册成立后开展运行的。

已经升入高三的喻宏梁同学是一名老社团成员了,她感叹于如此大规模的学生创业社团的火热场面,羡慕之余感谢学校将创业意识引入社团中,其实这是给了学生更大的发展自我的空间,特别是让学生有了未来规划的意识、自我管理的能力以及与人沟通和抗挫的能力。在这样的预演未来的过程中,中学生学着怎样将梦想照进现实,让学科学习与社团活动协调发展。

作为学生创业社团的积极倡导者,苏州中学校长张昕认为,用创社来进行创业的演练,是在校园模拟了社会,实现让学生在较为真实的体验中拥有主宰自己未来并获得发展的能力。他认为这也是我国基础教育在培养适应现代社会发展人才方面应做的积极尝试。

《苏中创业社团》获全国中小学优秀校内报刊一等奖
2008/12/28

第三届全国中小学优秀校内报刊评选活动及颁奖典礼12月19日至22日在北京举行,本次评选共有全国1665份有效参评校报校刊,苏州中学主办的刊物《苏中创业社团》被赞誉为内容充实,贴近学生生活,编排精美,印制优质,是不可多得的优秀学生刊物,从这一千多份参评作品中脱颖而出,获得一等奖。苏中创业社团管理中心指导教师丁琦受学校委托参加了此次活动,教育部关工委主任、原国家教委副主任邹时炎向学校颁发了奖牌。学校同时还获得了"最佳组织奖",张昕校长获得了组委会授予的"特别贡献奖",丁琦老师获得了"优秀指导奖"。

《苏中创业社团》杂志编辑部的主创同学们也纷纷获奖。其中单天择、费怡然两位同学获得了"最佳编辑一等奖",朱佳玥、冯颜两位同学获得了"最佳组稿奖",章理琛、杨洵宗两位同学获得了"最佳版面奖"。这是对同学们这一年以来付出的艰苦努力最大的肯定与褒奖。

作为丰富校园文化,打造校园精神之窗的载体,校内报刊是一个学校建设凝聚人心、统一思想的重要部分,学校各级领导的充分重视和直接指导对推动我校校园文化建设起了很大的作用。作为社团文化的缩影和展示平台,我们有理由相信,我们的《苏中创业社团》会越办越好,成为同学们最为信任和喜闻乐见的校内刊物。

探索素质教育减负增效之路　专访苏州中学校长张昕

《姑苏晚报》

2009/8/19

本报讯　2009年高考摘下文科和艺术类两个"省状元",刚刚颁出的"李政道奖学金"6席中占下4席,江苏省苏州中学一下子又成了大家关注的焦点。记者多方"打探"得知,除"金字塔尖"上"闪闪发光"外,苏中今年的高考成绩其实是全面丰收——苏州大市考分在全省100名前(420分以上)的考生中有9名,其中5名同学来自苏州中学;400分以上的高分考生苏州中学有近50名;本一率接近70%、本二率超过90%,各项指标均居苏州大市之首。

可能在许多教育圈内外人士想来,如此令人瞩目成绩的取得大概非得"加班加点"不可,非得以师生高负担为代价不可;然而众所周知,苏州中学每天下午四点半准时放学,节假日从不补课,社团活动丰富多彩,那么这些成绩到底是怎么取得的?带着疑问,记者采访了苏州中学张昕校长。

张校长起先对记者的采访有些顾虑,因为他曾在不久前举行的全省规范办学行为推进素质教育大会上,代表省内112所名牌高中向全省中小学校发出倡议,其中有一条就是"不在媒体进行以分数和升学率为主要内容的片面形象宣传"。"但是,我确实很欣慰,因为今年我校高考成绩的取得是学校响应国家教育部、省教育厅、市教育局'办人民满意的教育'、'教好每一个学生'号召的一个有说服力的证明,也是我校一贯坚持传统,推进素质教育,减负增效科学发展的一张优秀答卷。"张校长又感慨地说:"从这个意义上讲,我们倒是有责任和义务与大家一起来探讨一下教育如何减负增效科学发展的话题。"

"状元"的偶然性和必然性

"状元"是有偶然性的。从全省的层面上看,具备"状元"实力的学生应该有不少,但最后只有一个,这"一个"意味着在他身上至少有三个因素同时达到了极点:最强的各学科实力、最佳的临场发挥,还有阅卷老师评价的准确度。

回顾一下近七年苏州中学的"状元史",真是不看不知道:2003年至2006年里,苏州中学一共出了2个省理科状元,2个省艺术类状元,今年又是一举拿下文科和艺术类状元,7年中拿下6个"省状元",而且分布在各个学科上,在全省甚至国内都不多见,如果再说"偶然",就很难让人接受了,当中一定有其"必然性",而这种"必然性"正是苏州中学按照教育规律办事、推进素质教育、培养拔尖人才的成功例证。

"一俊遮百丑"不如"水涨船更高"

不过"状元"的关注度再高,也只涉及一两个学生。在张昕校长看来,某个学生成绩再好也不如全年级一起进步。所以,他更高兴的是今年苏州中学取得的成绩很全面,各个层次的学生绝大多数都获得了自己满意的结果,绝大多数的家长、孩子脸上都洋溢着笑容。

2007年,张昕初任苏州中学校长就提出了要防止"一俊遮百丑"的唯"状元"论,"教育是面向全体学生的,我们要真正做到以人为本,以每个学生为本,变以点带面为以面促点,水涨船高。"10多年前,苏州中学就提出了"让更多的学生有更好的发展"的办学理念,两年前他又加入"以科学的方法求和谐的发展"方法论目标。"让苏州中学全校教职员工高兴的是,今年这两句话的理念收获了初步的成果,但我们不满足,我们期望通过不懈的努力让'水'还要涨得更高,让更多的学生及其家长满意。因为这是在切切实实践行我国'办人民满意的教育'的国家教育理念,也充分吻合省教育厅'减负增效'的要求,更体现了我市'教好每个学生'的教育理念。"张昕说。

一个学校一届出了两个"省状元",这是绕不开的话题。对于高考"状元",张昕校长有自己理性的认识。

顶尖学生和全体学生发展的兼顾、文科学生和理科学生发展的兼顾、学业成绩与素质教育的兼顾——三个"兼顾"就是苏州中学近年取得教育教学各项丰硕成果的最有力保证。

抓"素质教育"不吃亏

说到苏州中学,苏州的老百姓基本都有个共识:应试氛围最淡的一所高中校。完全按课表四点半放学;节假日全放;作业不多;学生创业社团活动轰轰烈烈……以至于有些家长对苏州中学有种误解:老师管得少,学生太轻松,因而担忧孩子将来高考会"吃亏"。

对于这样的认识,张昕校长也很感慨:"别说家长了,不少教育界人士也有过担心和疑问,素质教育和应试成绩似乎就是一对不能调和的矛盾。一般情况下,加班加点,多花时间总能'涨'些'分',而高考就是'分'说了算;实实在在做素质教育的却没有定量的标准衡量,看不到也不被看好。既然还是'分'最牛,大家怕'吃亏',就都跟着加班加点'死揪'。这种现实常常让我们压力重重——身为教育者,我们其实都清楚地看到,这些'分'是用怎样沉重甚至沉痛的代价换来的,这是教书育人的全部内涵和理想吗?!"

是不是花的时间少就一定不能考得好?鱼和熊掌一定不能兼得吗?能不能让素质教育走出一条既"减负"又"增效"的和谐健康发展之路?这是张昕校长近年一直在探索的命题。学校一如既往坚持给学生创造各种机会来提高综合能力,学生社团活动欣欣向荣,各类文体活动丰富多彩;同时学校也为学生提供国内外多元发展的广阔途径,今年高考前苏州中学已有200多名优秀的同学被国内外名校提前录取,占到全部毕业生的四分之一左右。而最可喜的,在今年的高考中,苏州中学的成绩在各个层次、各个学科均一路领跑,一所真正实行素质教育的品牌学校在学业成绩方面同样交出了一张非常漂亮的成绩单,这其中的意义远远大于一个或者两个"状元"的价值。

那么,苏州中学破解素质教育和应试成绩两难命题的"秘诀"究竟是什么?

效率:多求其中慎求其外

揭开谜底。张昕认为教育质量既要讲成绩,更要求效率,"效率要多求其中,慎求其外"。"就是尽可能不要考虑延长时间,而是在规定的时间内把文章做好,把效率提高,以科学的方法求和谐的发展。"他进一步解释说。

近年越来越多高中校加入大量加班加点恶性竞争的怪圈,在这样背景下面对减负增效的难题,张昕校长背负压力重重,百思之后终于求得一个高明的解法,他笑称被一个"真理照亮了":"一年365天,一天24小时,对每个人来说都是一样的,就看你怎么用。不是用在老师手里,就是用在学生手里;不是用在学校课堂上,就是用在学生家庭里。因此不加班加点的学校要取得好的成绩高的效率就必须提高学生学习的自主性、教师指导的针对性和教学管理的科学性。"

从学生学习的角度,张校长揭示了三个要素:自主学习、主动学习和智慧学习。自主学习是核心,除了课堂上老师的指导,苏州中学学生自主学习的时间非常多,培养和提高学生规划管理自己学习的能力至关重要。主动学习,强调的是激发和培养学生发自内心的求知欲、上进心,这是保障自主学习的动力源;而智慧学习,则是指科学的学习方法,这是保障自主学习效率的方法论。苏中学生之所以能够做到低负荷高效率,之所以能在未来的发展中有很大的后劲和潜力,就是因为学校在自主学习方面给予了很多有形无形的教育。最典型的就是张昕校长在总结自己二十多年前当班主任时的工作经验的基础上,设计研制并试用"学生学业实力分析与控制系统",首创了苏州中学学生《学业水平自我评价手册》。"通过这个手册,学生可以看到自己所处的位置,自己的优势和薄弱科目,了解自己存在的问题,隐藏的潜力,掌握自身的发展变化规律和追求的目标。这就帮助他们学会自我分析和控制,从'学会'到'会学'。"张校长说。

从老师的层面来说,学校特别强调指导的针对性。学校引入了"二级分解"模式——校领导干部分解到班,和班主任老师一起研究协调班级工作;薄弱学生分解到具体老师,按照每个学生不同的学科发展情况分解到相应任课老师,班主任和任课老师凭着高度的责任心和爱心去关注每个学生,尤其是困难薄弱的学生。在苏州中学每天中午及下午放学以后,老师们都随时随地接受学生的咨询,对学生进行针对性的辅导,老师对学生可说是"有求必应"。"实践证明,这种针对性指导实际效果比大量整班补课更行之有效,因为每个学生的情况不同,整班补课对有些能力强的同学来说是浪费时间,对另一些基础较差的同学来讲,又囫囵吞枣消化不了。针对性指导既能节省同学时间,又能解决问题,从而切实提高成绩和效率。当然,为此老师们无疑要花费更大量的心血和业余时间。"张校长说。

为促进学生学习自主性、教师指导针对性制定各项具体有效机制,又是从教学管理的科学性出发的。张昕校长的管理理念很现代也很严谨——以控制论的思想,通过科学的方法,追求一种内动力系统的形成,具体通过过程管理、目标管理、个体管理三个层次落实管理的科学性,同时在教学管理进程的各个细节中做到科学、细致和到位,为此学校潜心开发了"五线分析法"、"位比跟踪法"等教学管理软件。

作为素质教育坚定的倡导者和实践者,张昕校长坚信学生"减负"和"增效"不矛盾,且有许多可以关注、深入研究的地方。他最后说:"如果说素质教育是一种理想,而应试成绩又是我们必须面对的现实,那么我们希望更多的教育界内有识之士用自己的勇气和智慧去化解理想与现实的矛盾,也期待着社会各界能给予素质教育减负增效更多的信任和支持。我们会一直努力。"

苏州中学开出"钱穆国学社"
《苏州日报》
2009/9/29

本报讯 昨天,苏州中学亮出了一个新社团——钱穆国学社,这个以国学大师钱穆之名命名的学生社团将成为苏州中学传承民族文化精神、复兴传统国学和提升学生素质的新载体。当天,钱穆的儿子、清华大学教授、当代国学专家钱逊参加了成立仪式,并与苏中学生亲切交流。面对一张张青春的面容,满头银发的钱逊分外高兴,勉励的话语动人心弦。

中学生办国学社团是件大好事

中学开办国学社，近年在中国已非新鲜事，而苏中的国学社却以国学大师钱穆的名字命名，一下子显出了与众不同。"这基于苏州中学深厚的文化底蕴。"苏州中学校长张昕告诉记者，苏州中学素重国学，在近代，苏州中学曾与多位国学大师结下了不解之缘，其中有吴梅、钱穆，而钱穆是当年苏州中学的首席国文教师。1927年，受当时的苏州中学校长汪懋祖的约请，钱穆担任了苏州中学的首席国文教师，而且一待就是三年，直到1930年，钱穆被当时的学界名流顾颉刚挖走，转入燕京大学任教。那三年，是苏州中学国学最盛的时期。今天的学生社团以钱穆之名命名，既是为了纪念这段光辉的历史，同时也是希望苏州中学能够复兴国学，弘扬国学精神。虽然社团刚刚建立，但到昨天进入国学社的学生已有四五十人。

对于是否用父亲的名字命名，钱逊并不在意，而对于苏州中学建立国学社，他是非常高兴。他说：苏州中学开办学生国学社团是件大好事，它说明苏州中学的学生热爱国学，愿意在国学上下功夫。这份源自内心的"自觉"值得大力提倡。"传承国学最终要靠年轻人，中学生爱国学，让我们看到了国学的希望。"

中学生亲近国学主要是学做人

昨天，钱逊接受苏州中学的聘请，成了苏州中学的国学教育顾问，同时还担任钱穆国学社的指导教师。除了这，钱逊还和苏州大学教授蒋国保一起，被聘为苏州中学即将创办的紫阳书院的教授。

接受这么多的"头衔"，意味着在未来的日子里，钱逊将为母校的国学振兴尽力。而在当天，面对一双双热切的眼睛，钱逊已进入了角色，给苏中的学生提出了学习建议。他说：中学生重视国学学习，最重要的并不是掌握传统的文化知识，更不在学术研究，而是通过亲近国学，承续国学的优秀精神，寻求做人的道理和力量，建设起自己的精神家园，拥有美好的人生追求。

1949年，钱逊毕业于苏州中学，此后进入清华大学历史系，后又就读于中国人民大学马列主义研究班。1981年，年近五十岁的他继承父志，开始研读国学，回归中国传统文化，至今已近30年，成了当代中国著名的国学专家。作为一名中学生该怎样走近国学？对此，积30年的阅读和研究经验，钱逊感到，国学是一种文化精神，具有整体性，同时它又无处不在，呈现于中国文化的各个层面，因此中学生进入国学的渠道有好多种，阅读历史，品鉴中国古代的文学艺术作品，这些都是很好的路径，因为无论历史，还是文艺作品都蕴含着丰厚的中国文化的精神。

昨天恰逢孔子的诞辰日,说到中学生起步阅读的具体作品,悉心研究过《论语》的钱逊说:最好的就是《论语》。"《论语》中充满了做人的道理,它会告诉我们什么样的人生才是一个有意义的人生。"

学创业先学创社——苏中学生开出社团"推介会"
《苏州日报》
2009/11/6

本报讯 "该校已全面推行素质教育,基本没有应试气氛"。前段时间,苏州中学与西安交通大学签订了预备班委托办学协议,成为西安交大少年班在我国南方地区第一所少年预备班承办学校,西安交大的考察报告中如是说。在苏州中学,各种各样的学生社团,正是该校推行素质教育的重要部分。

开学一个月后,苏州中学一年一度的学生社团"市场推介会"如期举行,49个社团在学校篮球场摆摊设点,用大幅海报和丰富多彩的表演吸引高一新生入会。这一活动借鉴了求职双选会的形式,但与双选会单位挑求职者不一样,在社团的"市场推介会上",记者看到的是努力吸引人眼球的社团和"挑三拣四"的新生。

"学会创业,先学会创社",苏州中学校长张昕说,苏州中学把学生社团作为学生综合素质和领导能力培养的重要手段,通过创办和经营社团,为今后成为各领域各行业的领导者角色打下基础,作好"预演"。事实上,为了让学生的社团行为与社会更接近,学校引入了"法人"概念,每个社团都经过规划、申请、自筹经费、审核、注册成立后,按照公司模式开展运行,并要求遵循学校的一系列规定,如果违反,将取消办社资格,在今年的"市场推介会"上,就有两个违规的社团因"停业整顿"而无法参加。

张昕认为,创业社团是苏州中学为世界著名高校输送大量优质生源的"演练场"。为此,学校组织学生参加美国独立学校联合会策划的"全球学生领袖大会",还将建立"学生CEO训练营",与美国麻省理工学院联合进行领导力培训。

经过多年发展,苏州中学现已拥有春雨生态社、模拟联合国、爱迪生俱乐部、苏格拉底会等60个学生社团。其中生命力强的社团已代代相传近十年,最古老的社团"沧浪文学社"已有将近50年的历史了。

海外竞赛信息中心社长与美国校长洽谈国际合作
2009/11/28

2009年11月24日,美国明尼苏达州沙特克圣玛丽学校(Shattuck St. Mary's)校长Mr. Stoneman和国际部主任Ms Wolf来到苏州中学与学校海外竞赛信息中心社团(以下简称:ICIC)的社长邹岩同学就两校学生合作进行一项国际性数学比赛的建议进行了交流。

圣玛丽学校是一所建校于1858年,有着和明尼苏达州几乎一样长的历史的优秀高中。此次来到我校的是负责录取和交流的Amy Wolf女士和校长Nick Stoneman先生。

ICIC是由苏州中学高二邹岩同学刚刚创建的新社团。社团主要负责与海外竞赛有关信息的发布和对参赛选手的培训。现阶段正在进行COMC(加拿大数学公开邀请赛)本部的相关工作。

Stoneman校长首先简单介绍了圣玛丽学校,并提出了几个关于海外竞赛信息中心社团的问题,包括社团规模、社员构成等。Stoneman校长给予了这个社团很大的肯定:"You are confident!"在听到社长说社团日后的规模会更大之后,他微笑着这么说。

随后,Stoneman校长便与邹岩交流了他此行的一项重要内容,那就是圣玛丽学校有意和ICIC社团合作进行一项国际性数学竞赛。交流中他说,这是一个面向全世界的数学竞赛,其中我校和圣玛丽学校将进行合作,与南非、日本、欧洲等各大洲的学校共同比赛。此项比赛将分为两个部分。第一部分由ICIC社团选拔出5位在数学领域有兴趣和才能的同学组成一队,和另一个半球的圣玛丽学校的学生同时进行复杂数学问题的解决和交流。两地学生将通过网络进行交流,以建立双方之间的联系,这样为第二部分的合作打下基础。竞赛的第二部分将由我校学生和圣玛丽学校学生一同进行,由于时差的关系,交流反馈将通过博客完成。

Stoneman校长还表示,此项赛事将由大学教授提供指导和帮助,所以会有很高的学术性。他还提到,成员选拔所需注意的是学生是否在数学思维上有天赋,"think abstractly"是他多次强调的。所选拔出来的选手应该有举一反三和思维缜密的品质。对此,邹岩给出了自信的回应,苏州中学已经有多次参加加拿大Euclid及Fermat数学竞赛的经验,而Euclid及Fermat甚至全美数学联赛(AMC)对学生的抽象思维能力都有很高的要求,也很强调解法的多样性,作为我校唯一的一个负责此类竞赛的社团,ICIC 可以保证社员中有足够的人才去完成这些数学题目。对于邹岩给出的回应,Stoneman 校长用点头和微笑表示了肯定和赞许。

最后,社长邹岩和 Mr. Stoneman 及 Ms Amy Wolf 互留了联系方式,两位老师表示将会在回到美国后与邹岩进行进一步联系。

苏州中学张昕校长和国际交流与合作处管怡老师参与了整个洽谈过程,ICIC 社团的社长和美国圣玛丽学校的校长之间的交流也成了这个新生社团迈出校园大门的第一步,而且仅这一步,不仅踏出了国门,也让它成了真正意义上的"海外"竞赛社团。

苏州中学模拟联合国 2010 年度北大模联参会报道
2010/3/29

2010 年 3 月 17 日,苏州中学模拟联合国社团在学校的大力支持下,派出 5 名优秀社员,和带队的童老师一起,前往首都参加一年一度的北京大学全国中学生模拟联合国大会。

据苏州中学模联的主席团同学介绍,作为全国影响力最大的模拟联合国会议,北大模联向来以严格的学术标准著称,参赛门槛极高。整个苏州地区仅苏州外国语学校和我校苏州中学拿到了参会资格。本次派出的 5 名社员,全都是在今年年初校内的模拟会议上,选拔出的英语功底扎实、国际意识浓厚的社员,具有过硬的模联素养。

在今年的北大会议上,苏州中学代表团表现出色,并在联合国亚洲及太平洋经济与社会委员会(UNESCAP)中获得了"最佳立场奖"(Best Position Holder Award),在全国中学生面前展现了苏中学生的风采,也为学校赢得了荣誉。

本次参会的一位同学告诉我们,参与北大会议的感觉和在学校里面模拟会议的感觉有着很大的差别。由于这次会议的时间正值高二小高考期间,所以 5 名代表全部由高一的模联新人组成,尽管在学校里面表现出色,但在全国的高手面前,仍然感到了差距。他说,获不获奖并不重要,重要的是在于我们知道了不足,也有了改进的方法,并且坚信能使苏州中学的模联水平更上一层楼。

学校广播站 Our Voice 携手生活广播网《阳光地带》
2010/5/29

2010 年 5 月 21 日下午,我校广播站的刘畅、王雨时、胡雅琪三位同学在李岚老师的带领下，来到生活广播网《阳光地带》栏目，录制主题分别为如何缓解考前压力和如何合理安排假期的节目。

在讨论如何缓解考试压力的话题时，三位同学都结合自己中考的亲身经历，以及在备考时、考场上遇到的一些问题给即将面临升学考试的高三同学、初三同学一些合理的建议。李岚老师也从心理学的角度进行了点评和剖析。

在讨论如何合理安排假期的话题时，来自苏州立达初中初二的慧慧和路飞两位同学也分享了她们往常的假期安排以及社区活动经验。我校三位同学加入热烈的讨论中，也分享了她们在参加学校组织的"三会"活动之后的感想，并且给在校生提供了合理的假期安排建议。

整个录制现场的气氛很轻松、愉快。同学们很快就进入角色，展开了热烈精彩的讨论。

李岚老师也对同学遇到的问题进行了分析和总结，给出了合理的建议。整个录制过程，都让同学们获益匪浅。

新闻链接：

创新拓展《阳光地带》栏目　助力未成年人健康成长

吴中区文明委联合苏州市广电总台生活广播共同推出了未成年人思想道德建设专题广播节目——"阳光地带"，采用直播的形式，针对未成年人的心理特点和心理需求，开展疏导、教育、引导工作，增强未成年人在学习、生活、人际交往、升学就业等方面的心理适应能力。节目自创办至今已播出300多期，受到了未成年人及家长、老师的热烈欢迎，拥有了一批固定的收听群体，在社会各界尤其是广大未成年人以及未成年人工作者中引起了强烈反响。我们的体会是：

一、发挥优势　通力协作　形成合力

"阳光地带"专题广播栏目建立以来，借助生活广播这一平台，为广大未成年人、家长及未成年人工作者服务，为加强和改进全区未成年人思想道德建设工作发挥了积极的作用。

一是品德行为的引导作用。"阳光地带"栏目突出未成年人思想道德建设主旨，以与未成年人的言行规范、道德品质相关的话题为切入口，通过电波向广大未成年人呈现出显著而不刻意的教化功能，如"你是怎样来理解'敬老爱幼、扶贫济困'的"、"雷锋精神现在过时了吗"、"感恩教育走进教材，你如何看待"、

"爱国——从我做起,从身边做起"等话题体现了品德育人的功能;"在公共汽车上,你会主动让座吗"、"应该怎样来做一个文明交通者呢"、"你会用何种方式来支持慈善事业"、"国家正在提倡节约型社会,作为祖国的未来,你节约了吗"等话题体现了良好行为养成的引导功能。

二是心理健康的疏导作用。栏目直面未成年人在学习、生活、社会交往过程中遇到的种种问题和困惑,邀请享有国家级心理咨询师资质的专家入座直播室,针对性地开展心理疏导,对各种问题观念进行分析和纠偏,引导孩子走出心理上的误区,以积极的心态和有效的方法解决实际生活中遇到的问题,对于未成年人心理健康起到了推波助澜的作用。例如,"如何调节心理状态迎接新学期的到来"、"成长的烦恼"、"患上考前焦虑症该如何缓解"、"如何面对挫折"、"如何在紧张的压力之中学会释放自己、学会解压、健康成长"等充分体现了节目的"心理疏导和心理修正"的服务性功能。

三是多方参与的纽带作用。"阳光地带"栏目播出后,节目内容反映出了许多未成年人思想道德建设亟待解决的问题,需要有关部门共同配合出谋划策,为此,由区文明委牵头,文明办、法院、检察院、司法局、教育局、文体局等16家单位联合,定期召开会议,形成了加强和改进未成年人思想道德建设工作会议制度——"未成年人联席会议制度"。这项制度为定期分析和全面把握全区未成年人思想道德建设形势和阶段性工作重点,指导和协调全区未成年人思想道德建设工作提供了制度保障,联席会议全体成员还定期参与"阳光地带"走进街道、社区,走进学校,走进机关单位活动,加强交流与沟通,形成了多方参与齐抓共管的良好局面。

二、广纳谏言 想孩子所想 不断提升质量

"阳光地带"节目开播以后,我们采取多种形式听取来自各个阶层、各个方面的意见和建议,集思广益做优做强节目。

一是定期召开节目策划研讨会。节目质量的好坏与事前的策划、事后的总结改进分不开。每年年底,栏目的负责人员都会邀请心理老师和学生就孩子关心的问题展开讨论,征集明年节目的主话题;今年,栏目还邀请了心理专家和相关领域的上级领导就节目的制作、组织形式、运作手段等进行了研讨,专家们的意见和建议为进一步办好节目拓宽了思路。

二是坚持从孩子身上挖掘话题。为了能更广泛地听到孩子们的心声,真正让孩子敞开心扉,我们坚持从孩子身上挖掘话题,谈孩子感兴趣的事情。区文明办与区教育局、生活广播网经过协商,在全区53所中小学中开展"阳光地带"

话题征集活动,广泛收集孩子关心、关注的话题,经由区教育局汇总后送区文明办和生活广播讨论后,精选出了如"竞选班干部拉选票行吗"、"航天热引发的思考"、"如何看待攀比"等孩子感兴趣的热门话题。

三是精心组织外场活动。栏目的主旨是让"灿烂阳光"普照到全市每个角落,每年我们精心策划组织三场以上走出直播室的外场活动。走进学校,教师节前夕,我们带着"教师节如何感谢师恩"话题走进城西中学,让孩子懂得在教师心目中认真学习和健康成长就是老师们收到的最好礼物。走进外来工子弟小学——东湖小学就"亲子沟通"问题开展"心要让你听见,爱要让你看见"团训活动;走进德育教育基地,带着"面对行为偏差的孩子,我们永不言弃"这个话题走进法院,邀请有关专家和学生、家长就如何关爱青少年,更好地保护其合法权益进行了探讨。同时借助区"法庭开放日"活动平台,特邀职业中学30多名学生走进区少年法庭旁观庭审,让青少年接受了一次直观而深刻的法制教育;走进社区,分别走进苏苑、龙西街道社区服务中心,围绕"如何使假日课堂更健康地发展"、"做情绪的主人"等话题展开讨论,为办好"假日课堂"拓宽了思路,针对情绪管理与压力释放进行了培训。栏目还走进了吴中广场,特邀请苏州市未成年人健康成长指导中心的"苏老师"开展现场咨询活动,受到了市民的热烈欢迎。

三、沟通心灵,架起桥梁,力求实效

"阳光地带"在节目形式、话题选择上遵循从孩子入手的原则,在学校、家庭、社会"三位一体"的教育格局中架起了连心桥,产生了良好的社会效果。一是成为未成年人的"好朋友"。节目中孩子们能讲自己所思、说自己所想、谈自己所虑,经过心理专家的分析引导,解决烦心事,明辨是非。在"心要让你看见爱要让你听见"这期外场节目中,现场氛围十分感人,通过互动游戏、讨论,外来民工孩子了解了父母的辛苦,感受到了父母的爱,学会了换位思考。在"作为学生,如何摆正网络在我们生活中的位置"节目中,邀请了三位有效利用网络的苏州中学学生现身说法,交流经验,为未成年人合理规划安排上网时间提供了参考。二是成为家长的"好老师"。亲子沟通是当今不少家长急需补上的一课。"了解孩子的心理需要,掌握亲子沟通的技巧"这期节目中,面对青春期孩子不愿与父母交流的现状,专家谈道:平日里孩子的话还没有说完,父母就随意打断,久而久之,孩子就不愿意跟父母多讲话。父母要放低身子,遵循"停、换、说"的原则,"停"就是停下自己的想法,听孩子说;"换"是转换到孩子的角度,理解把握孩子的想法,感受;"说"是跟着孩子的感觉走,先说孩子想听的,最后才说

自己想说的话。三是成为教育工作者的"好帮手"。良好的师生关系是成功教育的基础。在"师生关系的重要性"这期节目中谈到了改善师生关系的方法,作为老师要真心地爱孩子,注意教育的方式方法,多掌握些教育心理学方面的知识,多与孩子加强沟通,了解孩子,尊重孩子,而学生也要经常换位思考,尊敬老师,理解老师的付出,融洽的师生关系能为教师教学、学生学习奠定良好的基础。

节目开办以来,取得了相当好的成效,在孩子、家长和未成年人工作者中引起了共鸣,得到了上级领导部门的肯定,在凝心聚力、形成全社会"三位一体"关心未成年人健康成长的工作合力中起到了推波助澜的作用。但栏目同时也存在不少亟待改进的地方,比如有些话题比较大,谈得不够深入;话题比较分散,没有系统性;节目的内容形式不够活泼;等等。下一步,我们将逐步在这些方面继续努力,不断改进,相信通过我们的努力,"阳光地带"一定能普照到社会的每个角落。

苏中社团"招兵买马"
《姑苏晚报》
2010/10/24

本报讯 动感十足的热辣舞蹈,摩登的英文 RAP 男女对唱,架子鼓和电吉他奏响青春的旋律,台下兴奋的粉丝高喊着自己心仪"明星"的名字……这可不是什么巨星演唱会,而是苏州中学 2010 年学生创业社团文化展示暨营销大会的现场。昨天,苏州中学全校 30 多个学生社团集中精彩亮相,同时以企业营销的模式面向高一新生"招兵买马"。

昨天一早,演播厅座无虚席,还有很多同学索性席地而坐,兴奋与快乐溢于言表。歌舞、话剧、模拟联合国等精彩的社团展示节目间隙,社团社长们纷纷上台大打"广告"。天文社说:"其他社团无非都是在争抢喧嚣热闹的白天,而我们拥有的是整个夜晚!"魔方社说:"转动属于你的精彩"……展演结束之后,30 多个学生社团移师教学楼,分别在各个教室里展开招募新成员,漂亮的海报、宣传画随处可见,有的社团还有专人在教室门口"自卖自夸",不少社团都人气大旺,热闹的情形犹如双选招聘会。

据悉,苏州中学目前有学术、文体、外交、传统文化等 30 多个社团,这些五花八门、充满创意的单一或综合性社团均由学生自主开发和组织平台,在指导老师的指导之下开展活动,以达到展示才干、培养能力的目的。社团营销大会在苏州中学已成功举办三届,成为高中生们展示自我、锻炼综合能力的绝佳舞台。

苏州中学校长张昕笑称,本次营销大会是苏中的孩子们"嫁"给社团的日子。他坚信教育即成长,社团可以帮助孩子们选择成长的空间和方式,自己就如同大家长般看着同学们在一次次选择与犯错中成长,很是欣慰。

"国学社"靠什么吸引学生

《苏州日报》

2010/10/26

本报讯 每年的九、十月份是校园社团招聘新成员的黄金季节。前不久,苏州中学园区校开展了社团新成员的招聘活动。近30个社团吸引了全校上千名学生,而国学社尤为引人注目,计划招收10多人,结果一下子有30多名学生报名。

园区校国学社去年11月创办,目前拥有近30名成员。成员们在国学社指导老师徐樑的带领下,每周活动一次,交流讨论读书经验。此外,每两周每个成员还必须交付一篇读书报告。应该说,国学社的学生压力不小。然而压力之下,仍有大批学生希望加盟。

国学社魅力何在?它靠什么吸引学生?

在学习经典中思考人生

国学社的同学自然是爱看书的。《论语译注》、《庄子纂笺》、《万历十五年》、《中国哲学简史》……这些都是同学们的案头书。它们有的是老师推荐的,有的是学生根据自己的兴趣从网上订购的。

研读国学,社员们希望得到什么,他们学到的又是什么呢?我们不妨来听听同学们的说法。

"器?不器?这个问题已困扰我们很久。是成为一个高级的单功能器呢,还是先成为一个万能的器?从万能器到高级的单功能器,是不是一个必经过程?广博的学习,结果什么都懂,什么都不精通,这是'不器',但绝非'君子的不器'。人的精力有限,能在多个方面精通实属不易,怎能指望他无所不通呢。当大器晚成时,人类寿命的极限又妨碍了他在最终选择的专业领域里有更多的发现和创造。因此,对于大多数人来说,还是早点认定专业方向,开小口子,可以挖成深井,也就是说,术有专攻。"这是某次读书会上,来自高一的林汐石同学就《论语》中"君子不器"发表的见解。

对于学习国学的意义,许芃同学的理解也很深刻。她说:我认为,学习国学的重点在于理解、感悟并用筛选性的眼光对待中国传统文化,并将传统与现代的文化融合,激起有识之士对美好事物的探索与追求。这或许不是一件可以速成的事,但经过过滤沉积,一定会有执着于理想、愿意终其一生探寻真理的人坚持下来,这个人可以感染一个人、一群人。因此,学习国学,就要保持一颗好奇心与敬畏心,要具备一颗赤子之心,具备坦然、沉静的品质。

从中我们可以看到,园区校学生研读经典并非停留在纸面上,而是有深度的,他们由此思考人的品质,思考人生,看出了这些文字与自己人生之间的关系。苏州中学园区校国学社的社员正是通过学习、交流和讨论国学经典,来丰富自己的学养,进而思考和规划自己的未来。

据了解,几乎每一次读书会后,都有一两篇有水平的读书报告产生,其中的一些被上传到园区校网站,或被收入园区校校刊,让全校师生分享他们的读书成果。

正是国学社的学以致用、古为今用让这个社团散发出独特的魅力。

清华教授给自信学生发名片

国学社对外交流很多,并且交流合作的平台层次还相当高。丰富、高端的交流锻炼了孩子们的才干,增强了他们的自信心。

国学社的指导老师徐樑是复旦大学中文系古代文学专业的硕士。利用这个关系,国学社不定期地组织社员前往复旦大学,与复旦大学中文、历史等专业的教授和大学生们座谈,感受名牌大学的学术氛围,聆听专家学者对文史经典的精深解读。

与此同时,国学社还把复旦大学的大哥哥、大姐姐们请进学校,和自己深入交流。今年4月,国学社又邀请复旦大学学生社团"墨林学社"的成员访问苏州中学。在热烈的讨论后,园区校国学社的学生又当起了大哥哥、大姐姐的向导,陪同他们游览苏州古城,而在游览中,又增长了见识。园区校的一名高二女生这样表达自己的收获:我带着大学生们游览博物馆、网师园、平江路等处,一路上,我才发现苏州居然有着如此丰富的人文宝藏,临走时,大学生们还要走了我的联系方式,说以后再来苏州,还找我当向导。这让我好得意哦,我得到了他们的认可!

经常性的高一层次交流,增添了国学社成员的信心,培育了他们的美好气质。今年暑假,徐樑老师带领国学社的同学赴兰州参加了全国中学生"国学夏令营"。活动中,许芃同学介绍校园国学社时非常自信大方,不俗的气质给与会者留下了深刻的印象。会后,国学大师钱穆先生的儿子、清华大学教授钱逊主动找来,给国学社的同学们发了一圈名片。老教授希望通过网络的形式,参与园区校的读书会,与这些文气大度的孩子们结成"忘年交"。

苏中校园剧夺省赛"头名"

《苏州日报》

2010/10/30

本报讯 苏州中学校园心理剧《妥协》获得省中小学校园心理剧一等奖第一名。昨天,获奖的消息从省教育电视台传到了苏州。

此次的中小学校园心理剧汇演由省文明办、江苏教育报刊总社联合举办,是省文明办主办的"未成年人心理健康集中宣传月"系列活动之一,要求展现学生生活中典型的心理事件,如学习困难、考试失利、学习状态不稳定、厌学等,并分析原因,寻求科学的应对策略。本次汇演共评选出优秀剧目123个,其中,一等奖剧目10个。苏州中学选送的《妥协》博得了评委的一致好评,荣获一等奖剧目的第一名。

据苏中心理教师李岚介绍,《妥协》展现了一对母子间的冲突。初中成绩优秀的儿子进入高一后,成绩在班中不再拔尖,此时母亲发现孩子参加了学校的摄影社团,认为是社团活动影响了学习,希望儿子退出社团,母子间有了冲突。最后,母亲认识到应尊重孩子的兴趣,同意儿子留在社团,而儿子也表示自己会加倍努力,既张扬个性,同时也努力学习,在学业上达到自己应有的水平。《妥协》胜出,关键是引入了人格心理学上的"本我"、"超我"理论,并将之转化为生动的情节和感人的场景,让观众获得一次全新的体验。校园心理剧一直是苏州中学心理健康教育的特色之一,从起步至今已经历了近10年的探索。

社团里预演未来:苏州中学,未来领袖和创业者的摇篮

《现代苏州》

2010/11/7

"虽然天下着雨,但看得出,大家的情绪依旧很高涨。今天同学们就要'嫁'给你们倾心的社团了……"在江苏省苏州中学2010年社团文化展示暨营销大会上,张昕校长幽默的致辞,引来同学们一阵阵的欢呼。

在这所有着千年府学历史的全国名校里,学生创业社团已经成为让同学们感受快乐、历练成长和终身受益的素质教育乐土。

预演未来,让梦想照进现实

"社团引进了法人概念,每个社团都经过规划、申请、自筹经费、审核、注册后,按照公司模式开展运行。在预演未来的过程中,学着怎样将梦想照进现实,让学科学习与社团活动协调发展。"

这边,戏剧社的同学穿上戏服上演着精彩的剧目《有间茶馆》;那边,模拟联合国的学生外交官们正在进行激烈的英文辩论……近日,苏州中学校园内,一年一度的学生社团营销大会在同学们的热情参与中火爆开幕了。大幅海报和精彩"展演",吸引了大批的高一新生前来"应聘"。

经过多年发展,苏州中学现已拥有 Single Bed、3I 创新社、模拟联合国 MUN、学生 CEO、沧浪文学社、我为鞋狂等近 50 个学生社团。其中生命力强的社团已代代相传近十年,最"古老"的社团"沧浪文学社"已 50 多岁了。

学生处袁宗强主任介绍:在苏州中学,社团引进了法人概念,每个社团都经过规划、申请、自筹经费、审核、注册后,按照公司模式开展运行,并要求遵循企业法、知识产权保护法等法律法规。

"这一年来,我们与苏州固锝电子、苏州 AMD 公司、全能少年培训机构等多家企业进行了联系,并一起举办了交流、实习、培训和扩展训练等丰富多彩的社会实践活动。成功得到了人民商场、江苏银行等公司的社会活动赞助金近万元,学到了很多课堂上学不到的东西。"学生 CEO 社团副社长朱以至感谢创业社团给他带来的收获。

戏剧社也向来受同学们的追捧,在招募现场,社长张轶君忙得不可开交。"去年有 50 多位同学愿意加入社团,最后录取了 20 多位,今年将招募 20 人,不过报名人数更多。"作为一名老社团成员,她感叹于如此大规模的学生创业社团的火热场面,更感谢学校将创业意识引入社团中,给了学生更大的发展自我的空间。在预演未来的过程中,学会了怎样将梦想照进现实,让学科学习与社团活动协调发展。

教育即成长,社团即社会

"社团对学生成长有什么意义? 著名教育家杜威曾说过:教育即成长,我们的学生不能只在书本知识和自己的小圈子里成长,要在接触社会中成长,还要在不断发现自己的不足中成长。要训练自己的领导力、沟通力和纠错力……"

作为学生社团活动的积极倡导者和精神引领者,苏州中学校长张昕眼中的社团是培养学生个人能力和社会适应性的最好平台:"90 后"的孩子真的很可爱,他们参与意识强、博学多才、善于表现自我,唯独缺的是与社会接触的渠道。

我们丰富的社团活动，就是给学生们一个平台，每次活动后，我都会让他们总结经验，找到错误和不足，从而成为有责任心、理性处事、追求完美的人。

在这一理念的引领下，苏州中学还组织学生参加了美国独立学校联合会策划的"全球学生领袖大会"，建立"学生CEO训练营"，与美国MIT联合进行领导力培训。

"社团对学生成长有什么意义？著名教育家杜威曾说过：教育即成长，我们的学生不能只在书本知识和自己的小圈子里成长，要在接触社会中成长，还要在不断发现自己的不足中成长……"张昕校长感慨，学生社团几乎模拟出一个真实的社会，在参与社团活动的过程中，可以让学生们有规划未来的意识、自我纠错的能力以及与人沟通和抗挫的能力。学生创业社团已经成了苏州中学为世界名校输送全能型优秀人才的"演练场"。

高二女生"非典型"成才路的启示：做着"农场主"的梦跨进世界联合书院
《姑苏晚报》
2011/4/3

3月28日，苏州中学园区校的高二女生冉鑫安成功"闯关"，以苏州唯一名额录取有全球少年精英"摇篮"之称的世界联合书院（UWC）加拿大分院，且获得全额奖学金。这个17岁女孩有过人的智商？还是有超群的能力？且听她的妈妈——心理名师吴文君细述女儿的"非典型"成长路。

享受面试：聊自己喜欢的事很过瘾

回忆UWC面试的过程，冉鑫安用"享受"来形容自己的感受。经过层层筛选，全市有6名同学进入最后的面试，"形式是大家围在一起聊，话题是即兴的，全英文表述。她自始至终都很开心，觉得好过瘾。聊社团，聊绿色环保，聊服务生命，再从生命聊到中国传统哲学思想，谈老子和孔子，天人合一，反正都是她做过或正在做的、感兴趣的东西，完全是水到渠成，自然发挥得很理想。"吴文君老师告诉记者，"鑫安丰富的知识面、思考问题的广度和深度，应该是很契合评委的标准。"

低调女生：热心绿色的环保社社长

冉鑫安拿到了唯一的名额！苏中园区校的不少老师都觉得意外。因为在人才济济的学校里，这个女孩并不是特别显眼的那一类，低调、话不多甚至有点"宅"，成绩也不是最拔尖的那一层。"她也不是班干部，但班级需要什么，她会不声不响地带去添上。"

也就是这个不声不响的女生,高二时成了学校环保社团"根与芽"的社长。幼年时,说理想时,鑫安说"长大了,想去美国的农场晒太阳"。爸爸妈妈没有嘲笑她,反而鼓励她好好学英语,关注动植物,做个"农场主"。"兴趣是最好的老师,她由此对绿色环保事业充满了热情。"妈妈说,原本内向的女儿会带着她的社员们去全校每个班级收集废纸,和收废品的小摊主讨价还价,把卖废品的钱换成各种蔬菜花草的种子在校园种植。"苏中园区校的应试氛围不浓,尊重学生的兴趣,特地为他们建了'农场',很可贵的是这里的老师们有爱心,有胸襟,更有童心,学生有需要总是给予支持,鑫安很幸运。"吴老师说。

快乐成长:起跑线上"笃悠悠"不领先

"她当然不是神童,无论是智商或者精力,都很平凡。"妈妈说。从事心理教育的妈妈不管多忙都坚持自己带女儿,也培养了女儿从小爱阅读的好习惯。"她读得快而杂,四年级出于兴趣自己开始背一点老子的《道德经》,小学高年级时差不多每天可以读一本书。"

爱读书的鑫安在初二前学习成绩却一直平平,"小学时大概在班级20名左右","'小升初'要面试,她数学明显落了一大截,不得不恶补了一番。""高一时,在物理上又遇到了些麻烦……"不过对于女儿在分数上的这些小麻烦,身为心理老师的妈妈并没有太焦虑。"爱阅读的孩子学习不会差到哪里去,我一直这么想。"

妈妈心得:培养不如"陪伴"

吴老师称对女儿基本"放养":"几乎没有'不可以',她想做我们就让她去做,但会提醒她承担责任和后果,事实上也没啥出格的事,你给孩子空间、信任和选择的自由,她也会更谨慎。"

在吴老师看来,每个孩子的能量或者潜能都很大,"与其说培养,不如说是孩子自己成长的;身为家长,陪伴他成长,给予一些引导,在他需要的时候不要指责,给他帮助就行了。""因为我是一个陪伴者,所以女儿和我无话不谈,我们会平等地讨论一些话题,我鼓励她自由独立地思考。"

作为一个资深的青少年心理教育专家,吴文君老师接触了大量的案例,"现在的问题是有些家长太焦虑也太强势,他们害怕孩子受挫,哪怕一点点,所以他们习惯替孩子做选择,包办一切。"她提醒家长们,"你要陪着他走,他走不稳时,你可以扶一下,但你不能抱起他,完全代替他走。"

新闻链接:UWC(世界联合书院)是全球性教育联盟,目前共有成员学校12所,各学院教授IB课程(世界文凭课程),教学思想强调国际合作、宽容、理解、和平。项目面向世界 80 多个国家选拔优秀中学生,录取的学生获全额奖学金资助,毕业后多被哈佛、麻省理工、普林斯顿等国际最顶尖大学录取。

苏州模拟联合国大会培养学生国际眼光

光明网

2011/8/12

光明网苏州教育频道 8 月 12 日电　8 月 12 日,2011 苏州市模拟联合国大会在苏州中学闭幕,70 多位同学就"加沙地带的和平"、"欧盟外交政策的调整"等议题进行了探讨,让学生学会用国际眼光来思考问题、讨论问题。

据悉,2011 苏州市模拟联合国活动从 8 月 9 日正式开始,分为联合国安理会、非洲联盟大会和欧洲理事会,与会代表扮演各国的外交官,按照联合国会议的规程进行发言、游说、辩论和谈判。最后决出最佳代表奖、最佳立场文件奖、最佳前瞻性报道奖等 9 个奖项。值得一提的是,今年的活动首次邀请了外省市的学校前来参与,旨在将苏州模拟联合国打造成为区域性模联会议。

苏州市模拟联合国大会秘书长唐韵如同学告诉记者,模拟联合国是大部分会议的工作语言是英文,阅读背景资料、听取发言、阐述观点这些都对学生的英语水平提出了很高的要求。在这样的环境下,大大激发了代表学习英语的热情,更能通过讨论培养代表的国际视野。

模拟联合国活动起源于美国,是模仿联合国及相关的国际机构,依据其运作方式和议事原则,围绕国际上的热点问题召开的会议。代表们遵循大会规则,在会议主席团的主持下,通过演讲阐述"自己国家"的观点,为了"自己国家"的利益进行游说,与友好国家沟通协作,解决冲突,在"联合国的舞台上"发挥自己的才能。

中学生扮演外交官　第三届模拟联合国大会今落幕

苏州新闻网

2011/8/12

苏州新闻网讯　外语水平要好、应变能力要快、姿态礼仪更是时时要注意,在模拟联合国大会的舞台上,中学生们个个都是"外交官",要为各自的"国家利益"与其他国家进行博弈。

今天(8 月 12 日)上午,历时四天的第三届苏州市模拟联合国大会在苏州中学落下帷幕。此次大会由苏州中学模拟联合国社团组织,来自南京、浙江、安徽等9所学校的70多名中学生们参加了会议。闭幕式大会上为表现优异的学生们颁发了最佳组织奖、最佳代表奖等多个奖项。

会议组成了联合国安全理事会、非洲联盟大会和欧洲理事会三个委员会。学生们依据联合国的运作方式和议事原则，讨论关于维护加沙地带的和平、非洲恐怖主义与社会发展以及欧洲主权债务危机的应对和欧盟外交政策的调整。学生们扮演不同国家的外交官，作为各国代表，参与到"联合国会议"当中。代表们遵循大会规则，在会议主席团的主持下，通过演讲阐述"自己国家"的观点，为了"自己国家"的利益进行辩论、游说，他们与友好的国家沟通协作，解决冲突；他们讨论决议草案，促进国际合作；他们在"联合国"的舞台上，充分发挥自己的才能。

模拟联合国大会是学生模联社团的一个交流与学习的平台。它为学生们带来了更广阔的视野，激发学生们的学习热情，更锻炼了他们的领袖气质与合作精神。苏州中学的唐韵如同学说："我们在学术中找到自己的快乐，在会议中找到自己的平台。"

相关链接：模拟联合国模拟联合国（Model United Nations）简称MUN，是模仿联合国及相关的国际机构，依据其运作方式和议事原则，围绕国际上的热点问题召开的会议。青年学生们扮演不同国家的外交官，作为各国代表，参与到"联合国会议"当中。代表们遵循大会规则，在会议主席团的主持下，通过演讲阐述"自己国家"的观点，为了"自己国家"的利益进行辩论、游说，他们与友好的国家沟通协作，解决冲突；他们讨论决议草案，促进国际合作；他们在"联合国"的舞台上，充分发挥自己的才能。虽然对模拟联合国活动其起源没有确切的历史记载，但普遍公认这项活动起源于美国哈佛大学。

苏州中学上演联大会仿真秀

中国江苏网

2011/8/13

中国江苏网讯：利比亚难题如何破解？面对恐怖主义，政府有什么良策？从8月9日到昨天，苏州中学接连上演了6场联合国大会仿真秀，70多位省内外的中学生分别以中国、美国、英国等多国外交官的身份，围绕国际热点，展开讨论。

在昨天的闭幕式上，记者获悉，模拟联合国活动起源于哈佛大学，目前正风靡全球，它旨在引导青年学生关注国际社会，思考国际热点，养成国际眼光。连日来的 6 场模拟联合国仿真秀全部由苏州中学模拟联合国社团策划和组织。三天中，共有来自苏州、上海、南京、镇江等市 10 多所中学的 70 多名中学生参加。三天的活动，由学生自行设置了破解利比亚难题、应对自然灾害、打击恐怖主义等多个议题，并由参会的中学生担任各国外交官，以模拟召开联合国大会的形式，就当今国际社会中存在的巨大冲突和可能产生的危机，唇枪舌剑，指点江山。

第三届苏州市模拟联合国大会闭幕
《姑苏晚报》
2011/8/13

本报讯 昨天上午，为期 4 天的 2011 年苏州市模拟联合国大会在苏州中学正式闭幕。仪式上，共 5 名中学生代表获得最佳立场文件、杰出代表、最佳代表等奖项，星海实验中学国际课程中心荣获最佳组织奖。

我市模拟联合国大会是由苏州中学模联社团牵头、以中学生为主要对象的非竞赛性质会议，到今年已举办了三届，并首次邀请了来自南京、浙江、安徽的外省市同学参加。记者了解到，8 月 9 日至 12 日的议程内共设了 6 场会议，共有来自 9 个学校的 70 名学生与会，年纪最小的还在上初二。每一位成员都代表一个国家，各自组成安全理事会、欧洲理事会、非洲联盟，分别就"维护加沙地带的和平"、"欧洲主权债务危机的应对"、"欧盟外交政策的调整"、"非洲——恐怖主义与社会发展"等议题进行主题发言和辩论。本届模联大会秘书长唐韵如认为大会能"感同身受"培养自己的国际责任感，"当今青少年常觉得时事离自己太远而漠不关心，但现在我们要扮演各国领导人，通过查找和梳理、交流和辩论，我们发现时事就在身边，提高了自己的世界公民意识"。

本届模联的会议守则还规定了代表的着装要求，男生个个西装笔挺、皮鞋锃亮，女生则套装上阵、气质非凡，老练顺畅的谈吐更是一扫中学生的稚嫩。荣获委员会嘉奖的非洲联盟代表蒋家汝对记者说："我们平时根本不会穿这么正式的衣服，这次大会培养了我们的成熟气质，还结交到很多外校、外地朋友，让我们重视起人与人交往需要的涵养。"据悉，我市模联大会明年还将继续举办。

首批苏州市直属中小学德育品牌项目简介——江苏省苏州中学校：苏中创业社团
《苏州教育》
2012/2/8

早在 1998 年的苏中学代会上，张校长在《社团体制改革》报告中就率先提出了以培养创业素养为目的、以模拟企业运作为方法推进社团工作的思路。创业社团以其特有的组织形式和教育功能,在人才培养方面有其独特的价值。至今,学校对社团的探索已坚持了13年之久。

2008年,《苏中创业社团》杂志获第三届全国中小学优秀校内报刊一等奖;心语沙龙社团的心理剧先后获得5个全国金奖、特等奖、一等奖,其中有一个剧目在江苏教育电视台展演。

近年来,学校又以课题研究为抓手,进一步探索"社团"在人才培养中的价值,申报的课题"在高中学生社团中培养领袖素质和创业素质的实践研究"被确定为国家教育部重点课题。在课题研究引领下,学校在实践中将市场化运作规律运用于社团的建设和发展,推行和完善企业化管理模式,在组织构建和日常运作方面都形成了具备一定规模、发展目标以及高素质、高效率的"企业型"社团。依托苏中深厚的文化积淀以及自主、圆融的教育理念,建立了社团发展模型。

2009年学校又倡导并建立了苏州市高中生社团联盟,并积极推行轮办制,自2010年开始,每年召开竞标大会,联盟校通过竞标来获取承办夏令营活动的机会,2011年,积极推进联盟校间子联盟的建立,在杂志上开辟联盟校专栏和征稿启事,现已刊登十中的社团活动。我们还积极致力于合作性拓展和高层次辐射,与苏州广电总台等校外机构合作,积极与清华、北大等高校对接。

今后学校还将更大的发挥创业社团在全市的率先引领作用,辐射周边,以点带面,让学生在社团这个舞台上快乐地成长。

苏州8名学生演绎神曲《高三style》红遍网络
名城新闻网
2012/10/10

名城新闻网讯　　如果要问当下最火热的网络歌曲是哪首,当属时下席卷全球的韩国版神曲《江南style》,其各种版本更是在网络流行。不过,由苏州中学8名学生集体创作的《高三style》,同样红遍网络。

学习压力繁重的高三生,何以创作如此神曲?今天(10月8日),名城新闻网记者采访了该首歌曲的导演——苏州中学高三学生徐雷。

"没想到会这么火,当初也只是和几位同学一拍即合的想法。之所以这样,我想,还是依靠《江南style》这首歌曲本身的特点。我们的无心之作,也只是符合了当下的社会热点而已。"在餐厅一角落,苏州中学高三(12)班的学生徐雷,说起自己对《高三 style》歌曲的看法。

徐雷说,前不久,他们注意到了歌曲《江南 style》在网络上的火热程度。"为何不用这种方式,来说一下我们自己的高三生活呢?"有了此想法后,徐雷和几位要好的同学说出了想法。

说干就干。9月30日,正值中秋之际,徐雷邀约隔壁高三(11)、(13)班的包佳佳、吴汉帧、颜若依、夏正等7名同学,利用学校的图书馆、操场、地下车库、屋顶、教室以及亭台等地进行拍摄。

"因为是模仿,所以拍摄脚本可以说是现成的,主要是动作与音乐的衔接上有些难度。"徐雷说,经过一番沟通后,不到半天,前期拍摄就完成了。因平时自学了绘声绘影及 AE 制作软件,接下来的后期制作,就由自己来完成。

对于填词,主创之一的颜若依在网上说,歌词主要分为两段,主要还是要激励大家,"无论是高考党、出国党或艺术党,一定要朝着自己的方向好好加油哦!"

《高三 style》的推出也引起网友们的热议。有网友说,一群高三学生能做出这样的作品实属不错,值得鼓励。还有网友说,这才是素质教育的成果。

对此,徐雷说,苏州中学高三学生生活并非想象中的那样紧绷绷,只要合理利用时间,完全有时间做一些自己想做的事情。

苏州中学高三(12)班班主任黄晏说,对于自己的学生能够创作出这样网络视频,并不感到惊讶。"他们每个人都很聪明,有这样的爱好,创作出这样作品,作为老师为他们高兴。"

10月10日:《高三 style》来了……

《扬子晚报》

2012/10/10

本报讯 时下最火热流行的网络歌曲是哪首?一定非席卷全球的韩国版神曲《江南 style》莫属,各种模仿版本盛行网络。这不,最近又诞生了校园版——苏州中学徐雷等8名高三学生利用中秋假期集体创作的《高三 style》,不仅视频上了优酷热门推荐,不到10天点击量已经突破了20万。昨天,扬子晚报记者走近这群十八岁的青春男女,探访创作经历和背后花絮故事。

心血来潮想拍高三版的 style 视频

高三毕业生的学习生活在常人看来是非常紧张的,这群学生怎么会有闲情雅致创作拍摄呢?"正好放中秋国庆长假,节后就迎来学校月考。我们就心血来潮想拍段搞笑视频让所有考试压力很大的同学们开心一下。"导演高三(12)班的徐雷同学笑着说。

"我们更是想把这种全球流行、社会共娱的神曲拍出苏高中自己的风格。"正是秉着这种想法，才女颜若依连夜赶出了高三 style 的歌词。在某位高人的帮助下由她本人演唱，完成了曲子的录制——高三 style 初具雏形。"歌词分为两段，第一段讲述学霸生活，第二段讲述屌丝生活，最后才是一起共同前进，主要是要激励大家，无论是高考党、出国党或艺术党，一定要朝着自己的方向好好加油！"负责填词的颜若依同学介绍。

中秋节 5 男 3 女校园演绎 "高三 style"

百度搜索《高三 style》，就跳出"高三学生中文填词版江南 style"的百万条信息，其中大多数各大视频网站的转载。点击进入，伴随着熟悉的神曲背景音乐，一位戴着墨镜、身着休闲装的中学生在屋顶上摆着酷酷的 POSE，并喊出主题 "oppa 高三 style!" 嘻哈搞笑的风格让人忍俊不禁。

短短 4 分钟的视频画面，是 5 男 3 女共 8 名中学生在中秋节那天，于学校的教室、图书馆、操场、地下车库、亭台等场景拍摄而成的，其中包娜娜和包佳佳还是双胞胎，两姐妹清纯靓丽的身影也成为一道风景线。"睡眼惺忪就爬起来会杜甫李白，一整天九小时无间断上课从不发呆，刚回家就马上吃饭然后又怒战题海"的歌词则反映了高三学生的紧张学习生活，"飞跃高三，就没有阴霾！" "大学在等待，只要我们努力就能闯过来"等歌词更是振奋人心。

抽签选 "主角" 红楼前集体舞 NG6 次

"画面第一个出现的酷哥是你吗？"面对记者提问，徐雷摇头坏笑地答"不是，那个是吴汉帧，后面戴头套的是我！"原来，当初挑选"鸟叔"人选的时候大家抽签决定，无意抽中了老汉同学，出乎意料的是，他戴上眼镜跟鸟叔是这么的像！众人调侃他："鸟叔，成名后生活如何?!"他一脸严肃答："夜生活非常丰富，还有，我是帧叔。"

因为是模仿，所以说拍摄剧本基本是现成的。但要跟着动感的音乐节奏跳起《江南 style》经典的马式舞步，对于这群没什么舞蹈功底的高中生来说难度不小。"八个人里只有艺术生颜若依学过舞蹈，我们几个都是打酱油现学的，动作和音乐老是衔接不到位。特别是最后那场在红楼前的集体舞，之前大伙一起练习磨合了好久，一边跳着奇怪的舞步一边说'你往那边点'、'你动作利索点'，等到正式拍摄还是 NG 了 6 次才算通过。"导演徐雷透露。

"慌张大于自豪 没想到会这么火热"

"其实没想到会有这么大的反响,我们原计划是在人人网转载,让所有考试压力很大的同学们开心一下。没想到上传的第一天,不到3小时点击率就破千,不到一天就破万,这样的速度让我们惊讶,同时也很担心。"包娜娜告诉《扬子晚报》记者,看到不断上升的点击率,他们很担心有负面的声音,比如说批评苏高中不学无术,或者说做的视频太差等。"为此我们还发了一篇校内日志关于我们拍摄视频的目的、宗旨还有拍摄期间有趣的事。好在到目前为止,老师、同学、父母和校友都表示很支持,这让我们忐忑的心情稍加平复。"

说起此次集体创作的感想,几个主创人员表示"非常有意义"。"我们的高三style,不仅仅是摆满书的教室,朝七晚五的生活作息,红楼白楼和行政楼,更是在这个年轻的岁月里遇到了对的人,做了我们认为值得的事!我们是'心怀鬼胎'的年轻人,我们追求梦想,在青春正好的时候!"

高三(12)班的班主任黄晏老师看了学生的杰作也很欣赏,对于自己学生能够创作出这样网络视频并不感到惊讶。"他们每个人都很聪明,有这样的爱好,创作出这样作品,作为老师为他们高兴。"

苏州中学创业社团文化展示暨营销大会成功举办

《苏州教育》

2012/10/30

金秋十月,丹桂飘香,美丽的苏中校园又迎来了她一年一度的盛会。10月28日上午9:00,苏州中学隆重举办了2012年创业社团文化展示暨营销大会,给这座拥有千年府学百年新学的名校注入了新的活力。

与往年不同,今年的纳新大会将展示舞台放在了全新的学校艺术中心剧院,剧院宽敞舒适的环境和现代化的舞台设备为此次大会的精彩呈现提供了保障。

应邀出席本次盛会的领导和老师有:苏州市委教育工委委员、市教育工会主席沈宇,苏州市教育局政宣处副处长徐洁,苏州市教育局团委书记赵鸣,学校张昕校长、王旦副书记、学生处各位主任以及学生社团指导老师。本次活动还吸引了市社盟成员苏州中学园区校、三中、四中、十中等师生,还有来自苏州中学伟长实验部的同学们和部分学生家长。

9点整,大会在Single Bed一曲《umbrella》中正式开始。首先由苏州市委教育工委委员、市教育工会主席沈宇致开幕词,沈主席在讲话中指出,学生社团的发展要做到爱心、坚守、能力、创新。苏州中学的社团已经成为苏州中学的一张闪亮名片,也将会带动社盟其他学校社团朝着更高的方向发展。

随后进入第一部分——社团文化展示。首先是社长一句话环节,每个社长一句别具创意的纳新口号使整个展示氛围更显活跃。接下来,有韩社的舞蹈《Kara Mr.》、戏剧社的《两只狗的生活意见》、One On One 动漫社的《Luka luka naido fida》,还有歌舞青春社的炫舞表演和魔术社与同学们一起见证奇迹的时刻。最后一个节目是由学生自编自导自演的《高三 Style》,台上的热舞和台下的观众产生了共鸣,整场活动进入了高潮。

最后,张昕校长致辞,在讲话中张校长充分肯定了学生社团的发展现状,同时也鼓励同学们要学会做人,学会做事,注重学习的同时玩好社团,发展好社团。

接下来,进入第二部分——社团纳新。本次纳新大会上,共有 45 个学生社团参与了纳新活动,而大会无论在参展社团数量、展示规模、节目类型、参会人数相比往届都获得了极大提升,这也显示了苏州中学不断积淀的创业社团文化。各个社团社长们也都倾尽全力为自己的社团做宣传,每一个社都有各自富有创意、极具特色的展示,都吸引了不少同学前来咨询报名。随后各社团还安排了现场面试环节,整个纳新活动一直持续到下午,场面火爆。

本次大会得到了与会领导和师生的一致好评,这是展示学校社团风采、吸纳新人的盛会,新社员的加入为社团注入了新的活力,必将推动社团再创新的辉煌。

苏州中学:高中生"赶集"社团营销会
《苏州教育》
2012/10/30

苏州中学一年一度学生社团营销大会于 10 月 28 日召开,这场吸引了近千名高中学生参加的社团营销活动已经成了一场名副其实的"校园盛事"。

据学生工作处主任顾维红介绍,今年经审批合格正式成立的学生社团总量达到 45 个,不仅数量上较以往有了增加,类型上也有不少"新品种",比如"骑行社"、"室内乐团",学习韩语的"韩社",等等。值得一提的是,今年新成立的"辩论社"参与人数超过一百人,与传统经典社团同时进军社团人数较多的"大社"。顾老师认为这与学校这几年提倡的学生通过"创社"来操练"创业",重视培养高中生的领导能力有着密切的关系。以有梦想、有思想为荣,学生渐渐开始重视演讲能力和思辨能力的锻炼。

当日不仅苏州中学的学生参加社团营销活动，挑选自己心仪的社团。苏州市高中生社团联盟中的成员校也有学生代表参加该营销活动，就连初中学生也走进苏州中学的校园感受这场社团"集市"的热闹。

苏州市高中社团联盟校际会议在苏州中学召开

《苏州教育》

2013/3/12

3月10日下午，苏州市高中社团联盟校际会议在苏州中学召开。苏州中学、苏州中学园区校、苏州市第三中学、第四中学、第六中学、第十中学、木渎中学、星海实验高中、西安交通大学苏州附属中学、西交大苏州附中等十所高中学校的社团管理中心负责人参加了此会议。会议由社盟主席单位苏州中学社团管理中心理事长兼社盟理事长金含章同学主持。

会议主要讨论了苏州市高中社团联盟暑期夏令营承办学校竞标方案。金含章同学向与会代表介绍了此次竞标方案的细则。他同时指出，与往年不同的是，本届竞标不再采用之前的投票制，而是改用评分制，以求客观。在短暂的讨论之后，来自其他九所学校的学生代表对此方案进行了民主表决，超过半数代表表示同意。会议确定了此方案为最终竞标方案。

此外，本次会议还就各校优秀社团上报、苏中创业社团杂志约稿、社盟子联盟建设和社盟成立四周年庆典等有关事项进行了讨论交流。在热烈的气氛中会议圆满结束。

4月1日：它们，是不是太多了太亮了？

《苏州日报》

2013/4/2

本报讯 灯光璀璨，方圆500米内却寂无一人；晚上睡觉，窗外灯光刺眼，安睡成了奢望；不少孩子，不知道什么叫沉沉的黑夜，也体会不到"伸手不见五指"……苏州城内的灯光如何部署得合理，做到既美观、安全又方便居民生活？苏州中学园区校的一群高中生最近关心起了苏州的夜环境、光污染，经过调研，写出了一份被市政协委员融入今年市"两会"提案的调查报告。

每次在星期天的晚上回园区校，一路上，我们都会看到漂亮的景观灯，一开始就是觉得真好看，时间长了，我们就觉得有点浪费，你想啊，好多地方都是灯寂寞地亮着,人却一个也看不到……于是在去年年底我们就想做个调查,看看这样的情况到底多不多,市民又会有些什么看法。园区校的高中生屠佳宁讲起了调研的情况。

屠佳宁把几个同学的想法通过学校社团的平台发布后,很快就吸引了一帮同学。几天后,18人的调研小组成立了。大家在一起商定了具体的调研方法,10多个调研点分落在园区、高新区、姑苏区、吴江区,甚至还布到了太仓市。在调研中,资料收集、问卷调查、视频采访都被他们用上了。"调查问卷都是我们自己设计的,如何评价景观灯的美化作用、在某段路灯的数量是否已超过正常的照明需求……总共有5个问题,每题都是中文加配英语,因为我们还访问了在苏州的'老外',问卷设计好后,我们就自己掏钱印,印了好几百份,然后就分成七八个小组,到园区的松涛街、石湖景区、吴江的笠泽路等地发放调查",屠佳宁继续介绍道:有的市民很热情,根据问题,一项一项认真地填写,太仓的一位外教不仅愉快地接受了我们的访问,还给我们修改问卷中英语的表达错误。不过也有市民不配合的,那种不以为然的表情让我们有点受"伤"。与屠佳宁一起在吴江街头做调查的朱心宜说。

调研一结束,一群人就围在一起整理资料,统计数据,然后由屠佳宁执笔写成了调研报告《关于对苏州夜环境的思考》。"苏州的一些地方,尤其是苏州市区,有些道路的路灯及景观灯密度太大,光照强度太大,浪费了能源,造成了光污染,让人感到目眩,影响了动植物的睡眠。""在鸟类聚集的栖息地,应尽量避免使用人工光源,如果用了,应把照明时间限制在2小时以下,慎用影响昆虫繁殖的蓝紫光……"这些都是报告中的片段。虽然整篇报告尚显幼稚,但类似这样"有看头"的片段也不少。同学们的思考引起了市政协委员的关注,在今年的市两会上,这位委员把同学们的意见融入了自己的提案。

18位同学关注生活、服务生活、务实调研的热情打动了他们的学弟学妹。该校高一年级的钱望冷同学说,学哥学姐们的这种做法很有意思,今后他们也会有类似的做法,最近他就在考虑用废旧材料做工艺品,比如几根树枝、一个木块,外加电线、灯泡,就能做成一个很不错的台灯,做成了,出售、赠送都可以。

市高中社团联盟辩论决赛在苏州中学举行

《苏州教育》

2013/6/14

6月11日,苏州市高中社团联盟辩论半决赛、决赛在苏州中学举行。半决赛分别在苏州中学、菲语博论社、西安交通大学附属中学、苏州中学园区校四校之间举行。经过一上午的唇枪舌剑以后,苏中对菲语博论社14∶1顺利晋级。苏中中学园区校与西交大附中同学针锋相对,平分秋色,最终苏州中学园区校以8∶7略胜一筹,晋级决赛。

决赛在下午两点举行,在场的评委分别是苏州工业园区职业技术学院单强院长、苏州日报社常新主编、苏州大学辩论队现任队长崔宗祥、前任队长史爽爽、西交利物浦的前任队长胡进老师。到场的嘉宾有校学生处顾维红主任,团委贺中计老师,华语辩论网站长、中华民辩盟理事、南京审计学院主教练、苏中校友夏惟桐学长,复旦大学主教练刘杰学长。在经历了一番惊心动魄的交锋后,苏州中学最后惜败苏州中学园区校,园区校的二辩获得"最佳辩手"的称号。至此,苏州市高中联盟辩论赛拉下帷幕,圆满结束。

8月13日:模联会:我们在这里走向世界

《苏州日报》

2013/8/15

本报讯 一场成功的模拟联合国大会需要所有参与人员的全神贯注。

记者昨天到达苏州中学模联会场时,正式的分组会议已经开始。代表们或是西装革履,或者身着唐装、韩服等民族服饰,分布于国际原子能机构、联合国安全理事会、联合国人权理事会、联合国裁军审议委员会、国际法院、经济会场6个会场,展开激烈的"舌战"。

会场外,十几名志愿者来回奔波忙碌着,指引路线、传递文件、运送矿泉水,为大会提供细致的后勤服务。大会现场还有一个专设的组委会,负责统筹各类会务需求。

模拟联合国

- 模拟联合国是模仿联合国及相关的国际机构,依据其运作方式和议事原则,围绕国际热点问题召开的会议。
- 青年学生们扮演各国代表,参与到"联合国会议"当中。
- 代表们遵循大会规则,在会议主席团的主持下,通过演讲阐述"自己国家"的观点,为了"自己国家"的利益进行辩论、游说。

扮的是各国代表 谈的是专业话题

模拟联合国大会,是眼下备受大学生、中学生欢迎的一项社团活动。根据参会人员年龄、学历、兴趣等差别,不同的模联组织一般会选择模仿真实联合国大会上不同的会议组。对于苏州中学模拟联合国社团而言,国际原子能机构、联合国安全理事会、联合国人权理事会、联合国裁军审议委员会等4个会议是他们的传统项目。而今年,他们特意创新增设了两个特殊委员会:国际法院和经济会场。

走进经济会场,来自金融、房地产、消费者协会等行业的8位代表,正在为解决2007年美国次级房贷信用引发的金融危机出谋划策。代表们都是美国参议院常设调查小组委员会的成员,有着共同的使命,但也同时代表着社会不同群体的利益。"稳定金融市场措施不够、消费者信用考核要多设指标"……他们最终会把讨论议程提交给参议院参考。

为什么要尝试新会场?"传统的会场主要锻炼同学的演讲、沟通、团队合作等能力,并不需要太多的专业知识,但部分同学对参与模联有着更高要求,他们希望从中学到某些热门专业领域的实质性知识。"李青远是经济会场的主席,也是该会议组的发起者,他来自上海晋元高级中学。"我通过模仿借鉴、查资料等方式为这场会议准备了半年多时间,把第一场尝试放在苏州中学模联,也是相信参与同学的实力。"李青远说。

外地生被吸引　大学生来"支援"

今年苏州中学承办的模联大会,有全国29所学校的130名高中生、大学生来苏参与。这29所学校中,有8所学校来自省外,较近的如上海市第二中学、金陵中学,较远的如江西省九江市第一中学、天津实验中学等。会议代表们多是高一、高二的学生,也有十余位大学生前来"支援"。组委会希望能够与更多不同学校、地区的同学交流,因此通过单独邀请、人人网、微博等多种形式发布活动信息,除了组队报名外,这次还有15位参与者是独立报名的。

国际法院会场扮演法官一角的李锐恒是华东师范大学大一学生,他不仅来自大学生群体,还是单独报名参会的。说起参会缘由,李锐恒笑着说自己是个标准的"模联迷",平日在学校不大参与其他社团,除了功课外,就是忙于各种模联活动。因为自己的专业是国际政治,李锐恒相信只有模联活动能快速有效提高自己的专业水平。"这次来给高中生们传授一些我的亲身经验,在回顾反思中也能有所收获。"他告诉记者。

组委会尽职尽责　志愿者不辞辛劳

在这场洋气的模联会场背后,30多位组委会工作人员和志愿者默默付出着。

苏州中学的罗佳仪是组委会的秘书长,她说自己和同伴为这次大会准备了

4个多月时间,从学术资料印刷到联络人员再到食宿安排等工作,全都要模联社团的成员亲力亲为。校方曾因高温天、活动多等实际情况,考虑建议取消这次模联大会。但罗佳仪等人一面打算另寻场地,一面继续向校方争取。最后以"已经向报名者做出承诺"的理由,组委会获得了校方的大力支持。为了让会场服务更加贴心,组委会成员还四处游说,拉来两项商业赞助充斥活动资金,这样一来,大会又新增了一个茶歇环节,为代表们提供茶水、食品。

苏州中学的常克韬和苏州十中的孙笑则是两位主动报名志愿服务的高二学生。"虽然天气很热,但在这里服务可以培养耐心,锻炼沟通协调能力,还可以结交许多志同道合的朋友。"两人说,"最重要的是,模联是世界名校最流行的学生活动,在这里服务也是体现自己的'国际范儿'。"常克韬希望通过志愿活动丰富自己的暑期生活,孙笑认为志愿服务很快乐。

8月18日:国内23校"模联精英"相聚苏州中学
《姑苏晚报》
2013/8/15

8月11日,为期三天的第四届苏州市模拟联合国大会在苏州中学拉开帷幕。与往年相比,今年的大会吸引了江、浙、沪、京共23所优秀学校的参与,参会主席和代表70余人,会议的规模和层次较往届均有突破。

此次模拟联合国大会共设五个会场,包括联合国安理会、伊朗核问题6+1会谈、人权理事会、特别事务委员会、柏林会议。来自苏州中学、北京十一中、南师附中、省常中、上海南汇中学、苏大附中等23所优秀学校的"模联精英"们现场指点时事、自信地表达各自的观点,个个显得气场十足。

这次大会还在苏州模联历史上首次引入危机联动体系及多哈模联授权的国际法院等新兴会场。唐韵如同学是苏州中学模拟联合国社团的负责人,也是此次会议的秘书长,她解释说:"危机联动体系是指联合国安理会的代表们假设出一个突发危机,交由伊朗核问题6+1会谈的代表立即处理,而以往模联大会的各个会场是分别独立的。"联动体系的加入无疑使模拟会议更加贴合实际,促进了各会场的交流。

更让人称道的是,此次模联大会全由苏州中学模拟联合国社团的高中生们独立策划组织完成。指导老师贺中计告诉记者,社团的学生们从去年年底便着手准备联系友好高中、准备会议材料、审议申请者资格等,整整忙碌了8个月时间。"学生们自己通过人人网、公共主页、私人关系等方式邀请国内优秀高中的模联社团,他们以往在北京大学、复旦大学模联大会上的经验对他们很有帮助。"

人权理事会分会场中的主席是来自上海市格致中学的刘育昇同学,即将升入高三的他刚参加过北大、复旦举办的模联,经验很是丰富。"虽然参加了那么多次,但作为主席还是第一次,这也是我第一次来苏州模联。"刘同学一身正装十分帅气,他在大会间隙抽空说道:"参加这些活动能锻炼我们的领袖气质,很多模联人对学习充满了热情,成绩都很好,更重要的是在这里能交到志同道合的朋友,很开心。"

8月20日:中学生的"联合国情结"
——记2013第五届苏州市模拟联合国大会

光明网

2013/8/21

"俄罗斯动议拆除朝鲜轻水反应堆的一个有组织核心磋商,时长为10分钟,通过!"苏州中学的联合国安全理事会上,30名各国外交代表们济济一堂,来自福州格致中学的会场主席李佳奕郑重宣布。

这是2013年第五届苏州市模拟联合国大会的现场。8月11日至14日,来自全国29所中学的130余位中学生们西装革履,分布于六大会场,就核的安全使用、亚太地区安全与合作等话题展开激烈"舌战",为所代表国家的权益结盟游说、据理力争。

今年的苏州,天气异常炎热,40摄氏度高温让人出门都需要勇气。然而,这群中学生们放弃了休息,忘记了酷暑,积极参加,全心投入,办起了联合国组委会、主席团,扮起了志愿者和各国代表,是什么让他们如此痴迷于"模联"这项社团活动?

自导自演,学生社团学生做主

"模拟联合国运作模式和联合国一样复杂,不是真正的模联人,想插手也插不上!"本届模拟联合秘书长罗佳仪告诉记者,这就使得"模联"不像其他的学校社团,看似是学生的,背后却总是由老师们"垂帘听政"。

从年初的寒假开始,罗佳仪和另外十多位组委会成员们就为本次模联大会忙碌起来:会务组拟写活动方案、活动经费预算、拉赞助、前期人人网宣传,学术部编写大会背景资料、讨论会场及其议题设置、招募资深"老模联人"担任会场主席。一起讨论,共同努力,大会的各项筹备工作井井有条地进行着。

"大会准备是一个长期的过程,需步步更进、保证进度。"罗佳仪回忆那段日子,为了免除爸妈"费时间影响学习"的担忧,成员们必须把学习和工作都干得很漂亮才能得到爸妈的支持。期间,高二的同学还面临"小高考"。"大家就像一家人,互相鼓励、坚持着!"

7月的最后一天,离大会还有十天,一个残酷的消息从天而降:由于天气炎热等原因,学校决定取消模联大会!

作为秘书长,罗佳仪流着眼泪一个一个地给组委会成员打电话,我们讨论下,明天和校长直接面谈!十几个中学生连夜聚到一起:天气热,活动都安排到室内,并准备充足矿泉水、避暑药等;不安全,联系代表们要求请各学校老师带队;出行乱,设置不同颜色的胸牌绳子、设宿舍晚11点"门禁",组委会、志愿者成员蓝色可自由出入,各国代表银色禁止出校,主席们橙色固定时间段可出校。如果学校仍旧不同意,就联系附近酒店办大会,同学们甚至连附近所有酒店的联系方式都已经查好,一直忙到半夜2点。

第二天,组委会一行十几名同学含泪的表情、诚恳的态度、缜密细致的安排,让张昕校长再不忍心拒绝:"我被你们的真诚感动了!好,代表们住宿、吃饭的问题,学校全力支持!"

"我们都是发自内心地热爱,发自内心地想办好它,那种炽烈的热情,可以战胜一切困难。"罗佳仪强调,因为那是我们的模联大会,完完全全属于我们自己。

政经文军,大脑的集中"扩容"

6月初的日子,模拟联合国大会安全理事会主席团成员李佳奕的QQ闪个不停。"每天除了吃饭、睡觉外,剩下的时间就是上网查资料、细细读,与主席团其他成员讨论,根据综合理解,编写大会背景资料,各种信息充斥大脑,简直就是一次集中'扩容'。"李佳奕说道。

为了方便与会代表们在短时间内获取相关背景资料,国际原子能机构、联合国安全理事会、联合国人权理事会、联合国裁军审议委员会、国际法院和经济会场六大会场主席团的成员们将针对各自议题编写一份翔实全面的背景材料,供代表们学习,建立QQ群,供交流讨论。

来自天津市实验中学的李欣烨,前期就学习过主席团的60页的背景材料,自己还查阅了大量的资料,在安理会做澳大利亚的"外交官"是她模联的初次体验,她表示,虽然只有短短的四天,但自己对安理会职责和运作方式、朝鲜核问题、六方会谈和亚太安全等问题有了全面的认识,这些平时很少涉及的知识是一个地球村村民应该拥有的。

"为了全面还原联合国的语言环境,大会还设置英语会场,对代表们的英语口语提高很大。"一位刚从联合国人权理事会的代表告诉记者,查阅资料,学习理解,提升智商;现场外交讨论,学习交际,懂得权衡,提升情商。

"联合国是一个庞大的组织,目前有近 200 个国家,包括联大、安理会、经济及社会理事会、秘书处、国际法院以及联合国托管理事会等众多机构。"苏州中学模联社社长戴天行表示,要模拟这样的会议,必须具备很强的知识储备和技能要求,政治、经济、文化、军事、地理、外交等,这都是代表们参会和会议成功与否的前提。

国际视野,从这里开始关注世界

"模联让我有了国际化的视野,由此产生的对国际政治的兴趣,让我选择了现在就读的华中师范大学的国际政治专业。"李锐恒是国际法院的一名法官。令人惊奇的是,他是这个中学生社团活动中的一名大学生,正是出于对模联的热爱,他单独报名参加本次大会。而类似的大学生有 10 名。

"从高一第一次接触模联,我就深深喜欢上了它,是它还让我喜欢上了看新闻、看时事,探明政治背后的东西。现在进入大学,除了功课,每天就是忙各种模联活动。"李锐恒告诉记者,模联就是一扇小门,里面却别有洞天,牵引着年轻人进入一片新天地。

同样是模联的"铁杆粉丝",上海 U-link 学校的李青远关注起了美国经济。首次创立的"经济会场"就是由他提议并一手操办而成,议题是"2007 年美国次级房贷信用引起的金融危机"。前期,10 名毫无经济知识基础的代表们苦学"经济",在 4 天的大会期间,最终形成了一份 8000 多字的经济调查报告。

原联合国秘书长安南在一封致国际模拟联合国大会的贺信中指出:联合国是依靠世界上每个人的努力而存在,尤其是像你们这样的青年,这个世界,不久就会是你们的。

张昕校长表示,未来的时代是国际的、现代的、全球多元的,年轻人必须树立世界人的眼光,寻找时代的普世价值观,胸怀天下。模联就是一扇通往世界的窗户,引领着中学生从小开始关注政治、经济、文化、军事,树立起国际视野,然后为世界的和平与发展做贡献。

苏州中学:创业社团文化大展风采

《苏州教育》

2013/10/23

10 月 19 日,苏州中学一年一度的创业社团文化展示暨营销大会如约而至。

来自歌舞青春、动漫社的社员们给同学老师们带来了歌舞、空手道、短剧等精彩节目,尤其是德威学生带来的"shadeo",利用 LED 发光舞蹈服装,通过动作设计的需要,调节衣服的发光,给同学和老师带来了耳目一新的视觉冲击。

本次创业社团文化展示延续"社长一句话"环节,社长们用简单的一句话,喊出青春的宣言,亮出社团的风采,使在场的新生赞叹表演的同时也感受到学校深厚的社团文化。

苏州市教育局政宣处副处长徐洁在致辞中表示,苏州中学历来以丰富多彩的社团活动独树一帜,在全省乃至全国都具有影响力。目前共有48个社团,包括文化研究、社会探索、舞台表演、体育竞技等各个方面,为学生的全面发展提供了良好的平台。

12月14日:校园心理剧:让学生内心的故事走向舞台

光明网

2013/12/16

光明网苏州12月14日电 "长长的鞋带,左边穿起了佳慧的思念,右边穿起了妈妈的关爱,用心系鞋带,就成了一个漂亮的蝴蝶结……"这是由盐城响水实验小学的师生表演的心理剧《让爱不再遥远》。12月13日下午,2013年江苏省中小学"校园心理剧"优秀剧目汇报演出活动在苏州中学举行,10个特等奖剧目参加展演,小演员们出色的表演赢得满堂喝彩。

"校园心理剧"是一种新兴的心理健康教育形式,通过演绎校园生活中的人和事,将青少年学生在学习、生活和人际交往中出现的典型心理问题移于舞台,让学生在轻松、和谐的氛围里缓解心理压力,获得教育和启发。

青少年的高参与度是心理剧的一大特色,不仅仅是参与表演,有些学生甚至担当起了导演、编剧的角色。南京宁海中学的《我想变成一只蝴蝶》即由徐颖博同学导演,体现了学生自我意识的发展过程,"想为自己作诗",受到了专家的高度赞扬。连云港新海实验中学的《迷途少年》讲述了冯同学因与父母沟通出现问题、产生矛盾而险些误入歧途的故事。初三年级的小演员赵同学说,剧本都是由同学自己创作的,他们也花了很多课余时间准备,感到收获很大——锻炼了自己的能力,也觉得能和父母更好地沟通了。

心理剧将学生们的内心需求通过舞台表演的形式呈现,也是观赏表演的老师感触很深。姑胥桥小学的陆老师表示,这种活动很有意义,观看了反映留守儿童的心理剧后,她相信今后也能更好地帮助有类似境遇的学生,让他们感受到校园的温暖。

据悉,心理剧的征集评选活动到今年已是第四届,由江苏省文明办、江苏省教育厅主办,江苏教育报刊总社承办。本届从江苏省13个城市选送的253个剧目中评选出了许多优秀作品,苏州中学的《123,木头人》、海门三星小学的《英子日记》等作品脱颖而出。

12月16日:中学生开起暖冬音乐会

《城市商报》

苏州新闻网转载

2013/12/16

昨天下午1点,一场名为"2013暖冬音乐会"的文艺表演在苏高中大剧院中开演。当天,苏州中学Pop Bomb乐队学生社团组织苏高中、十中、星海、苏中园区校等四所中学的50多名音乐发烧友共同参演,共有900名学生观看了这场激情四射的演出。

12月25日:喜获亚军,苏中开创"精辩赛"历史记录

《江南时报》

2013/12/25

2013年12月13日至18日,第六届"精英杯"亚洲中学生华语辩论赛在马来西亚吉隆坡举行。比赛期间,苏州中学辩答了4个辩题,6个立场,7场比赛,从64支参赛队伍中脱颖而出,一路打进决赛,并最终获得了亚军。中国江苏省苏州中学辩论队是第一支闯进精辩赛决赛的海外队伍,苏中开创了精辩赛历史纪录。

"精英杯"辩论赛是2008年由马来西亚精英大学华文学会创办的全国性比赛,以"精之所在,辩以论之"作为比赛主题,意图为马来西亚全国中学辩论队提供一个学术和辩论技巧的交流平台,吸引了来自大马全国几十支队伍参加。而从2012年第五届精辩赛开始,成功邀请了来自中国以及新加坡、文莱等亚洲国家中学的辩论队,使精辩赛成为具有国际化规模的辩论赛事,而评委则邀请了马来西亚国内知名辩手颜江汉、胡建彪等,还有黄执中、马薇薇等台湾大陆的著名辩手,使精辩赛成为亚洲中学华语辩论的高素质交流平台。

苏州中学的辩论活动由来已久,每年高一都有传统新生辩论赛。但一直停留在学生自发、以社团形式为主,非专业层面。2012年苏州大学创办了"东吴

杯"全国中学辩论邀请赛,苏州中学才开始组建校辩队。在今年的"东吴杯"比赛中,由江鸥、周纯、李泽坤、唐芊源、钱剑书、王心妍同学组成的苏州中学辩论队获得季军,苏中被推荐代表大陆参加在马来西亚举行的精辩赛。

在9月初,苏州中学接到精辩赛组委会邀请,由刘勤老师领队,克服了诸多困难,从高一年级新生中选拔了王昊庭、李千翊、葛振兴、顾弘熙、顾奇正、张欣怡、费道晔七位同学,组成苏中辩论队,特邀了国际大赛的最佳辩手担任教练。从9月下旬开始,辩论队利用所有的中秋国庆假期、周末以及晚上的时间,进行强化训练。在比赛期间,队员们每天平均只睡2到3个小时。在准备八强循环赛的前一晚,几乎通宵未睡准备辩题。凭借着顽强的意志,拼搏的精神,苏中辩论队一路创造奇迹,闯进决赛,与马来西亚最强大的吉隆坡循人中学辩论队对战,最终获得亚军。费道晔同学荣获大赛"十佳辩手"称号。

辩论赛是对智力、心力、体力的极限挑战,只有勇敢智慧有毅力的人才能登上巅峰。

3月12日:世界联合书院全奖录取了他!

《姑苏晚报》

2014/3/13

本报讯 3月9日晚,一封来自世界联合书院加拿大皮尔迩学院的邮件让苏州中学高二(2)班的男生戴天行(苏州中学模拟联合国社团社长、古希腊文化研究社社长)喜出望外——小戴不仅拿到了学院的录取通知,还获得了8.5万加元的全额奖学金!这个外表瘦削的男生用自信和实力赢得了考官的青睐,迈上了通往世界顶尖名校的道路。

面试:10个小时连轴转
超高负荷也是享受

去年年底,小戴和全国各地八千多名优秀的中学生一样,向世界联合书院递交了网上报名材料。今年2月22日,小戴收到了前往北京面试的通知。到了北京才知道,仅有80人获得了面试资格,"说百里挑一一点都不夸张"。而面试的通过率,据小戴介绍大约是50%。当然,拿到全额奖学金的学生更稀缺,据校方介绍,苏州大市仅小戴一人。

和国内各种考试不同,面试的一天里,戴天行形容是经历了超高强度的脑力和体力劳动。上午八点的英语、数学笔试,紧接着一对二的面试,随后分小组,讨论、做手工。中午开始户外活动,一点左右才吃上午饭,晚上还要小组表演展示节目,"这十来个小时里,考官一直会观察我们的表现,给每个人打分,说实话真挺累,但又很对我胃口,"小戴笑着说,"挺享受这个过程的。"

题目:天坛公园去数树
惊呆小伙伴们

谈起面试选拔的具体试题,小戴有许多印象深刻的环节。比如小组讨论是面对核灾难,要在27人中选择12人给予生存机会并进行灾后建设;比如用剪刀、彩纸和意大利面做一个有中国特色的工艺品。

但要说最"奇葩"还是户外活动考试环节——250元,要解决10个人的午饭、交通、天坛公园的门票,而到达天坛公园后,小戴和小伙伴们彻底"惊呆了":他们被要求统计天坛公园里一共有多少棵树!"两百多亩大的公园,规定时间是两小时,走完都难,这个貌似不可能完成的任务一下子让我们都蒙了。"戴天行回忆说。他们尝试分组数、找公园领导都失败了,一位导游帮了他们大忙:导游告诉了他们公园的面积与绿化率!"于是,我们选取一小块绿化,测树木排列密度,再根据面积,推算出公园里约有七千多棵树的答案。"

优势:英语好 经历多古希腊神话"小专家"

"在小组讨论中脱颖而出,英语表达能力必须强大。"小戴说。怎么练就的好口语?"看美剧、看电影、看网易公开课、看英文原著。家里也没人跟我说英语,我就常常'自言自语'地练。"

校园活动方面,小戴自创了古希腊神话研究社团,看了一本关于古希腊神话的英文论著后,还写了小论文,电邮给远在斯坦福大学的作者交流。他是模拟联合国社团的社长,暑假里还组织了第五届苏州市模拟联合国大会。"所以不管是材料,还是面试,都不是干巴巴的,相信考官们对我的印象会更深。"

此外,能自信地表达自己的看法,但不会咄咄逼人;待人真诚友善,愿意尝试,主动合作,也是小戴的优势。"成熟、独立,情商高的学生往往更容易得到世界联合书院青睐。"苏州中学国际交流处管怡老师说。

成长:从小积累海量阅读
受益最大

小学三年级,在做语文老师的老爸影响下,小戴开始"啃"卡尔维诺的《意大利童话》。小学毕业前,他已读过《复活》、《战争与和平》、《安娜·卡列尼娜》、《百年孤独》等巨著。初一、初二时,他看《哈利波特》、《达·芬奇密码》的原版英文小说。"迷上古希腊神话,也是那个时候。"

在小戴看来,阅读对自己的影响非常大,不仅打好了语文与英语的功底,更是培养了自主学习、独立思考的能力。

像许多优秀的孩子一样,小戴几乎没有参加什么补课班。游泳和钢琴是他的两大爱好,但都不是父母从小培养,而是进入初中后,因为感兴趣而主动学习的,不求技艺高超,但求玩得开心。

对于志在世界联合书院的学弟学妹们,戴天行的建议:要有所准备,但千万不能过于功利;社会活动不要铺得太开,兴趣和专注最重要。

链接:世界联合书院(UWC)始创于1962年,目前在全世界有成员学校13所,来自世界不同国家、具有不同背景的学生一起生活学习。对学习要求的精益求精、对社区服务的孜孜以求以及丰富多彩的文化和户外活动都是UWC教育体系中充满挑战和激情的成分。

1992年起,UWC开始在苏州中学挑选优秀的高二学生。20多年来,苏州中学有70余名学生录取于UWC。这些同学在UWC学习两年后,被哈佛、普林斯顿、斯坦福、达特茅斯等世界一流大学录取。

5月14日:心理教育可以"表演"着来 苏高中校园心理剧寓教于乐

苏州新闻网

2014/5/16

苏州新闻网讯 《手机风云》、《情书》、《来自心星的青春》……今天(5月14日)下午,苏州中学2014年校园心理剧创作与表演大赛在学校来秀坊(学生艺术中心)剧场拉开序幕。来自高一年级5个班的三十余位同学们,围绕同学交往、学习生活、生涯规划等中学生常见心理问题,自编自演心理剧,在表演中展现自我的心理需求,解决内心冲突。

作为一种表达性心理辅导技术,校园心理剧是促进学生心理健康成长的一种有效途径。学校每学期开设"校园心理剧与自我成长"选修课,挖掘学生成长中的困惑,引导学生表达和呈现。2013年,苏州中学《阳光心态加油站——中学生如何编演校园心理剧》入选江苏省中小学精品校本课程,将在年底由江苏教育出版社出版发行。

经过十多年的探索,苏州中学校园心理健康教育已经根深叶茂。除了校园心理剧大赛,学校还成立学生心理社团,调动学生探索自我的积极性。

2014苏州中学校园心理剧大赛：青春的后花园

《苏州教育》

2014/5/16

5月14日，苏州中学"来秀坊剧场"人气高涨，掌声雷动。2014年苏州中学校园文化艺术节暨校园心理剧创作与表演大赛在这里举行。

当天有5支队伍获得了进军决赛的入场券。心理剧以舞台为景，靠角色扮演来呈现个人内在心理历程。无论是观众还是演员都可以跳出自我、审视自我、认识自我，从而达到心理素质共同提升的目的。高一(12)班的《人不中二枉少年》，高一(9)班的《手机风云》给观众留下了深刻的印象。最终高一(6)班的《情书》获得一等奖。

学生演员英之旅：我们这个剧主要是讲手机，手机现在也是热门话题，想启发大家少用一些手机，因为我们毕竟还是学生。

苏州中学心理老师李岚：校园心理剧是让学生自编自导自演的，也是我们学校心理教育的一个特色。在这个过程中学生需要扮演各种角色。在体验各自角色中，让学生学会换位思考，从过程中去理解他人。校园心理剧都是体现了我们高中生在学习生活中出现的一些问题，如何去解决这些问题，在心理剧创造过程中学生就要去思考，通过这样的形式让同学们思考他们如何成长的一些问题。

7月13日：苏中学生发起世界级魔方赛120名"魔友"参赛

《苏州日报》

2014/7/14

本报讯 昨天，由苏州中学学生发起的2014世界魔方协会苏州公开赛在苏州中学开赛，120名中外魔方"发烧友"从台湾地区、杭州等地和美国赶来，比试玩魔方的水平。

这次比赛的项目有魔方二阶、三阶、四阶、五阶和七阶，其中三阶还分双手速拧、单手拧、盲拧。当天的15张赛桌全部安排在剧场舞台，桌上有计时器、计时显示屏和专用的赛垫，比赛时一人一桌。

作为现场的指挥员，这次比赛的发起人，苏州中学魔方社社长姜月峥显得十分忙碌。她边引导选手登台参赛边介绍说，苏中魔方社有社员30多人，担任社长后，她和社员们一直想办一次世界级的魔方赛。暑假前，他们向世界魔协会(WCA)提出了办赛申请,结果很快得到了同意。为了确保比赛的公正、公平和成绩有效,WCA昨天还派出了监督代表到场,进行全程监督。

让小姜自豪的是,昨天参赛的选手多达120多人,来自国内16个省市,甚至还有美籍华人前来参赛。参赛者中既有年过半百者,也有七八岁的小学生,有的还结成了"父子兵"、"母女对"上阵。

苏州中学校长张昕昨天也到现场助阵。他说,自己虽然完全不懂魔方,但对学生举办的活动,只要健康肯定支持。据张昕介绍,学校的支持激发了学生的才智,接下来的一个多月中,苏中学生还将在校举办模拟联合国、全市高中联盟活动、话剧表演等。

7月12日:两高中生为苏州魔友迎来世界魔方协会公开赛

光明网

2014/7/14

光明网苏州7月12日电 7月12日,2014 WCA(World Cube Association)世界魔方协会苏州公开赛在苏州中学举行,吸引了来自江苏、上海、湖北、黑龙江、海南等十多个省市的200多名选手报名参加,更有美国、加拿大的魔方爱好者不远万里而来。

据了解,这是首次在苏州市区举办世界魔方协会公开赛,比赛包括二阶、三阶、四阶、五阶、七阶速拧和三阶盲拧、三阶单手七个项目。参赛选手中,最小的还不到7岁,来自上海的殷方皓小朋友刚刚幼儿园毕业,虽然接触魔方的时间才一年,但小家伙一点不怯场,他父亲告诉记者:"来比赛就是图个开心,让他和同龄魔友多切磋切磋。"据悉,此次比赛"00后"选手就有11位。但魔方比赛不光对年轻人有吸引力,有个1967年出生的大叔也不甘示弱,而且他还带着妻子女儿一家三口同台竞技,足见魔方魅力之大。"魔方既能锻炼手指灵活度,还能增强大脑的立体空间思维,对眼睛也是种色彩训练。"来陪赛的家长都对这项活动给予了很高评价。

此次大赛还吸引了许多中国甚至世界级的顶尖高手,魔方七阶速拧世界纪录保持者陈霖带着2分39秒的傲人成绩来接受众魔友的挑战,不过比赛最后他还是将第一轻松收入囊中,同时他也是三阶单手中国第一。

值得一提的是,此次比赛是由苏州中学魔方社的两位社长姜月峥和曹裕文牵头组织,从准备申请材料、为活动拉赞助到当天组织比赛流程全部是由一群高中生完成,苏州中学张昕校长对此表示了充分的肯定,"苏州中学历来重视学校社团活动,虽然我本人对魔方一窍不通,但对学生有价值、有意义的活动我都支持"。

7月16日:2名高中生办起世界级魔方赛
《扬子晚报》
2014/7/17

本报讯　7月12日,2014 WCA(世界魔方协会)苏州公开赛在苏州中学举行,吸引了来自北京、黑龙江、湖北、江苏、上海、福建等地的208位"魔友"现场竞技,甚至还有从美国赶来参赛的美籍华人。参赛者中年龄最小的年仅7岁,年龄最大的47岁!选手们有入门不久的"菜鸟"初次参赛体验,也有"魔帝"陈霖这样的世界纪录保持者。与往年公开赛最大的不同,此次比赛最初由苏州中学魔方社的2名高中生发起组织。

高规格赛事牵头人是两名中学生

苏州中学校长张昕介绍,这是学校首次主办这种世界性的大活动,其实牵头人是魔方社的社长和副社长。"社长姜月峥帮我扫了次盲,说她想办个公开赛,校方全力支持。"

说起为什么想到要牵头这样高规格的赛事,姜月峥表示自己是个不折不扣的"魔友",早在初二那个暑假就被魔方完全吸引。"其实我和WCA公开赛的结缘是在去年。当时无锡举办了一场WCA公开赛,作为一个'魔友',那是我第一次参加世界性的魔方比赛,当时完全被震撼了。"从去年的被"震撼"到如今自己牵头这样一场比赛,过程也并非一帆风顺。"我从4月份开始策划组织这个比赛,从向世界魔方协会申请到制订方案、确定场地、租设备、联系全国各地的参赛者,忙了整整100多天,今天晚上终于能回去踏实地睡一觉了。"姜月峥如是说。

副社长曹裕文是个男生,整个赛事他们两人分工合作,姜月峥负责校外的部分,他负责校内的部分。"其实最初只是想举办个社团活动,但既然办了,那就要办个最好的。所以我们两个人就策划了这次活动。"

回想这几个月遇到的坎坷,姜月峥已是一脸淡然,但其中的各种不易只有她自己最能体会:"开始是拉赞助没人理,人家不相信几个学生能办这样的大活动,我不甘心,想了很多办法,跑了一次又一次,后来终于成功了。比赛前还有个小插曲,当时去借器材,人家说已经借给了合肥举办的一场比赛。后来经过很多波折,还是借到了今天比赛场上的'大显'。"这个朴实的女生骨子里有股不服输的品质。"幸好还有很多人都在一直支持着我们的工作,所以才有今天活动的顺利举行。"记者了解到,姜月峥的妈妈甚至在比赛现场客串起了工作人员,用自己的实际行动来支持女儿的工作。

"魔友一家"和美籍华人同场竞技

刷刷刷,被打乱的魔方在十指间翻转,几秒钟后,排列杂乱的魔方被复原。记者在现场看到,本次魔方公开赛由三速、三单、三盲、二速、四速、五速、七阶共7个单项组成,从上午9点持续到下午5点。每场15名参赛选手同时上台,每位参赛选手上场有5次机会,去掉最高分、最低分,最终成绩取中间3次成绩的平均分。现场并有由世界魔方协会官方派出的代表团进行全程公证。比赛报名总人次208人,其中7个单项比赛都报名的达到38人。

比赛吸引了众多魔方爱好者论剑,其中还有一家三口从上海赶来参赛。15岁的邱玥玩魔方有3年了,浓厚的兴趣把爸爸、妈妈都感染了,纷纷加入"魔界"。全场年龄最小的是上海的殷方皓小朋友,7岁的他拿着魔方熟练地转着,小手非常灵活,让观众发出阵阵赞叹。美籍华人刘运佳是跟着父亲从美国赶来参赛的,他8岁时受哥哥的影响爱上魔方,3年前开始系统学魔方。"这是我第一次在离美国这么远的地方参加比赛,比我之前参加的活动都要正规很多,所以我有点紧张。"刘运佳操着不标准的中文说。

比赛激烈进行中,台下一个戴眼镜的帅气大男孩却引起了骚动,不时有慕名粉丝前来请教或索要签名。他就是七阶魔方的世界纪录保持者陈霖。普通人看到7×7的魔方都会傻眼,但到了陈霖手中就变得非常服帖,3分钟不到就被他复原。"我高一就以3分13秒的成绩打破了世界纪录,后来又用2分39秒的成绩从别人手里夺回了世界纪录。"陈霖告诉记者,他从初二开始玩魔方,玩得最疯狂的时候甚至会早上4点多起床研究,每晚夜自修回来后的9点半到熄灯的10点也是雷打不动的魔方时间。暑期后,他将到首尔读大学,"我希望我能一直玩下去,把魔方玩得越来越好"。

苏州中学学生模拟联合国开大会

《姑苏晚报》

2014/7/21

本报讯 7月19日,由苏州中学模拟联合国学生社团举办的苏州模拟联合国大会在苏州中学开幕,来自全国23所学校的一百多名高中生、大学生参会。会议有三个联合国系统会场,以及特殊会场、创新会场和独立会场各一个。接下来三天,代表们将就中非局势、气候变化、抗击艾滋等问题进行商讨、形成决议草案,并投票表决。

在活动中,学生们代表不同国家或地区,针对国际热点问题进行辩论、磋商、游说。与往年不同,今年的会议在联合国安全理事会、联合国人权理事会、联合国开发计划署三个常规会场外,另外增加了三个特别会场:1814维也纳会议、塞浦路斯和平谈判和世界遗产大会苏州会议。

7月22日:高中生发起举办模联 如今百余人参加已是第6年

《苏州日报》

2014/7/23

上周六至昨天,由苏州中学模拟联合国学生社团举办的苏州市模拟联合国大会热闹举行,来自全国23所学校的百余名高中生、大学生专程来苏参会。苏州市模拟联合国大会是从2009年开办的,至今已经是第六次大会。

模联现场,学生们代表不同国家或地区,针对如中非局势、气候变化、抗击艾滋等国际热点问题进行辩论、磋商、游说,并形成决议草案,投票表决。与往年不同的是,今年的会议在联合国安全理事会、联合国人权理事会、联合国开发计划署三个常规会场外,另外增加了三个特别会场,即1814维也纳会议、塞浦路斯和平谈判和世界遗产大会苏州会议。(袁艺)

8月3日:苏州高中社团联盟夏令营今天开幕 辩论赛达人秀展苏城学子风采

苏州新闻网

2014/8/4

苏州新闻网讯暑期生活太单调?来社团联盟夏令营上秀一把!今天(8月3日)上午,2014年苏州高中社团联盟夏令营在苏州中学本部来秀坊剧场拉来序幕,吸引了来自苏州中学、苏州中学园区校、十中、一中等9所学校众多社团的学生参与。据悉,本届夏令营为期4天,囊括校园爱情主题辩论赛、学生领袖高峰论坛、达人秀、冷餐会等内容,将有超过2000人次学生参与。

一年一度的苏州高中社团联盟夏令营已成功举办5届,已成为苏城学子丰富暑假生活、锻炼学生干部工作能力的重要平台。社团联盟副主席王瑨告诉记者,整个活动从竞标到筹备、执行,全部由学生自主完成,不但创新增加了冷餐会等新环节新内容,达人秀项目还吸引了北京舞蹈学院的学生慕名参加。

开幕式上,学生们还自发增加了默哀环节,为昆山"8·2"爆炸事故中的遇难者祈福。

8月5日：中学生自办社团联盟大会
《苏州日报》
2014/8/5

本报讯 流行音乐、重磅摇滚、炫酷灯光,我的舞台我做主。昨天,苏州市第六届社团联盟大会开幕后的首场"大戏"Pop Bomb 主题音乐会在苏州中学来秀坊剧场上演,来自苏州中学、苏州十中等学校的中学生们自弹自唱,给现场观众们带来视听享受。

苏州市第六届社团联盟大会于前天开幕,大会是由我市近十所中学联合举办的夏令营活动,主要由各校学生会、社团干部进行策划组织,各校社团进行展示、表演。"这场主题音乐会应该不算最精彩的,后面还有许多精心准备的节目。"这次大会执行委员会的副主席周洲介绍说,今明两天即将开展的社团秀包括领导力论坛、达人秀决赛、辩论赛决赛、文艺汇演等。

不同于以往,今年各校同学都投入了更多的精力准备,比如,辩论赛"升级"为"三校对三校"的赛制,辩论的主题也是如"校园爱情应该直白还是含蓄"等前卫的话题。值得一提的是,今年大会还在闭幕式上特别增加了一场红毯秀,届时,所有参与大会的工作人员将身着正装、礼服等,向大家展示礼仪风采。据大会执委会统计,持续至明晚大会闭幕,预计有2000多人次参与其中。

8月11日："我的暑假我做主"高中校社团联盟夏令营举行
《城市商报》
2014/8/11

商报讯 上周,一场红毯冷餐会在苏州中学亮相,苏州市第六届社团联盟大会在这里举行。大会是由我市近十所中学联合举办的夏令营活动,主要由各校学生会、社团干部进行策划组织,各校社团进行展示、表演。

伴随着动感的音乐,一部部"个性大片"上演,有传统风雅的汉服展示,也有"高大上"的时尚礼服走秀,更有各种炫酷的动漫人物造型……真可谓各有各的精彩,尽显高中生们的青春风采。现场还有可口的蛋糕、甜点,鲜美的水果饮料,500多名观众可谓饱眼福又享口福。

2009年苏州高中校社团联盟成立,成员包括苏州高中、苏州十中、苏州一中等苏城十多所高中校。每年暑假,社盟都会举办夏令营,迄今已经是第六届了,每届夏令营由一所高中承办,完全由学生唱主角。六年中,夏令营越办越丰富,越办越精彩,成为苏州高中生们暑期生活的一个"保留节目",它增强了校际交流,锻炼了同学们的能力,充分展示了苏城高中生们的才艺和青春风采。

还记得那句"oppa 高三 style!"吗?《高三 style》团队再创音乐剧《我的大学》
《扬子晚报》
2014/8/16

去年,苏州中学一群高三毕业生根据韩国神曲改编而成的《高三 style》在优酷上线一周点击量就突破 20 万,获全国中学生原创视频大赛银奖(本报"网罗天下"版曾报道)。这个暑假,这群刚入高校一年的学生把多彩的大学生活搬上舞台,创作了音乐剧《我的大学》。公演现场他们捐出了 1 万元的门票收入,作为奖学金来帮助家庭困难的学弟学妹们。

5 个真实故事串联　插曲全部是原创

在今年母校成立 110 周年之际,苏州中学几位 2013 届毕业生以一种特殊的方式为母校献礼。他们 DIY 了舞台音乐剧《我的大学》。《我的大学》由 sover 团队自编、自导、自演。别看他们一个个都是才进入大学一年的学生,2013 年曾经轰动一时、网络点击量达 20 万的《高三 style》正是出自他们之手。

《我的大学》由 5 个故事串联,每个故事都由演员自己提供素材,穿插的很多歌曲也是 sover 团队自己的原创。故事讲述了 7 名毕业生在国内外的大学里过着截然不同的生活,或是前途未卜、怅然若失;或是前途光明、如鱼得水。他们在不同的环境中经历着困难与失败,而每个人都在感受青春、感受成长,在追逐梦想的道路上奋然前进。导演徐雷表示:"每个故事都是为演员量身打造的。因为是本色出演,所以每个人在演出时都是最真实的感情。"sover 团队把梦想、爱情、友情、乡情都一一搬上了舞台,用最质朴的表演打动了现场近千名观众。

集训排练到凌晨　学生自己谈赞助

真实感人的故事、绚丽的舞台、多彩的灯光、顶级的音响,为现场千名观众呈现上了一场视觉盛宴。8 月 10 日下午,精彩的公演赢得了阵阵喝彩,但其实在一个月前他们才开始集训。徐雷曾经也是《高三 style》的导演,但这次的音乐剧却让他发出"办一次活动真是不容易"的感慨。

7 月暑期开始,他们赶回苏州开始在苏苑街纺校舞蹈房中进行排练。"这些天我们都是不分昼夜地排练,从第 1 天的早晨一直排练到第 2 天的凌晨,特别疲惫。"说起这次公演,主演之一张轶君感觉颇多不易:"现在我们都在不同的大学上学,都很忙。一个月前我们才开始磨合,幸运的是这么短时间里我们的默契度还是很好。"

做场务的包娜娜印象最深的是谈赞助:"这场音乐剧总共花费近10万元,全部是我们自己去谈的赞助。"她告诉记者,最多的时候一天要跑3个地方,有时候因为反复去同一家谈赞助,这些商家甚至对他们还有些抵触。

用音乐剧告诉学弟学妹　要坚守梦想

《我的大学》采用网络售票的形式,20天之内685张票全部卖完,甚至还卖出了20多张加座票。这样受关注的结果出乎徐雷的意料。为了让活动更有意义,他们还拿出了1万元的部分门票收入,作为奖学金来捐助给有家庭困难的学弟学妹们。

这样的正能量正是sover团队想通过音乐剧传达的。"你喜欢做什么就去做什么,不要荒废时光,要有梦想,并且为之努力!"徐雷告诉记者,最想通过音乐剧告诉学弟学妹们要坚守梦想。"这场舞台剧创作、排练到演出,充实了我们的暑期生活,让这个暑假变得更有意义。我们也想用切身感受告诉大家,想做什么就大胆地去做,青春无极限!"包娜娜说,sover团队计划每年创作排演一部舞台剧,"这是我们的梦想,我们也会坚持下去。"

8月15日:这个夏天,社团联盟"萌萌哒"

《现代苏州》

2014/8/16

那边,许多中学生一放暑假就投身到补课大军中;这边,苏州中学校园内,校园爱情主题辩论赛、PB音乐祭、学生领袖高峰论坛、达人秀、冷餐会、文艺汇演,众多活动精彩纷呈,一派热闹非凡。

随着大幅海报的展出和精彩的开幕式展演,一年一度的苏州高中社团联盟夏令营正式拉开了序幕。抛开烦闷的书本、厚重的作业和上不完的暑假补习班,与社团联盟一起嗨翻"萌萌哒"的暑假。

学生自主成立社盟

不要小看了社团联盟,从设想到发起再到创办,这些烦琐的步骤都是学生们自己去完成的。社盟创始之初,整个主办团队还不到10人,苏州中学张昕校长回忆起当时社团联盟的发起,至今仍然记忆犹新:当时,几个学生主动向他提议,要在苏州市内发起一个各个高中共同参与的社团组织,通过加强高中社团之间的交流与合作,来展现苏州市高中社团干部的良好风貌。

为了让学生们得到锻炼,张昕校长让学生们自己去联系苏州市教育局主管此事的政宣处的李处长,向他征求意见。在得到了教育局的认可后,这几个学生又和兄弟学校社团的干部共同争取到了各个兄弟学校校方领导的支持。2009年8月,第一届社盟夏令营最终得以在苏州中学举办。

社团联盟的工作主要是通过夏令营活动呈现的,张校长告诉我们:"为了办好第一次夏令营,当时的同学们开了很多的会,动了很多的脑筋,很不容易。"第一届社盟夏令营奠定了以后活动的基本格局,为以后夏令营视野的拓宽打下了基础。

社盟创始人之一的胡悦丰,如今已经大学毕业,即将就读研究生,他感慨道:"四年前,我刚高中毕业,进入大学。那时候,正因为有了这段在社盟锻炼的经历,我们比其他同学更加容易融入大学生活中。"

五年磨砺　五次精彩

社盟迄今为止已成立五周年,作为社盟的品牌活动,每年八月社盟夏令营都会与大家见面,成了苏城学子丰富暑假生活、锻炼学生干部工作能力的重要平台。每年夏令营均由各校学生会、社团干部策划组织,由各校社团和学生带来的精彩文艺表演。

五年来,夏令营的足迹遍布各大高中,每一年的回忆都有着不同的精彩。在三中,庞大的经费投入、丰富的外场活动和极高的同学参与度至今都是夏令营难以超越的成就;在六中,同学们领略了高端大气的艺术水准和包容开放的项目设置,在十中,苏中张昕校长和十中柳校长的即兴赋诗令人回味无穷;在西交大苏州附中,同学们感受到了园区学校首次承办夏令营的热情。

张昕校长感慨,社团生活是苏州中学学生校园生活的重要一部分,学生创业社团已经成为让同学们感受快乐、历练成长和终身受益的素质教育乐土。经过多年发展,苏中现已拥有 Single Bed、3I 创新社、模拟联合国 MUN、学生 CEO、沧浪文学社、我为鞋狂等46个学生社团。

作为学生社团活动的积极倡导者和精神引领者,张校长眼中的学生社团是培养学生个人能力和社会适应性的最好舞台,"每次社团活动后,我都会让他们总结经验,找到错误和不足,并加以改善,从而成为有责任心、理性处事、追求完美的人"。

回归季:化压力为动力

正是一代代社盟人的努力,才让每年夏天苏州高中生的生活变得如此绚丽多彩,时隔五年,社盟夏令营再一次在苏州中学举办,这无疑将是社团联盟具有里程碑意义的一届夏令营。此次夏令营还吸引了来自苏州中学园区校、木渎中学、十中、一中等9所学校众多社团的学生前来参与。

经过一个多月的紧张筹备,如今夏令营能够如期举行实属不易,而最解其中味的,无疑是本届夏令营的执行委员会了,苏州中学社团管理中心理事薛开悦同学感慨地说:"一个多月的时间里,我们深切地感受到了此次夏令营筹备活动的压力,我们会握好这个接力棒,化压力为动力,将社盟夏令营更好地承办下去。"

在夏令营筹备期间,社团联盟的加盟学校也做出了杰出的贡献,从一次次唇枪舌剑的讨论到电脑上粗糙的策划,再通过不断的统筹协调、逐步美化、细化,最后完成计划。正是这些来自不同学校的同学,一个月来的分工合作,才使得夏令营得以顺利举办。"希望在这四天的社盟夏令营中,社盟成员们以及各位志愿者们,能继续加深友谊,收获经验和喜悦,能拥有一份青春的记忆,夏令营各项项目的选手们可以从中磨砺自己。"

作为本次夏令营的社团联盟主席兼掌门人,张昕感慨:"夏令营前几届的举办都十分成功,今年苏州中学既是盟主学校,又是东道主学校,这样的双重身份,要求我们做出更加出彩的高质量的夏令营。"五年来,从完全没有经验,不成熟的状态发展到现在,一步一步,越来越成熟越来越成功,张昕校长十分欣慰。

江苏省苏州中学不断追求卓越与创新 让更多学生有更好成长

《苏州日报》

2014/12/8

本报讯 "府学千年、新学百年",具有深厚教育文脉的苏州中学,素以"名人掌教、名师执教、名人辈出"而著称。

面对深厚的文化积淀,进入新时期以来,苏州中学积极弘扬"有底蕴更要有底气,有底气才能够大气"的创新历史观,提出了"让更多的学生有更好的发展,以科学的方法求和谐的发展"的办学理念,"将素质教育与教育质量落实于每个人每件事",不断创新办学举措,加大人才培养力度,开创了学校教育教学业绩的跨越式发展的新局面,迈向了再创新百年辉煌的历史新征程。

以科学的方法求和谐的发展,全面推行素质教育

"让更多的学生有更好的发展,以科学的方法求和谐的发展"是苏州中学在实践中逐步提出并不断完善的办学理念。

多年来,苏州中学矢志不移地坚持"主动学习教育模式",遵循教育规律,运用科学方法,提高教学质量,帮助学生成长成功成才。2009年2月,在江苏省政协会议上,省政协委员、苏中校长张昕提交了《减轻学生负担,应当从省做起》的提案:"多地区加班加点成风,建议全省统一整治。"

在这种大背景下,苏州中学完整地提出了"让更多的学生有更好的发展,以科学的方法求和谐的发展"的办学理念,认为"培养学生的着眼点不仅仅在现在,而应是将来,我们的教育和教学应立足于学生终身受益"。

2007年以来,苏州中学更加注重探索科学的教学管理方法,力求将其转化为过程管理、目标管理、个体管理这三个方面。学校通过增设"教学调研"来强化过程管理;通过"五线分析法""位比跟踪法"来促进目标管理;通过"二级分解"来落实个体管理。

学校的教学部门设计了苏州中学学生《学业水平自我评价手册》,通过手册使用来促进学生的自主学习、主动学习、智慧学习,力求借助控制论思想形成生机勃勃的"内动力系统"。

作为一所名校,苏州中学不断探索培养拔尖创新人才的路径,近年来又创新性在学校实施"伟长计划"。

学校整合课程资源、师资力量,积极与国内外知名大学合作,开展创新人才培养模式开发,实践拔尖创新人才的培养,为学生搭建多元的发展平台。学校先后与西安交通大学、南京大学开展拔尖创新人才培养的合作,建构起了跨越高考的"高中—大学"直通车模式;学校先后与北京大学、美国维克森林大学开展创新课程的合作,与日本早稻田、德国不来梅等大学开展学生生涯发展的合作。

从湿地文化到量子文化,创设个性化学习环境

苏州中学不断创设"地球学习村"环境,坚持走国际化发展道路,通过"交流、融合、理解、推广"等策略,在全校实现了多元化的文化教育。

2004年苏州中学园区校建校时,学校就通过创设"融合东方文化与西方文化,融合现代文化与传统文化"的校园国际社区环境,培养包容多元文化、适应国际社会、熟练运用双语的优秀学子。此后园区校成功引进英国伦敦德威学院,使来自40多个国家和地区的上千名外国学生与1200多名苏州学生同处一

个校园,共享校园设施,一起学习,一起活动,多种语言在此交流,多样的文化在此碰撞,创造出了不出校门就能进行跨文化交流的"地球学习村"模式。

目前,无论是园区校区服务于外籍子女的国际学校,还是苏州中学本部校区服务于中国学生的国际高中,都已成为我市孕育国际化人才的优质基地。

苏州中学坚定地推进课程改革创新,构建了独特的综合课程、校本课程。2004年开始,园区校因地制宜,积极开发探求人和环境关系的"湿地文化课程",营造校内湿地公园,建设校内湿地博物馆,开发湿地文化课程,编印湿地文化教材。2011年8月,"湿地文化课程"成功入选江苏省首批普通高中课程基地建设项目。2014年8月,"'湿地文化'课程的开发与研究"荣获"2014年国家级教学成果奖"一等奖。

2011年开始,学校与北京大学量子电子学研究所合作,开发"量子文化课程",共同建设了校园量子馆。量子馆一楼为科普馆,通过展板、电子书、触屏、空中成像等声光电手段,用26个故事串起量子物理的简史,二楼则为实验区,开设了18个实验平台,在这里学生可动手操作、观察、实验、记录,开展研究性学习。

苏州市教育局认为,苏州中学的这些创新性的课程改革充分体现了《教育改革和发展规划纲要》精神及新课程理念,已成为苏州中学创新拔尖人才计划的重要组成部分。

打造社团品牌活化艺体课程,让学生学得更多

苏州中学致力于培育"学生创业社团"德育品牌,提出了"社团,领袖与创业者的摇篮"的观点。

张昕有个观点:学生创业社团几乎浓缩了所有的社会元素,能让学生提前体验到今后遇到的各种情形,可以学到课堂上学不到的东西,可以让学生在步入社会之前已经成为有经验者、有准备者,这样在踏上社会时,就有可能胜人一筹。

近年来,苏州中学实现社团管理立体化,大力推进"学生社团体制改革",成立社团管理中心,营造社团营地,编印《苏中创业社团》。有关专家评价苏州中学社团时说:"在当今教育大众化的时代,提倡精英教育,这既是名校的责任,也是真实的教育。"

在苏州中学,艺术、体育课程都是培养学生个性的品质重要课程,决定着学生的终身发展和人生幸福。近年来,苏中根据学生的兴趣、老师的特长,将传统的音乐、美术课程全新整合,在音乐、美术科目下开出了系列的个性化小课程,音乐有舞蹈、合唱、作曲、人文音乐欣赏等，美术有国画、油画、设计、书法、篆刻等，由学生自由选修。

与此同时，学生的主导、创新意识始终被贯穿在艺术课程的教学中，在作曲课上，学生可以创作自己的声乐和器乐作品，合唱课上，学生可以自己编创的歌曲，学校每年都有原创歌曲比赛，让学生展示自己的艺术才华。目前学校又在研究"创新体育课程"的开发，计划在高二、高三年级推出一系列体育选修课。

前路正长，苏州中学将继承府学千年的优良传统，发扬新学百年的创新精神，坚定地迈向再创新百年辉煌的新征程。

苏州中学园区校：成果展示，助力社团发展
《苏州教育》
2014/12/18

2014年12月15日，社联会组织31个社团在社团联盟小木屋进行了2014—2015学期期中社团成果展示。在短短的一个半小时里，每个社团都展示了在过去半个学期里开展的各项活动及收获，并阐述了本社团下半学期的发展预想与活动计划。

在报告会中，以TOR社、模联社为代表的多个社团，不仅展示了多彩、规律的社团活动，还呈现了较为完善的成果；而Twinkle电影社、清塘诗社等社团则提出了富有创意的构想，期待这些社团活动的落实与开展。同时，在少数社团遇到定位不明确、活动缺乏组织性的情况时，也获得了吴冯老师的解答与帮助。通过交流，社团领袖们都获得了新的启示。

此次中期汇报既是一次总结，同时也是反思。通过交流、沟通、切磋暴露出的问题，也将在后期的活动中给予调整、改善。相信规范的社团管理，多彩的社团活动必将使园区校人不仅懂得创社，同时也学会懂得经营，为领袖素质的培养奠定基础。

第二节　学生成长感悟

十多年来，苏州中学的学生创业社团锻炼了一批批学生，他们从"玩"社团中获得了课堂上得不到的收获。下面是我们摘录的部分学生感悟。

创造者与跟随者
单天择

第一期《苏中创业社团》杂志的封面仍然牢牢地扎在我脑海里：淡蓝色的几何形状，中间是 Single Bed 成员合照。第一期总是被大家"诟病"为"企业宣传册"，而如今的《苏中创业社团》已经越来越有流行杂志的高端霸气感了。在校园网上翻着新的《苏中创业社团》，不禁惊呼："好看！好看！"

5年，这本杂志居然已经走过了5年。我不禁诧异：这本杂志居然能存活5年，而且还越办越好！

我们编辑第一期杂志的时候，真是困难重重。大家硬是用 Photoshop 做了几十张海报不像海报、杂志不像杂志的东西，然后拼在一起，就成了第一期《苏中创业社团》。耳边充满了反对的声音，编辑们几乎都苦恼于家长的牢骚和反对。支持我做完那几期杂志的，是那份强烈的责任感——这是我的责任！不管别人怎么反对，我都得完成我的责任！现在想想，当时还真挺会自己给自己上纲上线的。

就是这么件吃力不讨好的辛苦事，居然年年都有人干，还坚持了5年，真是够匪夷所思的。但细细想想，似乎也不难理解。相比于平时机械式的刷作业，做杂志却是一项充满创造力的活动。数学题要么对要么错，语文作文都有讨巧的模板；但编辑杂志，可以充分展开自己的想象力，不去顾忌标准答案，创造一些本来没有的东西。每一期杂志明亮的封面，都是我们创造力迸发过的印记；每一处精彩的设计，都饱含了我们对创造的渴望。当我们最终变成"创造者"而不再是"跟随者"时，内心的喜悦和成就感，是考了年级第一都无法比拟的。

脱离标准答案的束缚，去自由表达自己的想法，这是现在的高中生们最渴求的。而在苏州中学，《苏中创业社团》这本杂志提供了这样一个平台，张昕校长"社团，领袖和创业者的摇篮"、"社团，高手的附加题"的口号给了我们创作的动力。我们不断在把自己独特的想法付诸实践，不断创造，不断提高。

离开母校在国外飘荡了3年，发现"苏州中学"名扬海内外。来自上海的一位同学一听到我来自"苏州中学"，便瞪大眼睛说：苏州中学很强的哇！我为我的母校苏州中学感到自豪，并不仅仅因为她每年培养了多少北大清华、哈佛耶鲁。

我感动于苏州中学的一种精神，在我迷茫不定时总是提醒着我——做一个创造者，而非一个跟随者。

成功不必在我,而功力必不唐捐
李天宇

其实对于社团,压力是一直无处不在的。对于陈词滥调墨守成规的反感,总是想要强迫自己创新,弄出些吸引人的东西来增强社团的竞争力;也总是要从一些细微的小活动中来总结出一些无关痛痒的大道理来取悦某些特殊人群。也许是我们太渴望从社团中得到什么感悟,又或者是太肯定社团一定会给予我们什么能力,因为社团总是围绕着一个关于 leadership 的字眼,所以我们对于社团总是寄予了无限的希望与憧憬。

5年前的那时,我也是抱着这样的渴望的心态去扮演着社团管理中心理事长的角色,轰轰烈烈,风风火火。时过境迁,现在回忆起来,苏高中的社团经历仍然是我最珍贵的,最怀念的。却并不是因为当时渴望得到的那些能力。现在看来,当时的心态更像是画饼充饥,把自己囿于一个自己想象出来的可以止渴的梅林,巴普洛夫的京巴告诉我们看到梅子可以暂时止渴,但可惜的是条件反射所带来的幻觉并不长久。

所以这才有了我今天想给大家说的这句话,成功不必在我,而功力必不唐捐。关于上半句,我觉得可以理解成不必刻意追求更好,对待社团,不必刻意执着于社团领袖或者优秀社团,也不必汲汲于社团对于我们能力的培养,更多地去享受而看淡得失,更多地去在乎是否 valuable 而不是 successful,我可以明确地告诉大家,社团对于我的影响是潜移默化的,而这些影响并不是我当时就能感受到的。

现在回忆起来,这些影响更倾向于我现在最铁的朋友圈子,仍然是当年因为社团而天天混在一起的"学生 CEO"的创始人潘亦祺,当年模联的领袖人物孙昕卓和汪先凡,我的前任社团管理中心理事长朱佳玥,社管以及社团杂志元老冯颜、单天择,无论是五年前还是现在甚至以后,他们给我的影响是一直存在且巨大的;又或者是当年的社团的活动换来了一次去哥斯达黎加参加世界青年领袖会议的机会,看到了不一样的的世界,从而做出了要出国读书的决定;又或者是因为参加过各种社团活动而在若干年后突然对人生的一次顿悟。这些影响都是我当时所不曾期待过的,也是我独家的,是旁人所看不到的,而我现在却被这些潜移默化地影响着。

佛典里有一句话:福不唐捐。唐捐就是白白地丢了。我们也应该说:功不唐捐!没有一点努力是会白白地丢了的。在我们看不见想不到的时候,在我们看不见的方向,你瞧,你下的种子早已生根发叶开花结果了,你不得不信。而你的这些种子也不是为了任何人而种的,它长得好坏也只需你自己知道,不用跟任何人汇报。

所以,虽然成功不必在我,对于社团,我们放低心态怀着去体验去享受的态度去玩,也没有什么必要执着于眼前的成功与能力的培养,但坚信功力必不唐捐,虽然平凡,但却仍能有内功能简单,不经意间种的花往往会开出你所追求的世界。

苏中学子的骄傲

陈文洁

《苏中创业社团》已经五岁了!当丁老师在人人网上告诉我这个消息的时候,当时创刊的情景一下子浮现脑海,心情也跟着激动起来。实话说,因为社团与创业真的很像——要一届一届传递下去很不容易!所以听到这本为了展示和分享大家"创业"经历的杂志已经坚持五个年头了,真心地很佩服学弟学妹们,也再一次为自己是苏中学子感到自豪。

在苏高中玩社团的经历真的是很难忘,也真的让我受益匪浅。在美国的四年里,我不止一次地为自己有在苏中"创业",得到苏中老师的支持感到庆幸。记得去美国第一年我就很勇敢地去报名应聘学校"宿管"——宿舍管理员。美国学校宿舍一般都有一个学生作为管理员,目的是方便与学生交流,从同龄人的角度帮助他们更好地调整学习娱乐生活,融入学校集体。这个职位的筛选可以说是学校每年春季最大的一件事情之一,不仅需要写申请和两份学校推荐信,还需要通过两轮面试——一对一面试与集体面试。作为当时的大一学生,我在面试上相对比较有优势。因为在苏中创办与参与社团,自己参加过很多面试(苏中社团面试不知道现在有没有保留,我回想起来真的很受益),也面试过别人,所以相对比较熟悉面试技巧,包括怎么准备以及面试时要注意些什么。很幸运地,我成了当时中国留学生里面唯一的第一轮就被选上的学生,也是为数不多被选上的国际生之一。在后来两年自己参与面试新的"宿管"的过程中,我发现了自己作为苏中学子的优势不仅仅体现在同龄中国留学生之间,还在美国同龄人之间。有很多美国同学在面试的时候比我们国际生都要紧张,我见过脸涨得通红说不出话的,还有手脚不自主抖动的——当然这些可能是让我比较印象深刻的例子,比较极端一些,大部分的同学最大的问题在于不知道面试官问题背后的目的。每一年这个时候,都特别为自己在苏中学习到的这些课堂外的知识而感到骄傲。这些社会知识也让我比他们更加懂得怎样与不同背景不同职位的人沟通。

之后的三年里,我相继在学校附近的小镇上办了画画课、中文课,还有一届超过百人的国际文化节。很多学校老师和当地公共机构的负责人都说我"非常有创业精神"。这个形容大家觉得熟悉吗?对,在我们杂志的创刊,张校长就提出了社团和创业的联系。我觉得自己能够在美国也这样"不安分"和在苏中玩社团的经历是分不开的。我在与别的留学生交流的过程中也发现,苏高中的老师这么鼓励我们去自己寻找资源实现自己的想法,比如找赞助办杂志,真的是很难得的。再一次,我想说,作为苏中学子,真的很幸运。

最后,恭喜《苏中创业社团》创刊五周年!生日快乐!我很佩服大家!特别是苏中的老师们,能够在课堂内和课堂外都如此支持我们完成自己的小梦想,提供适当的支持、鼓励还有保护——真的很谢谢你们!我期待也有信心在将来能读到杂志第五十期,能够和你们一起庆祝《苏中创业社团》更多个生日!加油!

"在苏中不玩社团,乃一大憾!"

回　望
朱佳玥

五年前的2008年,我担任社团管理中心理事长,并不直接参与杂志的创作和编辑过程,而是负责杂志社的统筹管理与外联工作。五年后的今天,我对于高中课堂上学到的东西大都已经淡忘,但是在社团和杂志管理中产生的想法和思考过的问题却仍然适用于管理我今天的生活。在这里想和大家分享的,和管理生活相关,大致有两点。

其一,社团和杂志管理是我第一次对于目标设立的尝试。社团活动与高中学习最大的不同,在我看来,是二者对于目标的设立清晰与否。学习,至少是中国的高中学习,受限于高考的压力,在目标的设立上是清晰的。"一切服从于高考"不只是一句空话,在这样明确的指引和督促下,学习的方法和策略呈现单调化,而学生需要负责的,只有更加勤奋,因为勤奋必有回报。

然而社团活动与此不同,我们自身的责任始于目标的设立。一方面,由于制定了错误的目标而导致劳苦多日、一无所获的情况时常会发生;另一方面,因为社团活动的目标由参与者自己决定,我们也可能会低估自身的能力,仅因为自己的惰性而变更目标。合理评估自己的能力,设立合适自己和社团发展的目标,关键在于培养对于资源的敏感度。这里的资源可以是来自任何方面的,非要概括的话,其核心大概是遇到问题时对于解决方案多样性的想象力。

其二,社团活动中积累的人际交往的经验是在高中生活的其他环节无法复制的。社团的运作或多或少模拟了企业与社会机构的运作模式,沉浸于其中的高中生,虽是由于相同的爱好集结到了一起,却也能提前接触到更加成熟的组织模式。从这个角度来看,社团中的活动,就不仅仅是同学、朋友之间的普通交际了。反过来说,社团的事务独立于社员的私交,因此社团的成熟也必须依赖社员间专业而理性的交流往来。

以上提出的两点,相较经验之谈,大概更像是平铺直叙我参与社团运作时的简单发现。社团究竟给我带来了什么,我无法给出具体的答案,然而它对我的意义正如漫漫长路上起始的第一步,或是果树成长最初洒下的种子,正是在苏中社团,我第一次开始了对于管理自己生活的思考。

热 爱
冯 颜

2008年春,智德之门还沉眠于地下,"苏中大酒店"的前身只是一座破败的食堂,而毕业典礼还在一个叫作大礼堂的圣地内举行。据载,一切始于一个雨天……

努力回忆,脑海中也只隐约浮现出放学后科学楼一间昏暗的教室,几张高一新生青涩的面孔。已经记不清一切是怎么开始的。然后,画面转移到了科技信息楼,当时还没有社团营地。在学生处对面的储物间,两台饱经沧桑的电脑上,第一期《苏中创业社团》的封面诞生了。

再然后,就是一个个深夜和凌晨,独自坐在电脑前,用拙劣的photoshop技术修图,排版。但当几个人将各自做好的内页合并起来时,那迥异的风格、凌乱的用色和杂乱的字体只能让丁琦老师哭笑不得。于是,又有了一个个辛勤工作的放学后。虽然需要同时兼顾学业和杂志编辑很累压力很大,但大家没有任何怨言。欢声笑语,冷嘲热讽,追逐打闹,虽然放在一起很奇怪,但这几个词却是那段时间我们几个杂志社元老编辑的生活写照。两个月后,第一期《苏中创业社团》横空出世……如今,《苏中创业社团》已经走过了五个年头。

时光荏苒,五年弹指一挥间,已经想不明白当时只有256M内存的老电脑是如何同时拖动Photoshop和十几个网页的。打开尘封的第一期杂志,那些稚嫩的页面和文字现在看来令人不禁莞尔。但是忆起那段时光,那一个个日日夜夜，想起当时快乐地挥洒着汗水的我们，突然想到不久前的大学毕业演讲，主题是"Passion"，字典里的翻译是热爱，强烈的情感。正是这样的一种强烈的情感，一种热爱，在当时促使我们接下了这艰巨的任务，并寒来暑往、秋去冬来地坚持下去，不论期间经历小高考、托福、SAT，或是准备高考。我们痛苦并快乐着。伴随着《苏中创业社团》的成长，我学到的最重要的一点就是要珍惜并重视这种热爱，相信今后的你一定会感谢现在做着自己所热爱的事情的你。

这正对应着毕业演讲中我最喜欢的一句话，Now, don't take the path that lies nearest, but take the path that ignites a fire in you of such strength that it will burn for a lifetime and such brightness that it will illuminate all those around you.

不要选择那条看似最容易的人生道路，而要选择那条能点燃你心中的火焰，并使这火焰能照亮你的一生并惠及你周围的人的道路。

希望大家都能点燃心中的那团火焰。希望苏中创业社团杂志越办越好。

那些年，我们一起奋斗在苏中创业杂志社
陆宇

我叫陆宇，2011年6月毕业于苏州中学。在苏中的三年里，我一直在创业社团杂志社工作。

杂志社成立五年来，我们不断进步，不断寻求新的营销方式，也不断学习新的设计灵感。最初刚加入杂志社的时候，我还不会使用Photoshop或In Design。那时候的杂志设计和内容比较单一，印刷用的是大约157g的亚粉纸。亚粉纸表面呈亚光，反光率低；它对油墨的吸收性和接收状态略低，故出版的杂志色彩暗淡，缺少活力。

在我上任之后的几个月里，我增加了社员们对各种商业杂志的阅读量，并且从最初模仿一些时尚杂志的排版设计到做出我们自己学生风格的时尚设计。不久后，我便把创业社团杂志的印刷纸张换成157g与200g交替的铜版纸。虽然铜版纸成本较高，但它表面光亮，色彩鲜艳，对杂志设计效果有很大的提升。纸张的更换是杂志社创办以来的第一次大飞跃。

后来，杂志更加成熟：我们建立了规范的文字模板并运用了自然大方的色彩。于是我们便开始致力于提高杂志的内容，以进一步扩大"市场"。最初的杂志主要报道学生社团的活动和发展状况，我们在此基础上增加了更多时尚元素，比如食物、购物、旅游、星座等。这些内容的加入不但给大家的学校生活增加了乐趣，更增加了大家对社会新事物的认识。自从杂志改版后，就经常能看

到同学们相互翻阅最后一页的星座内容并且在课间进行讨论；还能看到女生们交流着杂志社中发布的新的时尚产品信息或一些流行音乐信息；还有同学说：你们的杂志现在不仔细看还以为是大家从书报亭买回来的呢。看着越来越厚实精美的杂志，我们的心里满是成就感。每次有新杂志出版，我总是习惯性地留好三五本，因为它们是我高中生活里最好的回忆。

高三快要退社的时候，我提出了杂志社向外扩张的构想。我希望哪一天杂志社可以在各大社团联盟的成员学校里建立分部，由在苏州中学本部的杂志社进行管理。各分部与总部之间进行一系列的新闻信息分享或者人力资源分享，这样，我们的杂志内容一定会更加丰富。幻想一下，如果学生创办的一本以学生生活为主的杂志最终可以在全市全省范围正式发行，那该是多么有意思的事情。最后，希望杂志社的学弟学妹们可以再接再厉，一定要加上自己的想法和创新，进一步壮大我们的杂志社。顺便，试着完成我们扩大影响力和市场的目标。

另外，如果学弟学妹们在杂志的制作过程中对手头上的材料有点迷惘，或者遇到任何困难，一定要到国际处找丁老师"喝个茶"，她是我们所有苏中杂志人心目中永远的睿智的指引，温柔的坚持。

我的社管　我的回忆
薛开悦

来秀坊的灯光同时熄灭。从舞台上往下望，空空的座椅成排成列地铺展，似乎仍在等待下一次的灯明。这是高二新生活的起点，也是纳新大会为一年社团生活画上的句点。然而社团于我个人的影响仍在延续。

其一，便是怎样合作。关于合作，我是衷心地乐意的，我也有几分朴素的认知（大家有了共同的目标便能进行合作），和几分理论的知识（合作需要契约的保障）。但当我开始组织社管的日常活动，当我开始筹备表彰大会，当我与外校的伙伴一起筹划社盟夏令营时，我却发现，事实并没有那么简单。每个人对于活动都有自己不同的设想，每个人也都有不同的认识角度和性格。这在夏令营学期中筹备的第一次活动项目讨论大会中便表现得尤为突出。我事先准备过几个话题。但讨论一旦开始，零零碎碎不成体系的观点一个接一个地被提出，讨论者难以理清自己的思路，倾听者难以迅速接受新的观点，且一旦一个人进行了延展，话题往往会一点点拐向另一个方向，不知不觉间浪费了大量的时间。这就要求我们要能够明确自己的见解，迅速吸收新观点并加以分析，同时时时审视合作的展开。每个人能力不同，完成各自的任务时难免会出现不同的状况。这就需要大家能做到选择合适的工作,及时反馈,互相帮助。

其二,便是如何管理。身为社团管理中心的理事长,一个社团的社长,管理显然是必修课。一个社团能否合作有序,很大的因素便是管理。而也许有人认为管理离我们还太过遥远,或者说管理对于一个中学生来说并不是那么必要的技能。但须知,管理的第一步,不是管别人,而是管自己。一个领导者,只有自己对于目标、计划有了清醒明确的认识,能够督促自己严格执行,能够有创新的能力和审美的能力,能够有永不言败的热情和理智稳重的态度,才能够去引导别人。这样才能够去管理他人,而这,需要一个人的交际能力、组织能力、宣传能力等,便不再赘述。只是有一点,在合作与管理他人的过程中,我确确实实地接触了更多的朋友,也确确实实地磨炼了胆量和交际的能力。而这,便是一份财富和青春永恒的回忆。

其三,便是参与社团这个经历本身。我们在社长群里也曾经探讨过,做社长要做的事情很多,总是面临着各种各样的困难,感受着幻想和现实的差距,但是大家都甘之如饴。诚然,我们学到了很多东西,包括上文提到的合作、管理,乃至创新、自信、勇敢等精神层面的学识,也有画海报、演讲、谈赞助、做宣传等实实在在的技能,但平心而论,最大的原因还是社团生活给我们带来的喜怒哀乐。我们在承担责任的同时,也在品味责任带来的成就感、挑战感、满足感。我们也在人与人之间的交往中感受着一起拼搏的快乐,我忘不了暑假里那一瓶传来传去的花露水,忘不了打印机里吐出的微热的策划,忘不了争论中忘记了时间直至外面下起滂沱大雨,忘不了在来秀坊来来回回的奔跑。这是独属于我们这些社团人的回忆,青春的、温暖的、沉甸甸的回忆。

趁年轻,上街摆摊去!
汝悦

时至今日,真的很难想象如果我当初没有加入学生 CEO 没有加入商赛没有遇见你们……多么庆幸还好没有那么多如果,我们也还没有遗憾。2012 年 3 月 28 日至 2012 年 6 月 22 日,如果十二周 86 天的时间还不算太久,那么很显然,几个字也根本不可能够让一段商赛的历程在心中草草了结。

"各位好,经我们讨论决定,这次活动负责人为徐恬然,汝悦,王天霖。并请各位好好合作。"漫漫商赛不归路就这样在科技信息楼 3 楼启程了,属于我们 7 人在放学后的多少个四点三刻,还有晚上的 QQ 群会;作文本倒数 3 页纸上横七竖八的活动日程、手绘的观前和南门商圈地图。再到后来踩点满城跑、找遍教育机构谈大头赞助商合作、被街道大妈推辞、城管叔叔拒绝了又赶出门。几次大会、参赛多少人、场地定在哪里、海报宣传单设计……

"会不会办不成啊？""不会。"声音不大，却是那般的坚定且义无反顾。

当我们收到超出预计共12组公司报名的时候，5月26日第一次动员介绍会在苏州新东方学校吴中大厦602教室150%的入座率，大家围在一起讨论场地和取什么公司名字的时候，6月9日竞标大会每一组精心准备的PPT展示，还有团队游戏中BCer从摔倒的草坪上重新站起来的时候，甚至在复活赛中依旧看到了大家向上拼的勇气，将"责任、参与、共享、成长"四个词展现得淋漓尽致。6月16日实战销售倒计时5天，不说笑话，从不迷信的我真的特意去查了一下皇历……倒计时3天，怕失望但出于保守估计，还是忍不住去看了看苏州天气预报：多云到阴，最高气温29℃左右。那个时候，我们惴惴不安、又充满好奇的第二届商赛，只会在心里隐隐约约觉得它们是明亮的。

其实我刚才在接电话，而且我又听到主席团同学的妈妈对他的社团工作有意见了。手头的商赛资料也不知不觉已经有厚厚两叠文件夹，和D盘里整整508 MB的占用空间了。前天晚上，某组CEO跟我抱怨有两位外地的参赛组员已经连续3个礼拜没有回过家了。颁奖典礼结束那天，窗外的风时刻提醒着我，忙忙碌碌两三个月的商赛是时候该结束了。以后上QQ的时候，"叫活动策划不严重吧"九个红字可能再也不会如期闪烁了。在人人网公共主页发布状态的时候，可能再也不会有选择8个CEO作为最近@过的好友了。王天霖说的没错，无论怎样我们一定是成长了。生活并不完美，但也并不代表他不美。大概不久后的某天你就会把商赛主席团给忘了，可这就是人生呀。海龟蛋、穿山甲、小黄鱼、比目鱼、竹蜻蜓、食蚁兽（绰号），还有我们唱不完的歌。是你们，谢谢！

也许数年后在未来的某一天，当你带着他乡的朋友在苏州压马路的时候，可以很骄傲地说："喏，高一那一年我和好朋友们就是在这里摆摊开始赚大钱的！"

足球社与我

周泳杰

一晃间，高一学年已经过去，回顾这一年足球社所经历的风风雨雨，有挫折，也有收获。社团活动，带给人美好的回忆，也给予人成长的磨炼。

社团活动，是紧张学业之余的一抹阳光。它丰富了我们的业余生活，也为我们提供了展示自我能力与青春活力的舞台，不但能开阔眼界，增加人生阅历，还能提高学生综合素质。而苏州中学和谐自由的校园氛围,也为社团活动提供了良好的保障,让更多有才华的同学,在苏州中学的校园里,闪耀自己的光芒。

入学之初,校园里各大社团都如火如荼地展开纳新招生工作,让人兴奋。但兴奋之余,我也发现在这众多的社团之中,唯独没有足球社的身影。于是,创建足球社的想法便油然而生。在同学的积极帮助和学长的耐心引导下,终于在社团审核后迎来了足球社的创立。这一消息,让所有人心生喜悦。但社团活动在光鲜亮丽的外表下,也需要大家的努力和付出,这也正是它的魅力所在。于是,困难与挫折伴随着喜悦,也接踵而至。

社团活动让我明白,想要得到多少,就意味着必须付出更多。足球社管理成员的建立、赞助商的签约、足球班赛的举办、与外校足球社团的交流,都让我受益匪浅。从原来简单的足球爱好者,到成为足球社长,这不仅是一个头衔的变化,更是由青涩到成熟的发展。赞助商的选择和签约,就极大地锻炼了我的表达能力和思维。而前前后后的奔波,也终于为足球社提供了物质基础的保障。足球班赛的举办过程中,就遇到了很多难题。在这过程中有过争吵,也有质疑与不信任,但最后大家能不计前嫌,一起携手解决困难,这让我对这些与我并肩的伙伴们心生感激。而随着场地、赛程问题的解决,我的组织能力也得到了提升,对人与人之间的相互信任也有了进一步的理解。而这些宝贵的经历也让我对社团有了新的认识:社团是供同学们交流认识的平台,在社团活动中大家能在享受足球带来快乐的同时,培养责任感,增强团队意识和集体荣誉感,使组织能力、协调能力、表达能力,人格和心理都得到提升,让自己更全面健康的发展。

如今,足球社已经基本完成换届,新任的社长也怀揣理想准备将足球社提升至更高的高度。祝足球社能在学弟们的管理下更上一层楼,让足球社成为每一届同学心中美好的回忆,也祝愿学校的社团活动越办越好。

我与 Hi-Story
孙颐洲

初见 HS 是在一次纳新宣传活动上。白楼下的广场上人声鼎沸,熙熙攘攘,热闹非凡。然而我却穿过人群,径直走向 HS 的摊位。"请问……你们是历史社吗?"我问。HiStory 这个怪异的社名的确让人摸不着头脑。"这是今天的第几个了?""再说我们是历史社我就要报警了!再说一次,我们是 Hi Story!我们不只是历史!"学长无奈又激愤,一字一句说着,那光辉形象至今历历在目。如今想来,这段往事已然过去一年多了。我也从一个台下凑热闹的普通社员成长为台上挑大梁的社长,感想颇多,正好借此机会来谈一谈。

HS作为一个高品质的学术社团,吸引人的当然不只是新颖的名字,更有经略天下、纵横历史的气魄。在这里,我们无话不谈,无所不论,历史、经济、政治、军事、文化等都是我们涉猎的范围。正如学长所说,我们不只是历史,更有讲故事的偏好。HS致力于提供一个自由理性的思想交流平台,以史为鉴,针砭时弊,通过思想交流与碰撞培养苏中学子独立思考、理性表达的能力,努力使苏中学子成为合格的现代公民。

这是学长学姐对我们社的期待,更是我们社的共同追求。所以,作为社长,我理应带领社团朝着这个方向努力发展。在这个任期中,HS始终以社员讲座、专题讨论为主要活动方式,社员们对有关话题自由探讨,各抒己见。我们的活动内容包括"9·11"事件和世界通史的解析。这些交流与讨论既加深了我们对历史的认识,又契合了我们社的宗旨。2013年,HS征集社员独立撰写的文章,集合名家史论,定名为《讲张》,出版成册,作为社刊在校内发放,成为苏中学子一次丰盛的精神盛宴。

担任社长的一年以来,我的的确确有了很大进步,成长了很多,懂得了很多。不仅在社团的活动中受益匪浅,让我个人在活动中朝着合格的现代公民的目标迈进,更多的是作为一个社长的所要承担的责任。一年以来,我做了很多有关的社团的工作,从活动主题的确定到活动内容的设计,从社刊的组稿到最后的出版,从烦琐的纳新到登台演讲,耗费的精力不可谓不多。其中最大的收获是学到了更多与人交流、与人沟通的方法和养成了办事踏实认真的习惯。肩上是学长们传下来的HS,是新高一期望的HS。担子不可谓不重,我又怎么能放松自己,安心松懈呢?我当然没有资格夺取全部的功劳。社员们也给我上了一堂合作的课。今天的HS离不开大家的共同努力。在这些活动中,我与社员相互学习,共同成长。若要总结出作为社长的心得,借用党群路线的一句话:一切依靠社员,一切为了社员。

以上便是我作为社长的心得体会,希望新任社长能继续带领HS取得长足的发展。毕竟桐花万里丹山路,雏凤清于老凤声。

2013日语社社长感言
邵艺雯

日语社是集结了本校日语爱好者,并且围绕日本文化欣赏来开展活动的社团,是苏州中学众多社团中少见的与小语种有关的文化社团,同时也涉及美术创作。虽然规模较小,但每年仍然能够吸引一定数量的学生加入,并且开展过诸多具有特色的活动。

在过去的一学年中,"日语初入门攻略"活动在社团成员间顺利进行。这是一个有关介绍日本语言学习的研讨类活动。该活动对日语初入门及学习初期易犯的几个问题进行探讨交流,以漫画等形式具体化五十音,激发大家对于日语语言的学习兴趣。

这是我第一次担任社长这样的"高大上"职务,感谢苏中丰富的课外社团活动给我提供了一个这么好的平台。从一开始的不自信到后来的一心为公,回望心路历程也是满眼笑意。租借活动场地、准备活动材料等准备事项让我这个除了对日语一腔热诚外别无他才的庸人着实成长了不少。剔去无根据的骄傲自满,剔除难克服的懒惰庸碌,我信"能者多劳",更信"劳者方成能者"。不敢妄自尊大妄自尊好,唯一能够骄傲的便是,我是苏中人,我曾是苏中人且将永是苏中人。

初入苏中并不知道有"日语社"这个社团,哪想到如此小众的社团仍存在并屹立不倒。作为一个学术性的社团,我们没有炫目的演出或是惊人的知名度,只有满腔热忱与满心欢喜,对所爱之物的热诚、对所在之地的欢喜。从上届社长手中接过包含社团所有资料的 U 盘开始,我便明白,使命感与归属感,我肩头将挑起重担。

一年的社团管理经历我将难以忘怀。欢笑、汗水、眼泪的记忆汇聚在一起,汇成小溪汇成湖泊,终于汇成心灵之海。终生铭记。

补:恰逢苏中新学百十庆典,再次感念。再回首,恩难忘。

写给我们的221B
Welcome to 221B Baker Street
金旻玥

一年多前我们将一个经典的名称冠给一个全新的社团。在此之前221B于我们每一个人而言都是书中影视中一个神秘不可及的地方,在彼此认识之前,从没想过这几个字能和自己有什么关联;聚在一起商量创社的各项事宜的时候,我们也没有想过自己能有多大的能耐办一个多好的社团来配这个了不起的名字。

我们是自诩的泥瓦工想亲手搭建一个221B。

一切源于暑假里学姐的一个复活贴，于是召集起了十来个人的小组，最开始没有经验，没有资金，没有分工，没有人会做海报，拼拼凑凑弄出来一叠宣传单，然后几个人就像其他老社团一样去走班了，作为最先开始宣传的新社收获倒也算不错。然后是收社费去做海报做徽章准备纳新，纳新当天准备了十道思维题还准备了蓝色妖姬作为奖品，吸引了不少人气。社员出乎意料有了六十多个，社团也是顺利建起来了。

一开始担心在这个学霸云集、学术氛围浓重的地方，不会有多少人来理睬我们，但始终记得副社对质疑我们的人说"We do it for love"，于是也就不再顾虑这些，自信总有同道中人；也是在纳新大会收起两张填满的A4纸的时候体会到真的不必过早质疑自己。

接下来是第一次举办大型的活动，校园寻宝，十月中旬开始准备，策划和赞助费了最多脑筋。因为活动的类型比较特殊所以要出很多道原创的推理题，还需要互相联系，并且能指示具体地点，也因此特别怀念某一天社里八九个人，一台电脑，咖啡屋，几张纸写写改改，讨论或者争执或者大笑，从开门到晚市即将开始，制作出一份绝密的寻宝路线。可能很难再会有这么几个人，既相处得来，又不计得失仅仅是为了共同的兴趣而一起努力。我也一直很相信社团所能给我的最重要的不是经验，而是他们。

活动的情况，总结里写过不止一遍，也在学生报上登过，在此不赘述。

然后和221B一起过平安夜，一起跨年，一起过除夕，永远愿意记得的回忆。

寒假里吵吵嚷嚷真人密室的各种风格，转眼就是新学期，转眼冬去春来。密室办了三天，向全市高中生开放，只恨场次不够，一遍遍安慰没有预定到的同学以后会有第二期。门票收入过千，真的是思维创造价值。很快又是暑假，又策划起下一学期的活动，偶然会想起来下学期就要交接了，一到讨论组又忘了这码事。

第二次纳新脑洞大开，原创侦探剧，其实一直到演完下台都不敢肯定台下的观众看懂了没有。晚上看到一位学妹的说说，其中一句"大爱侦探社的舞台剧"，一瞬间被理解的欣慰和共鸣难以言表，当然她也成了我们的新社员之一。

去年每当办活动忙不过来，出力的、活跃的总是那固定的几个人，总会想等到明年纳了新，"指挥"那些学弟学妹总会省力多了吧。等到终于纳了新，面对着一批学弟学妹开会，向他们介绍关于社团的一切，才感受到其中的不同。

该交接总是要交接，新管理层拿着我们之前的初稿做出策划案，指导着他们举办他们的第一场大型活动。忽然想起去年的我们，很感激当初发帖的学姐对我们的帮助。

逐渐忙于学业,一时写不清的也就不写,明天还要不打瞌睡地念一天书。也曾经几次为了社团像今天一样码字到深夜,和221B一起走过的这一年多的体会自在心中。

回想一年多前就像在浓雾的伦敦行走,穿过 Baker Street 的水汽弥漫,叩响那扇熟悉而陌生的门——There's no Sherlock Holmes.

Welcome to 221B of ours.

我在机器人社的成长

徐逸宸

担任机器人社社长一年多了,想说的实在太多太多了。

先简单地总结一下我做的事情吧。听说学校里有机器人社时,我二话没说就加入了。我接手机器人社时,机器人社还是一个新成立的社团,没有开展过正式活动。我接手了以后,在学校里和社员开了一个会,见了一下指导老师,和同学们互相认识了一下,约定了活动的时间。之后每周一次的活动便开始正常开展,到了寒假活动的次数又基本上增加到每天一次,为之后的比赛做准备。

4月份带领社团参加苏州市机器人比赛拿到两个一等奖,一个二等奖。一个星期后又参加FLL华东赛,获得二等奖,令人高兴的是力压南京外国语学校一个名次。隔了一个星期,我们去参加省机器人大赛,由于经验不足,拿了一个二等奖一个三等奖。同时社团拿到了学校十佳优秀社团。然后这个学期纳新,招来了比上年多5到6倍的人。现在又开始每周一次的常规活动。

在机器人社社长的任职期间,我真的学到了很多。接手一个社团容易,管理好一个社团不容易。管理机器人社,我的沟通能力得到了提高。首先要跟赞助商打好交道,什么时候去活动,每次活动做些什么……然后要跟学校打好交道,每次出去活动比赛前都有一堆文件要交。我还记得有一次借校车,要不是贺中计老师积极帮助我们,我们校车可能就借不成了。还要跟社员打好交道。把社员招募进来是一件很容易的事,可是让社员们一直活动,让社团一直存在凝聚力就是一件难事了。特别是我们这种活动频率高的社团,有些人会觉得太浪费时间就不来了。

管理机器人社,我做事情更加细心,更加全面。作为一个社长,我基本上不能犯错。我要为我的社团做好一切,为我的社员做好一切。每次活动前,我都会确认好时间地点,通知到每一个人。在去南京比赛之前,我也是再三确认好大家的火车票都已买好，每个人的房间都订好，所有需要的证件都带好，所看需要的器材都准备好，所有钱都收齐放好，再三确认火车时间，确认从南京火车站到比赛场地的路线……管理机器人社，首要问题当然是钱，机器人是个特别烧钱的东西。社团一开始只能使用赞助商提供的器材，一直碰到器材不够用的问题。有时即使到了比赛前期器材也会不够用。我们需要有自己的机器人来参加比赛。可是每当想起哪来那么多钱的时候，又一次陷入了绝望。别的学校都是学校每年专门批钱来搞机器人，我们社团自己想办法攒钱买机器人。别的学校有指导老师帮忙报名比赛，安排车辆……我们社团想办法自己搞定。每每想到这些事，我心中总是会不免产生一丝失望。可每当这个时候，我又会想，如果我们能搞定这些困难，我们就一定是最棒的。我们用最少的钱也一样能拿冠军。

我一直在想怎样成为一个好社长。后来我发现，能为一个社团的事情想到睡不着觉，这个社长就是一个尽心尽责的好社长。我经常为了社团的事情睡不着觉。作为一个社长，我对我这一年所做的事情问心无愧。

愿机器人社薪火相传！

根与芽 ——我的社长生涯

顾以辰

苏州中学根与芽社团是我在2014年9月建立起来的，起初社员有25人。

2013年10月25日，苏州中学根与芽小组带领着51位同学来到苏州灵岩山景区进行山道清理活动。一只手套，一个垃圾袋，一个背包，同学们从山脚开始仔细地寻找山道上随意丢弃的垃圾，并亲手拾起扔入垃圾袋中，即使只是一个烟头、一片橘子皮，同学们也细心地捡起，还灵岩山一条整洁干净的山道。

这是根与芽着眼于身边小事的活动，我们可以在享受自然的同时学会以一己之力给予它一些保护。

自创办伊始，根与芽社团多次举行废旧图书收集活动。2014年4月，在高二小高考结束后，根与芽社团动员全体社员，在高二进行小四门旧书收集的走班宣传与收集工作，打出"给图书一次新的生命，而不是一次性的生命"的口号，分别在学生宿舍和教室收集旧书，得到了大部分高二学长学姐们的支持，取得了丰硕的成果，更从中获得了大量经验。在认真总结、吸取经验教训后，我们于2014年6月末进行了针对高一同学的旧书收集活动。本次活动发动了高一四班全体男生协助社员工作，得到了更大的支持与收获。各班同学踊跃整理自己没用过或者不需要的书和废旧考卷、草稿。活动中四班男生积极参与,承担了把书运送至学生处的工作,一部分学生连续一个星期每天中午以及放学后都到学生处对面储藏室分类整理书籍。

从每个人旧书收集的参与中,我可以感受到同学们真正投入环保公益活动时的激情。很多人说公益活动难做,这是因为大家没有真正参与其中,不是因为不想,而是因为种种原因无法完全投入。其实我校学生大多很愿意加入这一类活动的。我在高一下学期学生大会上也有阐述——苏州中学的学生真的很棒。另外,在此要非常感谢我高一时候的班主任顾维红老师,是她全力支持我们的活动,并允许我们自由支配课余时间来进行活动。

参与社团 我们一起走过
石涵雨

从我开始当社长到现在换届卸任,已经有一年多了吧。一年前的时候,我的前辈在教室里给我们这群新生开会的时候,甚至再往前一点,到暑假里我在学校贴吧认识那时候的前辈,那时候的事情,都还历历在目。我仍然记得那时候我对社团的憧憬和向往,所以当我看到这一届新生欢天喜地地参加社团的时候,我想:啊,这就是传承吧。

我参加过两次社团纳新大会。一次是坐在台下,看台上学姐学长们的表演。还有一次是自己亲自参加,虽然没有直接上台表演,不过也算是说了一句话吧。

正式参加社团、当上社长之后的那一个学期,我们社团其实并没有怎么活动。一方面是交接晚,一方面是还不怎么会组织活动。第一次活动是排练舞台剧,虽然最后因为各种各样的原因失败了,但我也因此摸索出了一些经验。接下来出了一本同人本。对于我们动漫社的人来说,能出一本同人本实在是很值得高兴的一件事情。那本本子的文章由我们两个社员写出,再由一名画手进行了封面的绘制,另一名社员排版,最后是我来进行印制的联系和赞助的申请。之后的宣传也有很多人一起参与。我喜欢并不擅长演出类的活动,因此能在这种本就属于我们这个社团独有的活动中忙碌,实在是件很幸福的事情。再接下来参加了漫展,这也是动漫社浪漫之一啊。漫展上我们宣传了自己的那本同人本,还见到了以前苏高中的学长呢,学长也曾经是我们社的,真是可喜可贺。

社团自然是磨炼人的地方,对社长来说更是如此。从一开始只会聚在一起策划,到后来能真正发起活动,中间实在要经历很多。尤其是赞助,因为我们印制本子办活动,经费是必不可少的,因而赞助也不能少。那时候和同学一起,跑遍了苏州城,一家一家地去谈,留了很多电话号码。最终能和京智方教育谈下来,实在很欣慰。(我不是打广告。)谈话的确也并不是那么容易的事情,不过对方人也挺好的,所以整个过程都很愉快。虽然我拿到赞助金的那一刻很兴奋,但我感到最开心的,还是对方告诉我,真的有同学去他们那里上课、咨询的时候,那时候觉得很有成就感。

在社交方面我也有很大提升。原先做个小小的课堂演讲都要准备再三,上台还要紧张。现在基本不需要怎么打草稿,列个提纲就能讲了。为人处世也比以前好多了。还在准备学园祭的时候,的确积蓄了很多压力:学业上的困扰、游泳训练的急迫、社团的申请,各方面真是达到了 SAN 值。过了这个坎,觉得一下子轻松很多,回首再望时,已经变成过去了。曾经的努力与心血,不管有没有人还记得,至少,这个社团还延续着;至少,它还在传承。

苏中学生报社
佘雨薇

回顾了一下我的高一,从一开始在学校官网上发现苏中学生报社团时的惊喜,到联系上上届社长被欢迎时的兴奋,再到好不容易召集伙伴,来的却只有几个人的失落。大约是因为初中时也是学生报社员的缘故,我对报社有着深厚的感情,所以也努力地竞选了社长。然而令我失望的是,或许是一部分毫无积极性的社员,更或许是自己的能力有限动员不起来,每次集合开会,不仅群里说,也一一到班级面对面通知,又发短信提醒联络,然而始终不过寥寥数人。也罢,分配了任务,大家十分努力,终于做出了一份报纸。

那时的欣喜与兴奋,直到现在仍难以忘怀。看到自己做的报纸,散发着墨香,那种感触又怎会轻易消散呢?我们把报纸分发给全体高一和高二的部分班级,又把剩余的报纸给了社团的辅导老师,却没有更新科技信息楼公告栏上的报纸,所以没有能够让更多人知道它的存在。

做报纸是辛苦但是快乐的。作为美编,为了版面效果一改再改。某一瞬间,它终于可以达到心目中想要的样子,仿佛期待已久的珍宝终于诞生于眼前,那时的成就感确实难用言语形容。

无论如何,苏中学生报的 2013 届已经过去。纳新时我大声吆喝着,看着做过的报纸,看着学弟学妹们,有的来看一眼又走了,有的走了又折回来,有的留下的自己的名字。相信这一次,他们可以走得更远更好。

很抱歉只做了一位平庸的社长,但我依然相信有爱报社的人,捧着赤诚的心和报社一同成长。我已经看到他们在为下一期报纸忙碌,也看到报社的未来一片光明。

"不玩社团,一大憾事也"
王一鸣

初入苏中,就听闻张昕校长的一句话——"来苏中不玩社团,乃一大憾也。"当时刚刚来苏中的我,完全不能理解,不玩社团,怎至于成为憾事?

开学没多久,我看到科技信息楼和食堂的纳新海报、发现有社团走班宣传,这才开始了解各种社团并且心里盘算着要去哪一个报名。接着,就是报名、加入并成为 Single Bed 的第十五任社长,种种事项不于此详述。而走过了一年的苦与甜后,我才终于理解并认同张昕校长的那句话。

告别演出那天,顾老师叫我撰文记述一下一年社团工作下来的成长。仔细盘点,我发现这一年的工作给了我太多太多宝贵的财富,在此就把最深切的几点体会做小小的阐发。

一、合作

作为乐队,合作的重要性不言而喻。一首歌缺少任何一个乐手、任何一样乐器都无法完成,每个成员都准备好自己的部分,并且在每次的排练中不断地磨合,才可以打造出一首精品。

不仅是歌曲,社团其他方面的工作,更不是某个个体可以独立完成的。比如联系演出,就需要每个社员的人脉和信息。在这次专场的筹备工作中,更是让我深刻体会到,缺了任何一个人都不可能把演出办得这样好。赞助、租借设备、宣传、邀请乐队……就算每天给我 36 个小时我也无法完成。而正是我身边那些人们的共同努力,才把这次演出、把这一年的每一次活动做好、做得精彩。

以前讲所谓合作,只是在文章里谈谈、在思想品德书里背背,而这一年的工作,才让我明白高效的合作在一个团队里有多么必要。

二、时间

说句实话,对于这一年在社团活动和学习上的权衡,我对自己还是挺满意的。我虽称不上顶级的学霸,玩社团也算不上风生水起,但至少可以说是两不误了吧。

社团活动和平时的学习都需要占用不少时间,而两边都不能耽误,便自然挤掉了我各种发呆、上网闲逛的时间,与其说我协调了两者,不如说我把更多时间用在了有意义的事上,把曾经会浪费的时间用来把两件事都做好。

实际上,时间一直是够用的,每周一次排练、每月一两次演出的时间,少刷刷微博就挤得出来。做专场筹备的时候,我同时要准备期中考,每天联系完乐队就是复习,"双十一"那几天甚至没想起来点开淘宝看看有什么东西打折。一年下来,我终于学会了把时间放在值得的事情上,把时间合理地分配在书本和活动上。

三、坚持

坦白地说,一年之中,我是想过退缩、想过逃避的,但是每次想想大家,咬咬牙就挺过来了。每次看不到希望,我就告诉自己:踏踏实实认认真真地做,所有的努力都一定会有回报。这样,我就可以像那只头上吊着胡萝卜的驴子一样,一直有希望而不言弃地走下去。也许付出就有收获这句话听来有些空洞,但是我却在一年的汗水与一年的收获中验证,只要能踏实认真地做好眼前的工作并坚持下去,就不必担心结果,一切都会得到回报。就像演出那天,上午下着雨,下午正式演出却是晴的。

王小梅老师曾跟我说过一句话,"功不唐捐"。我以为,极有道理。

四、感恩

一年下来,我明白了没有我周围这群时常不正经却团结的人儿的合作,Single Bed不足以取得现在的成就,也明白了没有更多人的支持,我们不足以走到现在。到今天,我要感谢太多人。

感谢伙伴们一年的陪伴和努力,打造每首歌曲、演好每次演出;

感谢同学们对我们的支持和鼓励,每次来看我们演出、给我们无数的帮助;

感谢老师们在一年里对我们的关心和支持,由衷地感谢丁琦老师一年来对我们各方面的帮助,以及在这次演出筹备中班主任顾维红老师以及包美芳老师、沈惟佳老师等人的大力支持;

感谢张昕校长提供的宽松而舒适的环境,让社团得以发展;

感谢Single Bed每一届的学长学姐精心呵护,让这个社团仍然有蓬勃的生命力;

感谢苏州中学的社团文化,让我们这一年的生活如此精彩。

……

要感谢的人太多太多,今天再回首,懂得了一路上太多人的帮助,懂得了感恩。

要说的话太多,而不宜让我的废话占据太多版面,就在此做结吧。总之,这一年让我学到了太多、成长了太多:我明白了要会合作、明白了利用时间、明白了踏实做事、明白了要懂得感恩……学会了谈赞助、学会了策划演出、学会了写邀请函、学会了与各种人交往……

时隔一年回顾,张昕校长那句话再度浮现,"来苏中不玩社团,一大憾事也"。这次,我对这句话,是毫无顾虑的肯定。

我的韩社社长生涯
陈余含

2013年9月,作为新生的我对各个社团都充满了浓厚的兴趣,但最吸引我的自然还是韩社。在走班之前我就早早找到了上一届的社长,自告奋勇地表示自己想要当新的社长。于是,顺理成章地,我成了2013届的新社长。

万事开头难,我什么也不懂,自然要处处询问。记得一开始交接的时候,社团很多明细还不是很清楚,就打电话问学姐,结果是手机发烫也没察觉。赞助的问题是学姐帮忙的,迈出的第一步在"前浪"的引导下还算成功。我意识到是时候要自己解决问题了。

做组织者和领导人还是很艰辛的。第一次活动是在学校食堂——泮水居,我们举办了韩式料理的制作和品尝活动。明确的计划是必需的,于是开始分工,采购食材、搬运工具、制作料理的人一一指定好后,我不仅需要每一项都参与,还要到食堂去找负责的大叔借用场地。心里忐忑不安地找到食堂的办公室,我都能感到自己的拘谨,终于友好的食堂大叔同意借给我们场地,并且为我们提供碗筷等。

第一次的锻炼给了我信心,我跟老师说话也不再那么紧张。学习韩语的事迫在眉睫,我多次跑到老师办公室打报告,请求签字。功夫不负有心人,在我几乎认识了所有学生处老师后,韩语学习的活动最终落定。老师是苏大韩语系的,我们定好每个周六下午学习2个小时。

接下来的活动就更加得心应手了。我们开始练习韩舞,为德威和学期末的社团表彰大会做准备。练习很累,每周五都要留下来一遍又一遍地练,一遍又一遍地纠正动作,一遍又一遍地练习整齐度。中间的小插曲也让我更加深切地体会到做社长不易。原来和沈老师谈好了在放学后借德威舞蹈房,但后来包老师说借场地还需要向她报告。一开始我是很害怕的,觉得自己做错了什么,站在那就像一个受训的小孩,因为之前我们都没有报告,这着实让我吓一跳。不过所幸的是我后来努力让自己镇静下来了,和老师交涉和解释情况,还是成功地借到了场地。

节目不仅仅是准备好了就可以的，审核也是很严格的。看着一个一个节目等着审核，我总禁不住提醒同伴动作要点，紧张地等待着轮到韩社审核。审核的那一瞬间，我似乎都不知道自己在做什么，就凭着感觉做下去，因为这不仅仅是我的心血，更是所有社员的心血，要是被刷下去了，那不成了"千古罪人"。

这一年来，我经历了很多，学会了很多。我知道，做一名真正好的领导者，不仅需要好的组织能力，更需要的是亲躬，只有参与了所有的活动，才能更好地融入，才能更好地"共荣辱"。

苏州中学社团——"高手的附加题"
李天宇

从一个学生的角度来讲，学习毋庸置疑是主业，是本职工作，但是如果想要成为一个高素质能力强具有多方面竞争力的优秀学生，成绩只是一个方面。面对目前的教育环境和社会环境，优秀学生的标准不再只是成绩优异。学生需要在其他方面培养自己多方面的能力与素质，社团毫无疑问提供了这样一个平台。学生可以根据兴趣发展自己的爱好特长，培养自己的合作能力与交流能力，甚至于领导力。这些素质应该与学习能力一样被重视。

从一个学校的角度来讲，德育工作与学术质量是缺一不可的，苏州中学作为全国重点的一流高中，在立足于应试教育的基础上，应该把眼光放远，着重培养学生的综合素质，使他们在未来的环境中更具优势。社团在培养学生的综合能力上有着明显的作用。

在我看来，要解决社团与学习向冲突的问题，关键在于做好两点。

1. 教会学生合理安排时间

时间是一定的，如何高效率地安排时间才是学校应该教给学生的。社团时间势必会占用一些学习时间，但是我们也可以把它理解成社团迫使学生更高效地利用学习时间。高手们往往可以很容易做到这点，所以对他们来说，这两者可以协调得很好，并不影响学习成绩，甚至于对他们有着很大的促进作用，这也是为什么社团被称作"高手的附加题"，社团对于高手的加成作用无疑是最大的。而对于一般的学生，在学习效率本身就不高的情况下，一旦减少了学习时间，成绩的下降就很明显，所以，社团对于这类学生的加成作用比起高手们来说，会小一些。如果只是减少社团活动时间，那么解决的只是表面问题，而根本则在于教会这些一般的学生如何高效地利用时间，学校真正要教给学生的不正是这些学习的方法与技巧？所以，老师们与其抱怨学生花太多时间在社团上影响学习，不如多思考如何教会学生合理安排时间，教会学生提高学习效率，其实这也是高手与一般学生的差别，而这样才真正是授人以渔而不是授人以鱼。而对于那些本身学习就很吃力的学生，如果不是智力上的问题，那么问题则多数出在对学习不感兴趣上。他们对于社团往往是赋予了全部的精力与热情。对于这类学生，一方面学校应该侧重于在社团活动中激发他们对于学习的兴趣（例如社团活动需要一定的英语能力或者优秀的文笔与演讲能力），另一方面则可以考虑学生的多方面发展，如果一个学生在学习上实在没有兴趣，而在唱歌或者舞蹈上有着很大的天赋，社团活动无疑是一个能使学生更加认识自己，发现自己闪光点的伯乐。

总而言之，量力而行，对于那些不懂得量力而行合理安排的学生，社团的价值无疑是更深远的，因为它能让我们发现问题，并去解决，在老师的帮助下，慢慢学习合理安排，提高效率，这样的教育会让学生终身受益。

2. 与学习相互补足

社团在一定程度上可以丰富学生的课外知识，同样也可以与书本的知识相辅相成。例如，学校可以组织两类社团，并规定学生每类参加一个，不多不少。一类是兴趣和能力类，例如苏中目前大多数社团如学生 CEO，One On One 等。另一类则是趣味学习类，例如可以开设"英语兴趣阅读"，"趣味实验"，"你所不知道的数学"或者"古诗词赏析"等。英语阅读能力，物理和化学的实验能力，以及数学和语文的知识面，这些能力能很好地辅助在课堂上所学到的知识，提高应试能力。对于高手来说，这无疑是锦上添花，往深度挖掘知识，而对于一般学生来说，也能做到用他们更感兴趣的学习方式来接受或巩固课本知识。而对于那些学习吃力的学生……多听听总是好的……

我的学习，我的社团
戴天行

大家好我是高二（2）班的戴天行。

我今天的演讲分两个部分。第一个是关于阅读。

我认为我之所以有幸取得今天的小小成绩，和我从小学开始的阅读生活是分不开的。刚上小学，我父亲就经常指导我阅读。三年级时，我父亲从图书馆里带回来一套"巨著"：卡尔维诺的《意大利童话》（上下两册）。我翻开书本，惊奇地发现书里面不但没有拼音，甚至连插图都没有。在父亲的耐心指导下，我才摸爬滚打地读完了这两本书。也就是从那时开始,我喜欢上了阅读。即使是现在,我还会时不时地把这两本书翻出来看看,里面的童话故事对于我来说可能已经过于幼稚,但是每次读都有一种儿时的欣喜。我认为阅读就像是习武之人所修炼的内功一样。内功好了,那么整个习武之路都会比常人顺畅,就像《倚天屠龙记》里的张无忌一样。正是因为阅读了许多书籍,我高中以前的学习相对比较轻松,阅读可以提高一个人的理解能力,培养一个人对问题的分析能力,甚至对写作都大有裨益。阅读和内力的另外一个相似点就是,一开始就要读好书,练盖世神功。很多人认为以自己小学生的水平或许不能充分理解世界名著,倒不如看一些浅显的书。可我不这么认为,古人说:"学其上,仅得其中,学其中,斯为下矣。"(严羽《沧浪诗话》)。阅读也是如此,一个人人生中只有那一段时间通过阅读来培养自己的能力才是最有效的,你若是将那段宝贵的时间用在浅显的书籍上,效果或许远不如尝试着看一些重量级的书来得好。我五年级时,我父亲又从图书馆带回来一本书。我又吓了一跳,这次是托尔斯泰的《复活》。我刚开始看这本书时觉得内容晦涩,十分难懂,勉勉强强啃完了这本书。后来我在五六年级先后看完了《安娜·卡列尼娜》、《战争与和平》与《百年孤独》等巨著。现在,虽然不少作品的一些情节我已经忘得差不多了,但是这些书的价值判断对我的影响无疑是深刻的。爱因斯坦说:"教育就是忘记了所学的一切之后剩下的东西。"这真是深刻之极!

　　第二个是关于学习和社团活动。感谢苏州中学为我们提供许多其他学校没有的机会和平台,实实在在的社团活动是其中之一。我曾经是校内模拟联合国和古希腊神话研究社的社长,在社团方面有一点经验可以和大家分享。很多人认为社团和学习成绩是鱼和熊掌不可兼得,实则不然。不可否认,社团活动会占据不少时间,不可避免地影响学习成绩。为了在两者之间寻求一个平衡点,首先可以试着提高自己的学习效率,尝试利用整块的时间来学习。因为学习有惯性,倘若一直保持着学习的状态,或许会事半功倍。相反,休息也有惯性,一旦懈怠下来,就很难再回到学习的。其次,需要把握社团活动的节奏。规划好一学期内的社团次数,预计好社团活动的时节点,或许就会更加得心应手。这样就只是在某一段时间内相对忙碌一些,而不是时时刻刻都挂念着社团活动。

　　但是我还要强调,社团活动对于一个学生的长期发展大有好处。管理一个社团,需要接触各种各样的人,同学之间互相协商、争论、妥协,到校外拉赞助,这样的沟通能力在当今的社会显得尤为重要。的确,学习成绩非常重要,但不是唯一重要的,通过社团活动来培养自己的社会交际能力和处事能力,会帮助我们走得更远。

以上就是我想和大家分享一些东西,谈不上什么"秘籍"。而我自己也还有很长的路要走。最后祝愿大家学业顺利,每个人都能实现自己的梦想,谢谢!

第三节 实践中的困惑

一、社团的可持续发展

(一)可持续性发展

可持续性是指一种可以长久维持的过程或状态。可持续发展的内涵有两个最基本的方面,第一,发展与持续性,发展是前提、是基础,持续性是关键,没有发展,也就没有必要去讨论是否可持续;第二,没有可持续性,发展就将终止。可持续发展是发展与可持续的统一,两者相辅相成,互为因果。

(二)苏州中学社团发展中可持续性分析

在苏州讲到学生社团,必提苏州中学的学生创业社团。作为典型、经验,学生创业社团俨然成为苏州中学的一张名片,苏州中学也当仁不让地成了苏州市高中社团联盟的主席单位。因此,当我们回顾社团发展时,更多的记忆是关于那些数不清的荣誉、办不完的活动,还有那些轰轰烈烈的社团。然而,在苏州中学创业社团发展历程中,仍然有那么一些社团红红火火地创办,却悄无声息地消失了。俗话说"打江山容易,守江山难",学生社团发展的阻碍最终都会落在可持续的问题上,可持续发展对学生社团有着举足轻重的意义,它是一个学生社团能否长期发展最根本的原因。

苏州中学学生创业社团的运营和发展始终坚持以学生自主管理为原则,社长及成员须为社团发展承担责任。根据苏州中学社团管理章程的规定,学生创业社团既有成立机制,也有退出机制。具体参见《苏州中学创业社团管理章程》第五章:学生社团的注销和交接。

第二十条 若社团在运作过程中情况不佳,可主动向社管中心求助,社管中心将在分析讨论后进行合并或注销。

第二十一条 学生社团有下列情形之一的,社管中心将予以注销:

1. 超过半学期不活动,或只做计划不予实施的;

2. 成员大会决定解散的；
3. 社团实际人数不达10人的；
4. 其他原因需终止的；
5. 违反本章程相关规定,警告后屡教不改的。

当我们回顾社团发展时,不同的社团在可持续发展方面存在着巨大的差异。我们有传承很不错的社团,例如"Single Bed 乐队"。作为苏州中学老牌乐队,它成立于1999年,历经15年,风雨不改。多样的活动,如每周的固定排练、校内的暖场音乐会、校外的演出和多样的风格将热爱音乐的年轻人聚集在一起。如今的"Single Bed 乐队"已经成为一支在苏州中学、甚至苏州具有重要影响的高中生乐队。

与之相反的是不少社团生命期很短暂,随着一届社团成员的毕业,人员的大量流失而使得曾经红火的社团偃旗息鼓,甚至销声匿迹,致使社团的发展出现阶段性的断层。

造成这种情况,存在客观上的原因:技术性因素。例如魔术社,由于其专业性和技术性的要求,某届学生中可能没有具有相关能力的学生,致使其发展遇到阻碍,出现阶段性断层。

当然也有社团是因为主观上的经营不善或不作为而出现断层:第一个原因是个别学生因为功利性的目的而仓促建团,社团成立后没有规范的章程和有序的组织,最终造成社团建设的间断性;第二个原因是创建社团时未对其定位的科学性进行把关,没有仔细分析所参与学生的来源、长期的发展目标;第三个原因是缺乏社团精神,一个成功的社团不是靠社长的个人魅力壮大起来的,而是依靠强有力的社团精神将志同道合的学生们凝聚起来的;第四个原因是社团覆盖面不够广泛,学生对社团认识不清,同学的动员宣传有待进一步加强。

沧浪文学社就是一个比较典型的例子,它的前身是文学兴趣小组,成立于20世纪70年代末,积淀深厚,在21世纪初也完成了从兴趣小组到学生创业社团的转型,但最近几届新社长的选拔和培养都不尽如人意,致使其竞争力和吸引力大幅下降,其主办的文学杂志《青果》几经沉浮,经历过停刊、复刊,时至今日,社团仍然人气不足,发展乏力!除此之外,出现过断层甚至解散的社团还有Hi-story 社、211B 侦探社、学生 CEO 等。

二、社团的指导教师

(一) 指导教师与社团

中学生还是未成年人,在管理和实践上缺乏经验,需要老师适时的指导与帮助。指导教师对一个学生社团的发展方向、层次水平、活动开展有着深刻的影响力,在一定程度上说,社团是否成功与指导教师有着很深的关联。

(二) 苏州中学社团指导教师情况

苏州中学学生创业社团虽然强调学生自主经营和管理,但也重视指导教师在社团发展中的作用。关于指导教师的要求,《苏州中学创业社团管理章程》第二章有明确的条文。其中第六条规定,成立社团须有暂定的名称和相应主题,发起人要成立筹备组,且必须聘请至少一位指导老师;第七条规定,申请筹备成立学生社团发起人须向社管中心组织部提交指导老师同意书。

根据上述制度,没有指导教师的社团将无法予以成立。因此,原则上苏州中学所有的创业社团都有指导教师。但是对于指导教师的要求,更多的是社团的准入阶段。社团运营期间,对指导教师并没有要求,且对于指导教师的评价考核缺乏常态的系统机制。因此,从社团的运营、管理和社团成员的反馈中,我们也感受到了社团指导教师方面存在的种种问题。

首先是指导教师身兼数职、随意更换。学生创业社团的指导教师基本上由本校任课教师兼职,这里并不是说本校任课教师的管理能力和水平有所欠缺,而是中学阶段繁重的日常课堂教学工作已经耗费了任课教师的大部分精力,他们很难抽出时间和精力去指导学生社团工作,认真关心社团的发展和成长。即使去指导社团,在现实工作中也是难以深入。因此,真正能够承担社团指导工作的教师并不多,且多以青年教师为主。学生在成立新的社团时找一个空闲的指导教师并不是一件容易的事,出现身兼数职的现象也就不足为奇了。尽管这样的情况并不普遍,但是在众多苏州中学创业社团中还是存在的,例如动漫社和天穹天文社就共用一位指导教师,"根与芽"和"211B侦探社"也是共用一位指导教师。此外,由于课务繁重,许多原社团指导教师,在社团换届时选择退出,这也导致社团指导教师更换频率过快。

其次是指导教师专业不符、观念缺失。沧浪文学社、天文社等与学科关系紧密的社团,指导教师一般邀请学科教师,而对于大部分与学科无多大关系的社团如棋社、魔术社、模拟联合国等,学科教师没有相关专业背景,往往是现学现用,会多少就教多少,教师指导社团活动的能力较弱,因此往往需要校外专业人士进行辅导。与此同时,不少指导教师认为学生社团仅仅是一个学生活动的组织,而教师只不过起辅导、监督的作用,教师的指导与学生的学业成绩无关,与自己的工资奖金无关,因此,教师对学生社团活动不愿意投入太多的精力,只是以应付的态度管理和指导学生社团。

三、社团之间的差异

（一）不同类型社团之间的差异

目前，苏州中学的学生创业社团大体可以分为六类：学术探究类、实践经营类、竞技挑战类、公益服务类、兴趣延伸类、公共宣传类等，这些社团之间在性质上存在很大的差异，使社团呈现整体上发展不平衡的现象。这种不平衡首先表现在不同社团之间人数发展不平衡。社团之间的人数差别也很大，拥有社团成员较多的是"模拟联合国"，共计成员100余人，而拥有人数最少的社团——话剧社、沧浪文学社，仅有十余人，在社团成员上数量相差悬殊。其次，不同社团在规模、影响面、自身建设等方面发展不平衡。有些社团规模大、活动多，影响面广，自身建设完善，发展空间很多，积极地举行各项活动并参加校外活动，而且取得了骄人的成绩。例如"模拟联合国"社团，2009年至今，苏中模联开始承办一年一次的苏州市模拟联合国大会。2014年大会邀请了上海进才中学、慈溪市浒山中学、金陵中学河西分校、张家港暨阳高级中学、苏州市第一中学、苏州市第六中学、江苏省苏州第十中学、江苏省苏州中学园区校、江苏省苏州实验中学、苏州外国语学校、苏州德威国际书院等江浙沪地区学校的模联社团参会，影响广泛，深受好评。魔方社于2014年暑期组织承办WCA（世界魔方协会）苏州公开赛，成为学校最为隆重的校园社团活动之一。但是有些社团活动次数有限，规模较小。例如DIY甜品社、韩社、日语社等社团，由于受众面较窄，活动规模小、次数少，影响力有限。

（二）相同类型社团的协调

苏州中学社团创立、考核有严格的标准。不过，在众多社团中，还有一些社团存在着相似性，如何协调这些性质、特征相似的社团，是将其中的某个社团解散、还是将两者合并，抑或是两者同时存在，一直是一个重要的课题。我们有合并的案例，例如DIY社和甜品社，两个社团都是小众社团，活动组织上具有一定类似性，"DIY"是两个社团共同的特质，最终两者合并为"DIY甜品社"。解散和保持现状的案例都发生在与音乐有关的社团上。"Single Bed"是成立最早的乐队，随后"Pop Bomb"和"室内乐社"组建。三者离不开音乐，"Single Bed"和"Pop Bomb"虽然都是乐队，但两者始终保持着自己的独特性，"Single Bed"风格多样，走大众化、通俗化路线；"Pop Bomb"则坚持摇滚路线。两家乐队走竞争与合作的双赢道路。不过和其他两个不同，"室内乐社"重心是创作和演奏，表演性较差，且依赖性强，因此最终走上了解散的道路。

四、领袖素质与创业素质的培养

（一）苏州中学创业社团的目的

"领袖不是天生的，而是后天培养的。"这一理念正深入越来越多人的心坎儿里。我们一直在探讨未来领袖的培养问题。作为领袖人物，必须具备高的做事效率、较强的主动性或独立思考能力、团队合作精神和良好的沟通能力，另外还要为人正直。为此，我们不仅要提供出色的智育，更要用责任感来驱动学生的主动精神，用不同的活动方式来教育学生。在苏州中学，社团就是这样一个培养领袖和创业者的摇篮，在这里要学会创业，先要学会创社。"来苏中不玩社团，乃一大憾也！"张校长说，到苏中进社团是来"玩"的。我们学生多才多艺，兴趣广泛，社团就是要为他们提供"玩"的机会，展示的舞台。但是，"玩"的内涵很深，才艺展示、锻炼能力、发掘潜质、发展特长，这些都是"玩"。通过"玩"，我们希望能够培养学生的领袖素质和创业素质。

（二）苏州中学创业社团领袖素质与创业素质的培养

苏州中学创业社团走出了一位又一位的社长，从他们的成长故事中，很欣慰，有时候我们能够感受到他们身上的"领袖精神和创业素质"。2013级高一（4）班顾以辰同学就是这么一位。他于2013年创办了苏州中学"根与芽"社团，并担任社长，以下是他的成长感悟：

刚入校时，我惊异于校园丰厚的文化积淀与其极其优秀的传统。创社之初，一位学长，也是某社团的前辈跟我说："把社团传承下去。"这是一种传承精神，也是苏中文化的一部分。为什么某些其他的新学校无法培养出像苏州中学的学生一样优秀的人才？传承。如果一个学生在苏中单独地学习三年，我们也许会说他是某某学霸，但多年之后几乎没人会记得他。苏州中学的人，将个体的贡献转入集体，而成为集体记忆进行历史的保存。那么就算个体离开，集体记忆仍然会体现他所付出努力的意义。同时，集体会更加强大，便会产生更加优秀的个体。

所以，我的想法是，要试着去给我校学生多些机会，分享一些资源，努力让学校更加多元化、活力化。我努力想把"根与芽"社团打造成一个平台，也是出于这个目的。同时，这也许是我个人微薄的一点付出，让我感受到自己的价值。

如今的他身上多了份大气，更多了点底气，每每回忆起他刚入校时的样子，真是不得不感叹社团的神奇之处。"Pop Bomb"2013级社长倪牧源也有和顾以辰类似的感慨：

"Pop Bomb"一年,教会了我什么是领导力;教会了我如何"白手起家"拉赞助,写策划,与各方面协调;教会了我应该如何以平常心面对荣誉;更教会我如何做好各种准备,如何百分百地相信我们整个团队。

当然并不是每位社长都可以达到这样的层次,学生们成长的差异性还是很大的。让我们来看看另一位社长的独白。

其实最初的信心满满志气充沛早就在一年的磕磕碰碰中所剩无几,最初的轻狂最初的热情到最后也很难再拼凑完整,一步步的成长、彷徨、受挫、失败无处不在,质疑和唏嘘如影随形,总有很多搞不定的事情,有很多没办法付诸实际的方法,也有不少次想要放弃的念头,可是真正到了需要你站出来的时候,才会觉得这又何尝不是一次次的历练?

我们可以感受到她的蜕变与成长,但我们也深刻地意识到,领袖素质与创业素质的培养任重道远。

五、社团与学习之间的协调

学习,从心理学中去分析是一种获得经验的学习的行为方式。这样的方式并不狭隘地限定于阅读、听讲、练习等传统课堂中常见的学习方式,同时它也没有限定学习一定要以某种固定的形式来组织。事实上在教育的现实中,个人和社团都可以成为学习的主体。个人学习以"获得"为隐喻;社团学习以"参与"为隐喻。前者强调的是个人知识的获得,受教育者努力程度起到关键作用;后者则强调的是群体的学习,个人的融入度影响着学习的效果。

学生社团是课堂教育的延伸和补充,学生们通过开展丰富多彩的活动,既实现了自我教育、自主管理、自由发展,又可以为校园文化带来生机和活力,促使校园文化多渠道、多层次、高质量地发展,对于中学生的全面、综合发展有重要的影响。然而我国的教育体系中比较突出个人学习的结果,学生和学校都面对成绩和升学的压力。学生的学习时间、精力、能力有限,因此在中学鼓励并广泛推进社团活动,我们必须面对、协调社团与学习之间的关系。我们倡导社团并不是要以社团学习完全取代个人学习,在人的学习中,这两种学习方式都是必需的,两种学习活动不是简单替代关系而是相互补充的关系。然而现实中,对于如何处理社团与学习之间的关系,学生之间存在着一定的差异。据此,我们可以把学生分为两种不同的类型。

(一)积极参与型

顾名思义,积极参与型学生对社团充满了向往,积极主动参与到学校的社

团活动中。当然这样的参与也分为不同的种类:

1. 合理参与

这类学生目标明确、规划合理。他们根据自己的能力、兴趣、爱好选择社团,合理分配时间,积极参与活动。尽管他们参与的社团并不是最多的,却是效益最大、最适合自己的。例如,2014级高一(2)班夏一飞同学,他性格开朗活泼,学习能力出众,爱好广泛尤其是对天文情有独钟。社团纳新时,他了解到每个社团都会定期组织自己独特的活动,而这些活动的时间往往会存在冲突,最后他只选择了天文社。无论是社团每周五的例行活动还是不定期的外出观测活动他都积极参加。另一方面,学习上他也始终能保持在班级前列。社团活动不仅没有影响他的学习,反而拓展了他的综合素质,提升了天文专业技能,促进身心健康发展,加速了社会化。这样的案例,在苏州中学不胜枚举,通过社团活动,学生进行了社团学习,获得了成长和发展。

2. 不合理参与

另一些学生则出于好奇心,盲目地参加了很多社团,直到后来才知道什么是"力不从心"。红十字会社长的一段话恰如其分地描述了这种状态:

进入苏高中竟然不知不觉也有一年了,苏高中的社团活动算得上一大特色。所以当初满怀热情的自己报了不少社团,大概是真正去投入的时候才会感到无能为力,最后都是空挂着名字不干事。这大概也是一大遗憾吧,总觉得和初心所想离得太远。

(二) 不参与型

尽管"来苏中不玩社团,乃一大憾也!"这句话在一届届学生中口耳相传,每年的纳新大会都是那么轰动,但是还是存在一些学生不愿意参与进来。造成这种情况的原因可能是出于性格的方面,或许是学习上的压力过大,抑或是无法对社团活动没有兴趣。当然我们不能草率地评价一个人不参加社团的好或坏。但是通过身边的案例,我们能感受一二:2013级高一(4)班有位女生,她没有参加任何社团。平时她总是一个人独来独往,班级里她只和同桌偶尔说说话,当她换了一个同桌后,便不再和前任同桌说话,转而和新的同桌说话。平时的她喜欢拿着笔在纸上画一些空间立体图形。一年后,再次和她接触时,虽然她的衣服变了,发型变了,但是还是一个人拖着书包箱子走在校园里,孤单的身影还是没变。

第四节 对未来的展望

从苏州大市高中生社团发展阶段来看,"苏州市高中生社团联盟"的建立是一个分水岭。在这之后,苏州市很多高中校的学生们都来玩社团。社团活动的推广对我们既是一种肯定更是一种挑战,我们该何去何从呢? 职业篮球联赛在全球都推广开来,中国、日本、西班牙、巴西等国家都拥有自己的篮球联赛,然而NBA始终是所有篮球球员一生追求的赛场。作为"学生创业社团"的开创者,我们必须拓宽思路、积极创新,做到技高一筹,成为学生社团中的"NBA"。未来,自信的坚持该坚持的,勇敢的追求该追求的!

一、坚持自主管理

无论是何种教育,它必须给信仰它的人指明一个方向,但切记,这个方向应该给每个人留有自由选择和发挥个性的余地,而不是狭隘地去限制扼杀这种个人选择的自由。"社团活动"作为教育的一种形式,也隶属于教育的范畴。因此,它必须有其明确的发展方向和目标,同时给予足够的空间,让学生能够独立地面对问题、思考问题、解决问题,同时在这其中学会沟通、理解、自律。

在苏州中学,我们的"学生创业社团"致力于打造一个有明确指向性和最大自由度的平台。我们指向于培养学生的创业素质和领袖素质,同时我们提供最大的自由度让学生去发挥自己的能力。为了实现这样的初衷,我们的"创业社团"必须坚持一条道路:企业化运作、自主化管理。

实践是检验真理的标准,换句话说经历则是我们最为宝贵的财富。试想一下,社团工作中学生可能会面对一连串突发事件,组织策划一个个活动,去企业中拉赞助,与他人沟通协调,等等。正是因为有这样的实干机会,他们才能从中学会沉着冷静、组织策划、磋商谈判、沟通协调、承担责任,他们才能找到自己的价值所在。我们可以从2013级机器人社社长的总结中感受到社团在学生成长中的价值和作用:

在机器人社社长的任职期间,我真的学到了很多。接手一个社团容易,管理好一个社团不容易。管理机器人社,我的沟通能力得到了提高。首先要跟赞助商打好交道,什么时候去活动,每次活动做些什么……然后要跟学校打好交道,每次出去活动比赛前都有一堆文件要交。我还记得有一次借校车,要不是贺中计老师积极帮助我们，我们可能就借不成校车。还要跟社员打好交道。把社员招募进来是一件很容易的事，可是让社员们一直活动，让社团一直存在凝聚力就是一件难事了。特别是我们这种活动频率高的社团，有些人会觉得太浪费时间就不来了。管理机器人社，使我做事情更加细心，更加全面。作为一名社长，我基本上不能犯错。我要为我的社团做好一切，为我的社员做好一切。

一年的社团活动，他的潜能被激发出来了，最终可以勇敢地用心讲述他那引以为豪的成长经过。学生创业社团坚持的自主管理理念给了学生一片天空，让他们去实践，才能有所收获，这一切也是我们引以为豪的，必须坚持的！

当然，在肯定学生的能力、欣喜学生的成长时，我们也看到，社团活动的成功与否和指导教师以及学校行政部门不无关系。他们一同为"学生创业社团"提供各式各样的服务，包括搭建发展平台、提供咨询等。因此，我们也必须进一步强化行政部门和指导教师的"服务"功能，成为"学生创业社团"发展的助推器！

二、增强社团活动的实践性和社会性

如今，教育开始发生面向生活和实践的时代转向。加拿大阿尔伯塔大学教育学教授马斯克·范梅南说："教育是一门实践性的科学。"社团是学生学习的重要方式，更是教育的重要载体。学生自身的体验和感悟是社团学习的关键，因此实践是社团活动价值体现的重要渠道。另外，从某种程度来说，社会生活具有非逻辑性和偶然性，充满着智慧挑战，它使人的发展具有了更多的可能，教育也因此具有了神奇的效应。社团活动在注重实践性的同时还需要加强同社会生活的紧密联系。

社团活动的实践性和社会性对于每一位社团成员而言都具有重要的意义。首先对于普通社员而言，实践活动和社会经历是一种宝贵的社团学习方式，对于增强学生的学习能力以及适应环境能力具有举足轻重的作用。其次对于社团管理层而言，实践活动和社会经历是培养其领袖素质和创业素质的必备环节。实践性和社会性的社团活动是学生成长的"催化器"，它能够达到课堂教育无法企及的高度。例如足球社社长的一段独白：

社团活动让我明白，想要得到多少，就意味着必须付出更多。足球社管理成员的建立，赞助商的签约，"足球班赛"的举办，与外校足球社团的交流，都让我受益匪浅。从原来简单的足球爱好者，到成为足球社长，这不仅是一个头衔的变化，更是由青涩到成熟的发展。赞助商的选择和签约，就极大地锻炼了我

的表达能力和思维能力。而前前后后的奔波，也终于为足球社提供了物质保障。在"足球班赛"的举办过程中，就遇到了很多难题。在这过程中有过争吵，也有质疑与不信任，但最后大家能不计前嫌，一起携手解决困难，这让我对这些与我并肩的伙伴们心生感激。而随着场地、赛程问题的解决，我的组织能力也得到了提升，对人与人之间的相互信任也有了进一步的理解。而这些宝贵的经历也让我对社团有了新的认识：社团是供同学们交流认识的平台，在社团活动中大家能在享受足球带来快乐的同时，培养责任感，增强团队意识和集体荣誉感，使组织能力、协调能力、表达能力，人格和心理都得到提升，让自己更全面健康地发展。

社团活动的实践性和社会性对于社团自身的发展而言也是不可或缺的。加强与社会各主体的联系，积极拓展社会资源，在服务社会的同时，又能将社会的有利资源合理地为我所用，促进社团发展。例如举办音乐会，如果缺少和社会团体之间的联系与互助，那么只能纯粹算作是自娱自乐；我们尝试与苏州市广电总台《第一秀场》合作，音乐会影响力瞬间提高，影响范围辐射苏州大市。此外还有很多注重实践性和社会性的优秀案例：魔方社承办校园中学生科技活动并代表学校参加第二届"萃英杯"苏州市中学生科技吉尼斯挑战赛，2014年暑假组织了2014 WCA世界魔方协会苏州公开赛；ICIC社团组织了我校部分学生参加了加拿大欧几里得数学竞赛；"青春歌舞社"富有青春活力的踢踏舞于2009年作为唯一一支中学生表演队参加了苏州市委组织的"苏州市国庆60周年庆祝活动"；学校动漫社承办了"我眼中的税收"漫画征文活动；模拟联合国社团举办了六届苏州市模拟联合国大会。

苏州中学"学生创业社团"无论是社团的创立还是运营都是以具体实践活动为依托。社团通过多样、新颖的活动来吸引成员、凝聚成员，并完成各项考核工作。与此同时，作为"创业社团"，脱离了社会这个真实的舞台，"创业"就无从谈起。因此，为了更好地"创社与创业"，我们必须进一步加强社团活动的实践性和社会性。

三、加强社团传承和培育

同一般中学学生社团一样，苏州中学学生创业社团成员也具有结构单一、流动性大的特点。新生、老生的更迭使得社团年年都要及时补充"新鲜血液"。社团活动和发展也因此呈现出较强的波动性。有的社团在这样的波动中乘风破浪、勇往直前，例如Single Bed乐队。然而也有社团在波动中几经沉浮，一蹶不振,例如沧浪文学社。这样的问题是每一个开展学生社团活动的学校都会面对的问题,然而苏州中学学生创业社团还必须面对更严峻的挑战,社团的发展如何度过"高原平台期",进入一个新的高度,是当前面临的重要问题。

问题的关键就是如何使社团保持积极向上的可持续发展状态。不能因为一个社长的退出就致使社团瘫痪,不能因为更换一名指导教师社团就变得无依无靠,不能在时间的消磨中淡忘追求的目标,不能在他人的推崇中渐渐地麻痹了自己。或许这些才是我们应该关注和思考的。

（一）完善社团负责人的选拔、交接和培训制度

国家领导人影响着国家政策的走向,无论是美国、日本还是中国,每当领导人换届选举时,人们都会关注下一届的领导人是谁。同样,在自主管理和运营的社团中,社团负责人也影响着社团发展的走势。社团负责人本身的素质和能力对一个社团的发展起着至关重要的作用。现实中人与人之间的差异巨大,有的社长热情、负责、敢于开拓,可能有的却是懒散、逃避、畏首畏尾。对于同一个社团,可能今年风生水起、红红火火,明年就偃旗息鼓了。当然,出现这样的问题主要是在社长的选拔和交接期间埋下的伏笔。俗话说"男怕入错行,女怕嫁错郎",一个社团一旦选择了一个不称职的社长,就像"香山的红叶",再美也要凋落。新老社长之间交接工作如果没有做好,社团走下坡路也在所难免。

例如 Hi-story 历史社,它的断层正是因为某届社长的不作为而被迫解散。而沧浪文学社近几年发展乏力和社团负责人的能力以及交接不畅不无关系。

因此,这就要求社团的新老负责人在顺利交接的基础上,在以后的日常工作中也要保持互相联系。这也是社团可持续发展的关键所在。

此外,作为中学生,其身心发育还不完全成熟,再加上组织管理经验相对不足,因此,社团负责人在工作中难免会遇到这样那样的问题。苏州中学"学生创业社团"强调学生的自主管理和经营,因此对社长的能力和素质要求较高。学生进入社团会面对很多人生当中从未碰到的问题。也有不少社长对此感到不适应,致使社团活动开展困难,社团发展缓慢。例如,天穹天文社 2012—2013 年的发展进入了一个低谷,这两届社长对于如何策划、宣传、组织活动缺乏系统的认识,活动开展次数和力度相比较其他社团都明显不足。

因此,新社长以及社团骨干干部培训工作的重要性日渐凸显。这样的培训除了要重点地让学生知道创业社团的运作模式外,特别要加强责任意识、社交能力、管理能力、抗压能力的养成。至于培训的方式可以多样化,我们可以以现有的、运作良好的社团为样本拍摄视频短片,真实展现创业社团日常运营工作

以及举办活动的幕后过程。我们还可以请一些经验丰富的元老社长现身说法，直接传递经验。

（二）加强社团与指导教师间的沟通和交流

苏州中学学生创业社团虽然以学生自主创业为主，但是我们重视并要求每个社团必须配备指导教师，因为中学生社团的可持续发展，依然需要充分发挥指导教师的作用。

中学生社团中，得到教师支持的社团发展得就比较轻松。或许有些事情对学生来说是很有难度的，但对于教师来说，就会很容易。这时适当地支持或拉一把，不仅不会妨碍中学生锻炼自立、自强的能力，相反，还会使他们成长得更好，为他们重新撑起一片可以自由翱翔的蓝天。例如天文社在2014年举办了"追寻星空之美"的专题讲座，邀请了来自台湾的天文摄影家林启生。社长和社员负责互动的策划、组织和宣传，指导教师则全面负责校外专家的邀请和接待。与之相反的是，不少社团和指导教师缺乏沟通和交流，指导教师存在感偏低，更多的是担当"签字"的角色。

当然，为了加强指导教师在社团发展中的作用的发挥，指导教师的培训也是必不可少的。由于学校社团数量众多，指导教师队伍也是比较庞大的。为此，我们完全可以搭建这样一个平台供这些指导教师彼此之间沟通信息、交流经验，甚至我们可以通过社盟这个更大的平台，举办校际间的指导教师研讨会。

（三）加强品牌社团的创建

"学生创业社团"为学生提供了一个全新的、体验式的、以"玩"为主的成长平台，学生也确实在这个平台中"玩"得不亦乐乎。不过，由于"玩"的层次不一样，想让学生既关注自身成长、又关注社团发展有点不太现实。因此，我们必须提醒并帮助学生提升活动的水平和社团的档次，真正做到人无我有，人有我优。

例如，我们的模拟联合国社团，虽然成立的时间不长，但是成长很快。每年"苏中模联"都会参加在全国具有较大影响力的模拟联合国大会，例如北大模联大会，复旦模联大会，等等，并且获得了兄弟学校的认可。此外，从成立之初，"苏中模联"就开始承办一年一次的苏州市模拟联合国大会。至今，苏州模联大会已经举办了6届，影响范围从最开始的苏州市已经扩大到整个华东地区。苏州模联大会已经成为苏中模联的品牌活动。当然，这样的品牌我们还需要加大投入力度，从区域性的品牌发展成为全国性的品牌。

当然，除了举办类似于"模联大会"这种前人已有的活动模式，鼓励同学们加速超越外，我们还可以自己设计、策划新的活动模式，为周围人、后来人提供全新的活动方式,实现弯道超越,这也未尝不是一件一举两得的事情。

除此之外,我们的社团还有很多待培育的品牌活动,例如,Single Bed 的暖冬音乐会,魔方社的 WCA 苏州公开赛,人人社的"苏中好声音",等等。校园里,它们已经成为学生关注的焦点。不过,如何将这些活动做大做强,成为苏州市的高中生甚至江苏省的高中生关注的焦点,我们还需要多动脑筋、多下功夫。

从创社到创业

Only One社团获得苏州市十佳社团奖状及奖杯

Pop Bomb社团获得苏州市十佳社团奖状及奖杯

模联社获苏州市十佳社团奖状及奖杯

教育局授予的社盟牌

第六章 学生创业社团的效果与影响

心理剧社奖牌奖杯

天文社奖牌

校园心理剧光盘

江苏省校园足球赛
第三名奖杯

弈缘棋社获省
比赛第五名

电视台采访学生社团

记者采访魔方比赛

模联获奖

苏州市十佳社团颁奖

参考文献

1. 孔企平. 论学习方式的转变. 全球教育展望[J]. 2001,(8).
2. 吕春辉. 西方大学学生社团的发展变迁及启示. 现代教育科学[J]. 2009,(1).
3. 叶纪林. 国外创业教育对我国教育改革的启示[J]. 外国中小学教育,2008(04).
4. 张家勇. 美国大学的学生社团活动[J]. 比较教育研究,2004(04).
5. 胡杨等. 美国大学生社会实践的经验和启示[J]. 中国德育,2007(10).
6. 马奇柯. 国外大学生社会实践的经验和启示[J]. 中国青年研究,2003(03).
7. 陆小娅. 我看"学生领袖训练营"[J]. 中国青年研究,2002(4).
8. 埃里克·安德. 学校如何培养未来领袖[J]. 上海教育,2008(06B).
9. 浙人. 创业者的素质[J]. 中国青年研究,2004(6).
10. 郑美群,吴秀娟. 创业者素质模型的构建[J]. 人才开发,2008(10).
11. 王斌,赵露. 高校学生社团建设的理论与实践. 成都:四川大学出版社,2014.
12. 龙希利. 大学生社团管理机制创新与实践探索. 济南:山东人民出版社,2014.
13. 谭维智,赵瑞情. 学生社团生活:一种学习的新视野. 济南:山东教育出版社,2013.
14. NLP卓越青少年训练营导师团队. 从小就有领袖风范——NLP卓越青少年训练营. 长春:吉林出版集团有限责任公司,2013.
15. 吕梅. 如何成为校园领袖. 长春:吉林文史出版社,2014.

附录：

江苏省苏州中学学生社团章程

（2011年9月2日第三次修订）

第一章 总则

第一条 为加强学校学生社团管理，推动学生社团健康、有序地发展，繁荣校园文化，促进校园精神文明建设，推进学生素质教育，特定此条例。

第二条 各社团是本校学生为实现成员的共同意愿和爱好自愿组成，按照其章程开展活动的业余群众性学生组织。我校学生社团统一接受学校创业社团管理中心（以下简称社管中心）管理，其核心为社管中心理事会。

第三条 学生社团各项活动必须遵守国家法律法规，学校规章制度。

第四条 社管中心于各社团而言，支持鼓励高于刻板管制；各社团于社管中心而言，相互合作高于简单听从。

第二章 学生社团的成立

第五条 学校社团管理中心是所有社团的核心管理机构。学生社团的成立须经社团管理中心批准后方可成立。凡未经正式登记或未履行审批手续的社团属非法社团，学校将予以取缔。

第六条 成立社团，须具备下列条件：

1. 有5名以上学生联合发起；

2. 有暂定的名称和相应主题，发起人要成立筹备组，且必须聘请至少一位指导老师。

第七条 申请筹备成立学生社团，发起人须向社管中心组织部提交下列文件；

1. 正式的筹备申请书，填写好的社团成立申报表；

2. 发起人和拟任负责人的基本情况介绍；

3. 该社团活动与近期活动总体规划；

4. 指导老师同意书。

第八条 经社团中心批准筹备成立的社团，应召开成员大会，产生执行机构、负责人。成立的社团社管中心将以公告或其他方式宣布成立，并核发注册证书。

第九条 出现下列情况之一的,社团不予成立:

1. 校内有性质相同的社团不主张成立;
2. 社团宗旨、活动内容、范围不符合本条例第三条规定的;
3. 申请筹备成立时弄虚作假的;
4. 一定考察期后,参加社团的初始人数仍未超过十人的;
5. 没有正式指导老师的;
6. 属于校外团体的分支或附属机构的。

第三章 学生社团的日常活动

第十条 各社长应以发扬光大社团为己任,用心管理。运作过程应趋于正规化、专业化,真正起到锻炼能力,促进社团发展的作用。

第十一条 学生社团应准时参加社管中心召开的每次会议,各社通讯员须按时提交所要求的资料。

第十二条 学生社团开展活动的基本要求:

1. 所开展活动应当符合法律、法规的规定,不可违背校园文明风尚,内容积极向上;活动过程中安全第一,不得擅自开展有安全隐患的活动;
2. 各项活动应精心准备,鼓励开展各种题材丰富的活动,鼓励开展具有影响力的活动,活动主题应与社团形式相关;
3. 各社团应准时按要求上交阶段性活动计划,并以此为大纲进行活动安排;
4. 活动过程尽量要有照片、录像,内容真实,将作为各奖项评比的重要参考;
5. 社团开展活动时严禁弄虚作假、敷衍了事,社管中心将不定期派管理人员进行监督抽查,若发现情况恶劣者,或被同学举报后查明情况属实者,从严处理;
6. 活动后必须做好总结工作及活动记录,制成相关资料,将作为各奖项评比的重要参考;
7. 合理安排时间,做好学习与社团工作间的平衡;
8. 遇到困难及时向社管中心及学校求助。

第十三条 社团成员大会是各社团民主运作的保障,全体成员都应到场,每学期至少召开一次,并将大会决议及时报社团管理中心组织部备案,并由社团管理中心酌情上报。

第十四条 成员大会需包括以下议程:

1. 选举或宣布更换社团核心成员(一般为一学年一次);

2. 根据到场情况更新成员名单;

3. 由核心成员进行阶段性总结,赏罚功过;

4. 讨论通过新阶段的活动计划,部署任务;

5. 自由讨论,应尽可能保证所有成员都能参与社团的运作。

第十五条　除成员大会外,各社团应勤开小会,加强社员间联系。在开展较大型的活动前后,至少应组织核心成员间的筹备会议,并将任务合理分配到社团各层。

第十六条　社团运营中的经费可由三方面收入:

1. 向校外拉取赞助资金;

2. 部分社团费用可经社管中心,向学校报销;

3. 在全员同意的情况下,可适当收取社费。

第四章　社团成员的管理

第十六条　学生加入或退出社团本着自愿的原则,社团成员享有公平的权利和义务。

第十七条　社团成员有权了解相关章程、组织机构,对社团的管理和活动提出意见和建议。

第十八条　学生社团成员应当严格遵守社团章程,接受社团考核,出席社团成员大会。

第十九条　学生社团成员应接受社团的管理,积极参加各项活动。

第五章　学生社团的注销及交接

第二十条　若社团在运作过程中情况不佳,可主动向社管中心求助,社管中心将在分析讨论后进行合并或注销。

第二十一条　学生社团有下列情形之一的,社管中心将予以注销:

1. 超过半学期不活动,或只做计划不予实施的;

2. 成员大会决定解散的;

3. 社团实际人数不达 10 人的;

4. 其他原因需终止的;

5. 违反本章程相关规定,警告后屡教不改的。

第二十二条　社团合并指该社团在无法继续运作的情况下,可经社管中心协调,与形式相似的社团进行合并。学生社团的合并和注销,社管中心将在审查结束后以公告形式宣布。

第二十三条 社团交接目前没有明确的时间规定。原则上,社团各职务的交接工作应通过成员大会,参考全体社员的意见。社管中心不加干涉。在交接过程中,应客观求实,避免私心,选出真正有担当、有贡献的接班人。若有社员对社团内部职务继承情况不满,可与社管中心联系,在调查、沟通后将给出一个相对公平的结果。

第六章 学生社团的监督管理

第二十四条 学校社管中心负责对学生社团行使下列监督管理工作:

1. 社团的登记注册、变更注销工作及档案管理工作;

2. 在学校学生处的指导下对学生社团开展的除内部活动以外的开放性活动进行审批;

3. 定期召开理事会和社团负责人工作会议,并听取社团负责人的工作和活动情况汇报;

4. 学生社团的财务检查。

第二十五条 学生社团举办以下活动,必须向学校社管中心提出书面申请:

1. 接受校外单位的活动赞助;

2. 以社团名义在校外开展的活动;

3. 以社团名义邀请校外人员在校内举办讲座、报告等活动;

4. 与校外单位、社团的联谊等活动。

第二十六条 如需校方提供场地,需至少提前一周向社团管理中心提出书面申请。

第二十七条 学生社团组织全校性的活动必须说明活动的目的、内容、方式、时间、地点、组织负责人、指导老师、范围及经费预算等。

第二十八条 学生社团组织全校性的活动必须体现社团宗旨,经学校社团管理中心审批后在课余时间开展。各社团必须设置日常活动记录本,并派专人对日常活动进行详细记录(包括时间、地点、参加成员、内容、活动反映和对活动的思考)。社团部有权抽查各社团的活动记事本,并于学期末将各社团的活动记录收齐编档。社团管理中心还将对活动的影像资料收齐归档。

第二十九条 社团活动需要海报宣传,需经社团管理中心媒体部审批。社团出版内部刊物必须经社团管理中心媒体部批准后方可出版,并接受学校管理和监督。

第三十条 违反上述规定的社团,学校社团管理中心将予以通报批评;严重者将暂停社团活动资格并追究有关当事人的责任直至注销该社团。

第七章 奖惩

第三十一条 原则上,社管中心对所有社团提供平等的帮助,不干涉各社团所办活动。若出现以下情况,社管中心将对该社团提供额外鼓励和支持:

1. 活动规模较大,影响力甚广;
2. 有关学校荣誉,存在校际竞争;
3. 积极响应学校需要,为学校社团方面有过贡献;
4. 善于开展社团间合作,能够将各社团有机组织共同举办活动。

第三十二条 同样若出现以下情况,社管中心将对该社团给予警告:

1. 违反本章程第十二条,开展活动中出现严重问题的;
2. 不召开成员大会,不及时上报相关备案的;
3. 无故缺席社管中心召开的会议,不配合社管中心工作的;
4. 收到同学投诉举报,并查明属实的;
5. 借用学校场地后不及时清理打扫甚至故意损坏公共财物的。

第三十三条 学校社团管理中心每学年将对学生社团进行评比,评选出年度优秀学生社团及社团积极分子若干予以表彰。优秀学生社团的评比条件如下:

1. 负责人品行优良,组织能力强,在校内有一定影响力;
2. 机构健全、制度完备,认真计划总结,资料制作精美,运营手段趋于正规;
3. 积极开展活动,内容丰富,有影响力、有意义;
4. 在校园中形象活跃健康,口碑良好;
5. 严格遵守社团章程,无不良记录;
6. 符合本章程第三十一条者,评优时将适当加分;
7. 出现本章程第三十二条所涉及情况者,评优时将适当扣分。

第三十四条 充分发挥骨干社团作用,创建精品社团,学校社团管理中心将对评比产生的优秀社团在工作中以重点指导和支持。

第八章 附则

第三十五条 本条例解释权归苏州中学创业社团管理中心。

第三十六条 本条例自发布之日起实施。

江苏省苏州中学学生社团管理中心章程

(2014 年 11 月 21 日第三次修订)

第一章　社团管理中心宗旨

江苏省苏州中学社团管理中心主要负责管理、协调、规范社团活动；进行学生社团登记和注册工作，审核各学生社团活动、工作计划，积极地强化其服务与沟通作用，尽可能地保障校内外社团之间，以及社团与同学之间信息渠道的畅通，以保证学生社团能够健康有序的发展。社团管理中心下设理事团、实践部、策划部、组织部和宣传部五个部门，在理事长的统一领导下具体开展日常工作，使各社团活动的开展走向更为规范化、制度化、透明化的道路。

第二章　社团管理中心职能

社团管理中心由学生组成，负责指导和调节各社团之间活动、工作，引导社团积极、健康的发展，为社团开展工作提供服务。具体职能如下：

1. 定期召集学生社团负责人会议，传达指导中心对学生社团发展建设的要求，听取社团负责人介绍和汇报工作；
2. 审批社团活动申请，审核赞助申请及活动计划，督导各社团活动；
3. 负责学生社团的档案管理；
4. 每学期末负责收集各学生社团的本学期工作总结及下学期工作计划，做好全校学生社团活动的总结；
5. 配合指导中心负责每学期的社团考核及优秀社团的评选工作；
6. 负责指导新成立社团的申请、注册，指导社团召开成立大会和换届选举大会；
7. 指导各社团每学年的纳新工作；
8. 充分利用校内外媒体的影响，及时、客观、多方位的宣传社团工作；
9. 承担苏州市高中生社团联盟的管理和组织工作。

第三章　社团管理中心部门设置及其职能

第一条　社团管理中心实行民主集中制原则。

第二条　社团管理中心理事团是社管中心的最高权力机构。社团管理中心理事团的组成成员包括理事长、三位副理事长。社团管理中心遇到重大决策问题需要集体决策处理时，由理事长组织召开社团管理中心理事会。

第三条　理事长

理事长是社团管理中心最高领导。负责社团管理中心事务制定和审核，把握社团管理中心的发展方向。保持与指导中心、团委、学生会的密切联系。直接领导社团管理中心各部开展工作,承担苏州市高中生社团联盟的管理和组织工作。

第四条 副理事长

副理事长受理事长的直接领导,负责协助理事长的工作,监督社团管理中心日常工作的开展,对社团活动中出现的问题及时上报。理事长缺席会议等特殊情况下负责传达理事长意见。

第五条 宣传部

宣传部是社团管理中心的常设机构,受理事长和副理事长的领导。宣传部设部长、副部长各一名。宣传部负责每周社团活动场地的审核工作,及时汇总一周社团活动情况,上报指导中心。宣传部每周定时召开会议,负责分配下周社团活动的监督工作并交流上周社团活动中出现的问题;负责制作张贴下周各社团的活动的海报,使同学们更好地了解社团活动的时间和场地。

第六条 策划部

策划部是社团管理中心的常设机构,受理事长和副理事长的领导。策划部设部长和副部长各一名。策划部负责学生社团的策划方案的提出、制订、修改、确定;策划重大活动时整体安排监督各个活动进程,活动后及时对社团活动进行反馈信息采集;对各项工作进行改进。

第七条 实践部

实践部是社团管理中心的常设机构,受理事长和副理事长的领导。实践部设部长和副部长各一名。实践部负责社团的活动安排和开展,每次活动联系场馆安排,确定活动时间和地点;每次社团活动的人员安排、活动进程审核及安全工作。

第八条 组织部

组织部是社团管理中心的常设机构,受理事长和副理事长的领导。组织部设部长和副部长各一名。组织部负责学生社团登记和注册工作,审核学生社团申请表格,协同指导中心管理学生社团,配合指导中心开展各项工作。

江苏省苏州中学学生社团指导中心章程

(2012 年 3 月 2 日修订)

一、宗旨

为落实我校"让更多的学生有更好的发展,以科学的方法求和谐的发展"、鼓励学生"先创社后创业"的素质教育理念,充分发挥学生社团在校园文化建设中的主力军作用,不断提升我校学生社团活动的质量和水平,进一步规范学生社团行为,特别成立江苏省苏州中学学生社团指导中心。

二、组织机构及职能

根据职能需要和精简效能原则,我校学生社团指导中心共设审计部、纪检部和评审部三个部门,具体职能如下:

(一)审计部　审计部主要负责对各社团财务进行监督和审查,收集、整理和保管各社团财务资料,作为社团年度评审考核的重要依据。

1. 审计部人员由审计组长(老师和社管中心工作人员组成)和审计专员(各社团财务人员)组成。

2. 审计部要将财务审查作为一项常规工作。对各社团上报的财务报表和原始凭证进行严格审核并存档备案,若有异常,及时追查并记录在案。

3. 审计专员须积极配合审计组长的工作,如实上报社团内部财务情况,同时定期向社团成员汇报财务状况,并接受社团成员监督;须告知本社团成员,任何人均不得侵占、私分或挪用,亦不得在社团成员中分配社团经费。社团解散时,其财产归属由学生社团指导中心负责处理。

(二)纪检部　纪检部主要负责对各社团活动开展情况进行监督、管理和考核,对社团负责人进行监督考核,并通过书面形式存档备案,作为社团年度评审考核的重要依据。

1. 纪检部人员由纪检组长(老师和社管中心工作人员组成)和纪检专员(各社团纪检人员)组成。

2. 纪检部要将对社团活动和社团负责人的监督考查作为一项常规工作。负责审查各社团开展活动的质量和效果以及有无违规违纪行为并记录在案;负责接受各社团成员的投诉;负责审查各社团负责人(正、副社长)的选拔、资格审查、任免、考核、奖惩,对出现的违纪现象和不良风气予以处理并记录在案。

3. 纪检专员须积极配合纪检组长的工作,如实汇报社团活动开展情况和违规违纪行为等;社团开展活动须先汇报登记并提交具体活动方案,报学生社团指导中心批准后方可进行;社团可以创办内部刊物,但必须符合国家法律法规、校纪校规和其他相关规定,并通过学生社团指导中心审查后方可印刷发行;社团海报须张贴在楼道宣传栏或橱窗规定位置,海报内容须健康向上、文明用语,活动结束后应于2天内回收;各社团须安排网络信息发布专员及时向社团营地网站上传或更新活动资料并尽快告知网站负责人进行审核,上传格式要统一,内容要阳光健康。

（三）评审部　评审部主要负责对各社团的注册备案以及年终活动的评估审查工作。

1. 评审部人员由老师和社管中心工作人员组成。经校党委和校长室批准，确定为江苏省苏州中学学生社团指导中心的委员将颁发聘用证书（其中教师委员长期聘用，学生委员根据纳新适时调整）。参加年度评审的各社团负责人为其（副）社长。

2. 评审部遵循"公开、公平、公正"的原则和科学、民主的方法，对新成立的社团进行审核，通过后予以注册；对学年末社团的活动成果展示进行考核评优，合格后予以注册。

3. 评审方式采用量化评分制，以少数服从多数原则，实到成员投票过三分之二数通过。评审时间为每年10月上旬，如后期仍有新社团创立，则增补一次评审，时间为12月上旬。经过评审未通过的新社团不予注册，未通过的在案社团责令限期整改后再行评审，若仍不合格，则注销该社团。

三、部门人员组成

江苏省苏州中学学生社团指导中心由校长室、学生处、校团委等各位领导和专家老师以及学生社团管理中心人员和社团专员组成。学生处主任顾维红老师为学生社团指导中心总负责人。

附：

江苏省苏州中学学生社团指导中心委员名单

审计部：顾维红、王芳（审计组长）、凌漪澜、薛乃云、审计专员（每社团1人）

纪检部：李岚、贺中计（纪检组长）、吴之凡、周谷乘、纪检专员（每社团1人）

评审部：丁琦、王旦、刘勤、李岚、别海峰、张昕、张中华、贺中计、顾维红、缪克彬、社管中心人员若干（按姓氏笔画为序）

苏州市高中生社团联盟章程

（2007年4月4日修订）

第一章　总则

第一条　为加强学校学生社团管理，推动学生社团健康、有序地发展，繁荣校园文化，促进校园精神文明建设推进学生素质教育，学校间特定此条例。

第二条　社团联盟是苏州市社团联盟成员学校为实现成员的共同意愿和爱好自愿组成，按照其章程开展活动的业余群众性学生组织。主席单位——主席苏州中学本部，副主席苏州中学园区校、苏州十中、苏州一中，理事单位苏州六中、苏州五中、苏州四中、苏州三中、苏州十四中、苏大附中、木渎中学、相城陆慕中学。

第三条 学生社团各项活动必须遵守宪法、法律、法规和国家政策学校规章制度。

第四条 社团联盟的活动经费来源为各个学校社团经费。财务管理必须遵守各个学校学校财务制度,其财务需接受各个学校的监督。

第二章 联盟学校社团的成立

第五条 各个社团联盟成员学校校学生会社团部是所有社团的核心管理机构。社团联盟主席单位为总负责,学生社团的成立须经学生会社团部批准后方可成立。凡未经正式登记或未履行审批手续的社团属非法社团,学校将予以取缔,由此产生的不良后果由当事人自己负责。

第六条 社团联盟社团成立必须具备下列条件:

1. 有 5 名以下学生联合发起,发起人必须具备开展该社团活动所必备的基本素质,且未受过校纪校规处分;

2. 有暂定的名称和相应主题,发起人要成立筹备组,专门负责筹建事宜并指定负责人及指导老师。

第七条 申请筹备成立学生社团,发起人应向各个联盟成员学校社团部提交下列文件,每学期由各个学校社团负责人统一交给社团联盟主席单位注册。

1. 正式的筹备申请书和填写好的社团成立申报表;

2. 发起人和拟任负责人的基本情况介绍。

第八条 经各个社团联盟成员学校社团部批准筹备成立的社团,应召开成员大会,通过章程,产生执行机构、负责人。筹备期间不得以社团名义收取会费和组织社团筹备以外的活动。成立的社团学生会以公告或其他方式宣布成立,并颁发证书。

第九条 出现下列情况之一的,社团不予成立:

1. 校内有性质相同的社团不主张成立;

2. 社团宗旨、活动内容、范围不符合本条例第三条规定的;

3. 申请筹备成立时弄虚作假的;

4. 发起人受过校纪校规处分的;

5. 参加社团的人数未超过十人的;

6. 属于校外团体的分支或附属机构的。

第三章　联盟学校社团的组织机构

第十条　社团联盟成员代表大会是学生社团的最高权力机构,大会应由主席单位、副主席单位和理事单位代表组成,依照本章程的规定行使职权。

第十一条　社团联盟成员代表大会应当每学期至少召开一次,并将大会决议及时报联盟文秘处备案。

第十二条　成员代表大会行使下列职权:

1. 选举和更换主席单位、副主席单位和理事单位;
2. 修改社团章程,讨论决定社团重大活动事项;
3. 听取并审议各个联盟学校负责人的工作报告;
4. 监督社团财务活动。

第十三条　学生社团章程应当包括下列事项:

1. 社团名称。学生社团的名称应当符合法律、法规的规定,不可违背校园文明风尚;
2. 成立宗旨;
3. 活动范围和活动方式;
4. 社团成员资格及其权利和义务;
5. 财务管理、经费使用原则;
6. 组织管理制度、执行机构的产生程序及权限;
7. 负责人的任职条件、权限和产生、罢免的程序;
8. 章程的修改和社团的终止程序。

第十四条　联盟成员代表大会做出的任何决议,必经理事单位成员半数以上通过,主席单位3个通过而有效。

第四章　联盟学校社团成员的管理

第十五条　学生加入或退出社团本着自愿的原则,社团成员享有同等权利和义务。

第十六条　社团成员有权了解所在社团的章程、组织机构,对社团的管理和活动提出意见和建议。

第十七条　学生社团成员应当严格遵守社团章程,接受社团考核,进行定期注册。

第十八条　学生社团成员应接受社团的管理,积极参加各项活动。

第五章　联盟学校成员及其社团的变更及注销

第十九条　想要加入本联盟的学校,需向联盟的主席单位递交一份申请,注明该学校社团发展情况,由主席单位召开联盟代表大会审议决定。

第二十条 原联盟成员学校如严重违反本章程规定,不配合联盟活动,引起其他联盟成员单位不满,由主席单位召开联盟代表大会审议决定将其开除。若是主席单位违反,则由副主席单位负责召开。

第二十一条 学生社团的备案事项(由本条例第十三条列出)需要变更的,应向各个学校社团部申请变更登记。由各个学校处理,并汇总至联盟。

第二十二条 学生社团有下列情形之一的,应向各个成员学校校学生会社团部申请注销登记:

1. 未完成社团章程规定的宗旨的;
2. 成员大会决定解散的;
3. 分立合并的;
4. 其他原因需终止的。

第二十三条 学生社团提出注销申请登记,应当提交由社团负责人签名、通过各个联盟成员学校社团部负责审核,及时向联盟汇总。

第二十四条 学生社团自检查结束之日起十天内向本学校社团部办理注销登记。

第二十五条 学生社团的变更和注销,社团应在报批后一周内以公告形式宣布。

第二十六条 各个联盟成员学校学生会社团部负责对学生社团行使下列监督管理工作:

1. 社团的登记注册、变更注销工作及档案管理工作;
2. 协同业务指导单位对学生社团开展的除内部活动以外的开放性活动进行审批;
3. 定期召开社团负责人工作会议,并听取社团负责人的工作和活动情况汇报;
4. 学生社团的财务检查。

第二十七条 学生社团举办以下活动,必须向各个联盟成员学校学生会提出书面申请:

1. 接受校外单位的活动赞助;
2. 以社团名义在校外开展的活动;
3. 以社团名义邀请校外人员在校内举办讲座、报告等活动;
4. 与校外单位,社团的联谊活动。

第二十八条　如需校方提供场地,向本校社团部提出书面申请。校外活动场地由各社团自行联系,但最终必须经过各个学校社团部批准。

第二十九条　学生社团组织全校性的活动必须说明活动的目的、内容、方式、时间、地点、组织负责人、范围及经费预算等。

第三十条　学生社团组织全校性的活动必须体现社团宗旨,经学校学生会审批后在课余时间开展。各社团须设置日常活动记录本,并派专人对日常活动进行详细记录(包括时间,地点,参加成员,内容,活动反映和对活动的思考)。社团部有权抽查各社团的活动记事本,并于学期末将各社团的活动记录收齐编档。

第三十一条　社团出版内部刊物必须经校学生会宣传部批准后方可出版,并接受学校管理和监督。

第三十二条　违反上述规定的社团,校学生会将予以通报批评;严重者暂停社团活动资格并追究有关当事人的责任。

第六章　奖惩

第三十三条　社团联盟每学年将组织各个成员学校学生社团进行评比,评选出年度优秀学生社团及社团积极分子若干予以表彰。优秀学生社团的评比条件如下:

1. 负责人品行优良,组织能力强,群众基础好;
2. 机构健全、制度完备、队伍团结、换届及时;
3. 学期初有计划,学期末有总结,活动有记录;
4. 积极开展活动,内容丰富,有影响、有实效;
5. 严格遵守本条例。

第三十四条　充分发挥骨干社团作用,创建精品社团,校学生会将对评比产生的优秀社团在工作中以重点指导和支持。

第三十五条　有下列情形之一者,属不合格社团,校学生会有权责令其活动停止,进行整顿,并对当事人给予批评教育或纪律处分。

1. 活动范围、内容与社团性质、章程不符;
2. 财务管理混乱;
3. 应当进行定期注册而未注册的;
4. 社团执行机构有严重违纪行为或其他应当进行整顿的情况。

第三十六条　学生社团有下列情形之一者,予以取缔处理:

1. 社团活动违反宪法、法律、法规和章程的;
2. 背弃社团宗旨,造成恶劣影响的;

3. 进行整顿后,仍不合乎要求的;
4. 社团成员连续两学期未开展活动的。
5. 出版非法刊物的。

第七章 附则

第三十七条 本条例解释权归社团联盟主席单位,由苏州中学草拟。

第三十八条 本条例自发布之日起实施。

苏州市高中优秀社团评选活动方案

为进一步加强苏州市各高中学校学生社团间交流与合作,繁荣校园文化,促进学校精神文明建设,培养学生主动、创新、合作、竞争意识,推进素质教育理念,苏州市高中社团联盟决定在全市范围内对联盟成员单位学校社团进行考核评比,遵循"公开、公平、公正"的原则,采用科学、民主的方法,通过社团自荐、校内选拔、学校推荐和联盟评审相结合的方式,评选出年度苏州市高中优秀社团,以鼓励我市高中学生社团不断发展,追求卓越。

一、活动目的

扩大苏州市高中社团联盟的影响力,增强苏州市高中社团整体竞争力,深入推进校际间学生社团的交流与合作,繁荣校园文化建设,落实素质教育理念。

二、活动主题

评选优秀社团 提升社盟实力

三、活动方式

第一阶段:社团自荐、校内选拔、学校推荐

第二阶段:联盟评审

四、活动时间

第一阶段:每年5月上旬、中旬(各校自定)

第二阶段:每年6月上旬(具体时间另行通知)

五、活动地点

第一阶段:联盟各成员校内

第二阶段:江苏省苏州中学(联盟主席单位)

六、参加对象

联盟评审大会选手:市社盟成员校优秀社团

联盟评审大会评委:市教育局、市文明办、苏州大学、苏州中学领导专家及师生代表

七、活动内容

（一）活动步骤

1. 申报汇总阶段

（1）联盟各成员校自荐社团可至社盟公邮下载《苏州市高中优秀社团自荐申报表》，在 5 月 30 日前完成并发回公邮；随时关注公邮和本校社管负责人以获知是否进入联盟评审大会。

（2）经校内选拔和学校推荐的校优秀社团须在 5 月 20 日前把社团参评的电子资料发送至社盟公邮，以供评审委员会审查；待联盟评审大会时，请将纸质证书等材料带至会场，以供核实，以纸质材料为准。

2. 联盟评审阶段

联盟各成员校参评社团社长在苏州中学本部集中进行社团展示与答辩，展示文档统一采用 PPT 格式，允许适当的实物展示，展示时间不超过 3 分钟。若因不可抗力不可到场的学校可由其社管或指导老师代理陈述。评委的评定结果将最终产生苏州市高中优秀社团得主。

（二）活动要求

凡参评社团须符合以下所有要求：

1. 严格遵守并践行《苏州市高中社团联盟章程》；
2. 社团依法成立并注册，组织机构健全，各项制度完备；
3. 活动程序合法，活动内容图文并茂，无不良记录；
4. 每学期都有常规活动，不定期开展大型活动；
5. 活动效果显著，具有一定的社会价值和社会影响力；
6. 财务透明，能提供清晰完整的财务报表，无不良记录；
7. 社团或负责人遵纪守法，不违反校纪校规；
8. 按时参加社盟大会，积极听取意见建议并认真落实；
9. 若发现申报材料弄虚作假，一经核实，立即取消奖项，且该社团三年内不得再申报任何市级奖项。

苏州市高中社团联盟
2013 年 10 月 5 日

后 记

三十多万字的书稿,拿在手上感觉沉甸甸的,心中涌起颇多感慨。

苏州中学学生创业社团实践活动已有近二十年时间,学生社团从20世纪末开始向学生创业社团转型,张昕校长和学生处的历任主任以及社团的指导教师付出了艰辛和汗水,指导、帮助学生社团完成了转型,也取得了优异的成绩和良好的社会反响。"来苏州不游虎丘,不要紧。来苏中不玩社团,乃一大憾也"、"社团,领袖和创业者的摇篮"、"要创业先创社"等口号,随着学生创业社团活动轰轰烈烈地开展,已深深刻在每一位苏州中学学生的心上。

然而,由于工作的繁杂和教学任务的繁重,长期以来我们主要注重实践却疏于总结,今天终于在大家的共同努力下,完成了这部书稿。

在这里要感谢学生处的前任主任戴克明书记、王磊副校长和袁宗强主任,感谢参与本书编写的李岚主任和曹瑾文、顾烨、丁琦、李家鹏、沈惟佳、沈浩、朱怡婷、李冉红等老师,感谢各个社团的指导教师,感谢历届学生的积极参与,最后还要感谢苏州市教育局政宣处的大力支持。

由于本研究历时较久,负责教师几经更替,资料恐有遗漏,编辑时间又紧迫,书中不免疏漏,不妥之处,恳请专家、读者批评指正。

2015.5.12